"韬奋杯"
首届全国大学生
出版创意大赛
作品集

大赛组委会 编

王彦祥
吴凤鸣 执行主编

中国书籍出版社
China Book Press

图书在版编目（CIP）数据

"韬奋杯"首届全国大学生出版创意大赛作品集/大赛组委会编.
-- 北京：中国书籍出版社，2015.7
ISBN 978-7-5068-5040-7

Ⅰ.①韬… Ⅱ.①大… Ⅲ.①出版物—创意—作品集—中国—现代 Ⅳ.① G239.21

中国版本图书馆 CIP 数据核字 (2015) 第 165062 号

"韬奋杯"首届全国大学生出版创意大赛作品集
大赛组委会　编

责任编辑／	庞　元
责任印制／	孙马飞　马　芝
执行主编／	王彦祥　吴凤鸣
图片摄影／	吴凤鸣　王彦祥　李　东　焦亚楠　张灵芝　徐　洁
特约编辑／	焦亚楠　张灵芝　徐　洁　李　东　任　典　于祝新　孔凡红
封面设计／	吴凤鸣
版式设计／	吴凤鸣
排　　版／	焦亚楠　张灵芝　徐　洁　李　东　任　典
出版发行／	中国书籍出版社
	地　址：北京市丰台区三路居路 97 号（邮编：100073）
	电　话：（010）52257143（总编室）（010）52257153（发行部）
	电子邮箱：chinabp@vip.sina.com
经　　销／	全国新华书店
印　　刷／	三河市博文印刷有限公司
开　　本／	787 毫米 ×1092 毫米　1/16
印　　张／	22
字　　数／	378 千字
版　　次／	2015 年 8 月第 1 版　2015 年 8 月第 1 次印刷
书　　号／	ISBN 978 7-5068-5040-7
定　　价／	150.00 元

版权所有　翻印必究

本书出版得到
北京出版产业与文化研究基地
专项经费资助

序　言

聂震宁

"韬奋杯"首届全国大学生出版创意大赛自2014年5月启动，到同年12月14日大赛评审会落幕，及至大赛颁奖会及大赛获奖作品展于12月26日在北京印刷学院举行，在短短半年多时间里，由全国高等学校出版专业教学指导委员会与韬奋基金会联合主办、北京印刷学院承办的首届全国大学生出版创意大赛完成了全部程序，一批满含新意和朝气的年轻出版创意作品隆重面世，首届全国大学生出版创意大赛取得了预期的成功。

只说是首届全国大学生出版创意大赛取得了预期的成功，现在看来说法并不准确。事实上，整个活动已经超出了主办方的预期。首先，参赛面远远超出主办方的预期。清华大学、北京大学、南京大学、武汉大学、台湾世新大学共有66所高校学生参赛，大赛组委会收到作品1000余件，其中950件有效作品进入评审环节，这是迄今为止我国高校出版专业举行各种大赛难得出现的盛况。同时，参赛作品的质量远远超出评委会的预期。本次大赛共设四大奖项，分别是图书创意奖、报刊创意奖、视觉创意奖、营销创意奖，每个奖项均设置专门的评委会，然后由总评委会投票表决。评审工作采用公开、匿名、第三方的方式，评委会由业界各方面的知名专家和出版教育界资深人士组成，评审的结果是许多作品让专家们耳目一新，喜出望外，爱不释手，还有一些未能评上等级奖项的作品，也让评委们痛感奖励额度太少，留下遗珠之憾。这是评委们事前所不曾料到的。更重要的是，参赛大学生展露出来的多方面才华更是超出了各方面的预期。图书创意和报刊创意的大多数参赛作品，不仅对于内容创意有许多创新，就是在装帧设计、营销策划上也有相当的新意，而视觉创意和营销创意的大多数参赛作品，则很是注意坚守"内容为王"的原则，设计方案中的点点滴滴都能表达着内容的需要。有了这样一批知识全面、善于创新的新型出版人才，出版业真可谓后继有人。

超出主办方预期的成果还有很多。韬奋基金会作为全国新闻出版界研究、宣传韬奋精神的主要社会团体，鉴于本次大赛冠名"韬奋杯"，希望参赛的大学生要很好地践行韬奋精神。我们知道，韬奋先生在他非凡的新闻出版实践中，十分强调独立、担当、责任、奉献、创新、包容、服务、认真、刻苦等重要理念，而本次大赛的许多作品正是从不同角度、不同程度体现了韬奋精神。仅举一例：图书创意一些获奖作品，如《大城小志——武汉卷》《忆伊犁》《以生命的名义》《十九个梦想》《从我眼中看到你：大学生支教留守儿童所见录》等，很显然，它们是独立创新的，是有责任担当的，是具有服务精神的，更是从实践中刻苦组织内容而成的。从这些作品，我们看到了大学生们所具有的良好精神状态，作为韬奋基金会的理事长，我感到由衷的欣慰。

全国高校出版专业教学指导委员会是本次大赛的主要创办方。教指委希望出版创意大赛成为出版专业院校之间交流、学习的平台，并希望通过大赛引起全国高校出版专业对出版实践的重视和对创意人才培养方式的探索。显然，现在大赛已经很好地实现了教指委的希望，甚至超出了预期。这当然是主办方、承办方、专家评委、参赛师生们共同努力的结果。尤其是承办方北京印刷学院，为发动参赛、收集作品、组织评审、举行颁奖大会，事无巨细，承担了大量繁重的工作，这当中有多少艰辛烦难，难以与外人言。即便如此，她们却不曾稍有懈怠，而是一直怀着一颗求完美的心对待所承担的这份事业。这才有了大赛闭幕之际，她们还精心举办了大赛获奖作品展览，给前来领奖和观摩、交流的师生们带来了意外的惊喜，给大赛画上了一个惊艳的感叹号。可以说，这是本届出版创意大赛一个很大的创意，一个使得所有大赛参与者和展览会观众广泛受益的美好创意。

自然，大赛还有一些需要总结提高的地方，主办方、承办方和评委会已经及时做了总结，将成为第二届大赛改进工作的着力点，在此无需赘言。对于参赛作品，一些专家希望我谈谈总的印象。我要说，总的印象是可爱而可堪造就。因为参赛作者都还很年轻，实践和阅历尚有不足，作品青涩、稚嫩在所难免，这是再正常不过的事情。惟其青涩，方让评委们感到真诚而可爱；惟其稚嫩，更让评委们感到可堪造就且前途无量。倘若还要我以一个资深出版人的身份给中国出版业这些明天的栋梁之才特别提个醒，那么，我想说一点，参赛的大多数作品，包括一些获奖作品，都有过度创意之嫌，这是需要予以适度注意的。年轻人热情满腔，跃跃欲试，因而用力过猛，也就会有过犹不及之虞。不少作品，有的内容过于繁复，有的形式大于内容，如果只是做一部参赛书，情有可原，倘若都是这样做书，不免让人对其实操价值起疑。然而，说来这也是难免之事，谁让大赛的旗帜上写着"创意"二字呢？如此说来，我这个提醒也就不足为训。简要说来，这只是一个普通的策略，即：创意大赛，先赛创意，再讲适度，创意与实践要注意结合，如此而已。

首届大赛结束已经半年多了，大赛留给我们的记忆却是那样的鲜活而深刻。感谢承办方北京印刷学院和北京出版产业与文化研究基地，投入人力财力精心出版获奖作品集，使之发挥更好的交流、研讨和学习借鉴的作用，也让我们获得了一份对首届大赛长久回忆的美丽而鲜活的载体。这对于全国高校出版专业教育事业，就更是一个长久的超值回报了。

祝愿全国大学生出版创意大赛越办越好！

2015年5月28日

（聂震宁：韬奋基金会理事长、中国出版协会副理事长、全国高校出版专业教学指导委员会副主任、北京印刷学院新闻出版学院院长）

目 录

大赛介绍　01

获奖名单　05

图书创意奖　15

报刊创意奖　79

视觉创意奖 165
营销创意奖 253
大赛巡礼 299
后记 328

"韬奋杯"
首届
全国大学生
出版创意大赛

大赛介绍

大赛介绍

高层次文化产品的创作与生产，取决于卓越创意人才的质量与数量。为社会输送出版创意人才，是编辑出版等相关专业的任务和职责，也是落实国家"推动文化大发展大繁荣，提高国家文化软实力"战略选择的保障和基础。为推动卓越创意人才的培养，为学生搭建创新实践、自我展示的平台，提升编辑出版等相关专业在全国范围内的社会影响力，全国高校出版学专业教学指导委员会和韬奋基金会，特联合举办"韬奋杯"首届全国大学生出版创意大赛。现将大赛有关事项通知如下：

一、大赛名称
"韬奋杯"首届全国大学生出版创意大赛

二、大赛宗旨
1. 建立与国内外知名业界机构的交流平台，扩大编辑出版专业在新闻出版领域的影响力，提升各大机构对本专业的认可；
2. 促进各高校编辑出版等专业的沟通合作，共同发展；
3. 为学生搭建创新实践、自我展示的平台，锻炼能力，增强自信，为个人就业和职业发展打下坚实的基础。

三、大赛原则
1. 公正原则
所有评委均来自出版业界和出版教育界，匿名评审。
2. 公开原则
赛事全过程均透明公开，接受媒体、学校、学生和社会公众的监督。
3. 实践原则
作品与评审均以实际工作为标准，贴近行业，贴近市场，贴近读者。

四、拟设奖项
大赛拟设置4个奖项，奖项及参赛作品涵盖全媒体，分别是：
1. 图书创意奖：策划新选题，编创新内容或创设概念书、电子书；
2. 报刊创意奖：策划报刊选题，创设新内容或数字报刊；
3. 视觉创意奖：从视觉艺术的角度表现出版物的气质与内容；
4. 营销创意奖：为某一出版物策划独特创意、影响大、效果佳的营销方案。

五、参赛条件
1. 参赛者须为中国境内（包括港、澳、台地区）的在校大学生（含研究生、本科生和专科生）。
2. 参赛学生可以以小组为单位，每组人数不得超过3人。

六、参赛作品及要求
1. 参赛作品
所有参赛作品必须是独立、原创的新作品。参赛学生除了提交"韬奋杯"首届全国大学生出版创意大赛报告书和作品介绍各1份外，还要根据所申报的奖项提供：

(1) 图书创意奖

需提供选题创意方案与纸质版图书实物各1份，或提供选题创意方案与刻录电子书内容的光盘各1份；

(2) 报刊创意奖

需提供选题创意方案与纸质版报刊实物各1份，或提供选题创意方案与刻录数字报刊内容的光盘各1份；

(3) 视觉创意奖

需提供出版物视觉创意方案和能体现视觉表现的实物或刻录盘各1份；

(4) 营销创意奖

需提供营销方案1份。营销方案可结合市场上已经公开出版的出版物，也可以结合申报图书创意奖、报刊创意奖的出版物。营销方案形式不限，可以拍摄一个图书推荐视频，或设计一组或单张出版物宣传海报，也可以提交一个综合营销方案。

2. 对参赛作品的要求

(1) 参赛作品要求内容积极向上，符合出版规范；作品内容能够传承文化、引领风尚；

(2) 大赛倡导创新，参赛作品应体现参赛学生的独具匠心和新颖设计，作品必须是独立原创，不得抄袭；

(3) 参赛作品可以使用通用软件作为开发工具，但禁止使用已有的模板；

(4) 参赛作品如涉及使用他人版权的内容，必须经过版权所有人同意，并提供证明文件。

七、参赛作品提交方式及时间

2014年11月1日至2014年11月10日，各参赛院校组织机构按照参赛要求汇总参赛作品，提交给大赛组委会。

个人参赛者应关注大赛网站信息，在规定时间内将作品电子版发至大赛指定的邮箱，作品实物以挂号信的形式邮寄至指定地址。参赛作品的信封正面须标注"全国大学生出版创意大赛"字样，并注明拟申报的奖项。

邮　　箱：cbcyds2014@126.com

收件单位："韬奋杯"全国大学生出版创意大赛组委会

地　　址：北京市大兴区北京印刷学院康庄校区

邮　　编：102600

"韬奋杯"
首届
全国大学生
出版创意大赛

获奖名单

图书创意奖获奖名单

奖项	作品编号	作品名称	作者名字
一等奖	T－55	大城小志	李珊珊　陈欢　黄燕琳
二等奖	T－30	忆伊犁	陈青青　周新楠
	T－124	以生命之名	张婧
	T－245	十九个梦想	房洪英
三等奖	T－312	从我眼中看到你：大学生支教留守儿童所见录	苏丽桦　王烨文
	T－166	剪纸的文化·脸谱	崔虞婕　崔冉　田子凡
	T－227	漂流瓶——生命接力中父亲写给女儿的60封信	郭昊鑫
	T－136	伊首歌	屈雪琛　鲁宇飞
	T－165	90后说明书	陈依然
	T－242	婚·理儿	周璇　石悦　闫宝
	T－214	鱼笺燕书	李婉维　丁诗雨　罗硕
优秀奖	T－110	喜欢你，是我一直要做的事	张锁迪
	T－57	让美食为健康加分	王金环　朱云云　杜月婷
	T－52	中日妖怪图志：ACG里的中日妖怪文化	饶平俪　王雪娇
	T－67	春暖花开	汤芳婕
	T－74	戏味儿	章琴
	T－256	旗袍	唐依敏　黄怡然　王晓琦
	T－105	老粗布	李雪琦
	T－249	遇见猫	张思诗
	T－244	Miss Coffee	韩岳良　严梦雨
	T－265	美丽中国wildchina	唐唯珂
	T－239	亲子互动指偶书系列——小鸟乐乐	张安然　王硕　梁焱
	T－277	高中，无距离，不焦虑	梁雨濛　焦亚楠
	T－8	鞋带新玩法	焦莉捷　袁碧玉　李婷婷
	T－90	假如食物会说话	李东康　李梦颖　张梦莹
	T－56	字的诗	仲世强　王嘉昀　潘佳惠
	T－23	有一种基因叫生活——《罗辑思维》微信大讲堂里的生活法则	尹露
	T－15	桥说	马浙男
	T－128	白衬衫	赵子杰　徐玉婷　杨慧东

参赛学校	指导老师
武汉大学	黄先蓉
浙江传媒学院	李新祥
北京印刷学院	杨宇萍
清华大学	陈磊　吕敬人　原博
上海师范大学	陈丽菲
北京印刷学院	杨宇萍
浙江工商大学	梁春芳
陕西师范大学	刘蒙之
吉林华桥外国语学院	刘瑜　李平
北京印刷学院	朱宇　张丽
华南师范大学	刘晖
吉林华桥外国语学院	刘瑜　侯旭
安徽大学	刘洪权
浙江传媒学院	李新祥
安徽新闻出版职业技术学院	张鹏
安徽新闻出版职业技术学院	郑晓丹
北京印刷学院	朱宇　张丽
北京印刷学院	杨宇萍
北京印刷学院	朱宇　张丽
北京印刷学院	朱宇　张丽
北京印刷学院	朱宇　张丽
北京印刷学院	朱宇　张丽
北京印刷学院	朱宇　张丽
天津科技大学	刘瑞芳
山东政法学院	魏景飞　常洪卫
武汉大学	许洁
浙江传媒学院	李新祥
浙江传媒学院	李新祥
昆明理工大学	赵长雁

报刊创意奖获奖名单

奖项	作品编号	作品名称	作者名字
一等奖	B－142	深处	类晓冉　王一鸣　闫维嘉
二等奖	B－30	北外零点后	王垚　胡冠红　李金蔓
	B－25	味觉	高佳　李雯　郑亚萍
	B－117	失·依	董丽丽　李晶伟　高伟
三等奖	B－76	记念邮差	杨云洁　满雅琴
	B－242	时刻关注	杨春雨　吕宜岭　王金腾
	B－18	花样年华	沈迎春　李秋艳　李艳双
	B－45	乐跑	丁海伦　褚俊杰
	B－230	C2Y青年商业观察	徐鑫　李仪
优秀奖	B－209	食物与城市	李欣玲
	B－139	《知云》互动杂志	张秋旸　梅雪健　李康凌
	B－49	农友	李倩倩　夏孟琦　潘书婷
	B－121	《新传播》毕业生特刊	俞世翔
	B－92	光影北京	刘志洪　李泽毅　张菲南
	B－128	筑梦	杨妍
	B－153	便利小报系列之环球动漫周报	孙婷婷
	B－245	金沙居民报	兰丽平　王荧　戴颖林
	B－40	数个明白：教育圈里的那些事——教育舆情数据新闻专题	向安玲　杨艳妮　苗晴雨
	B－134	编辑出版实务	梁颖　赵丽雅
	B－36	吉利青年报	黄小龙　张文芳　王凡
	B－62	荐	唐双连　刘金陈　李欣蔚
	B－71	孕妻	蒯蕊　张六月　肖玮
	B－133	锐读周刊	邱美令　王宇诗　苗飞飞　欧阳娣　万佳
	B－206	"最南京"报纸版面	赵沁钰
	B－11	华氏度	王秋榆　王鹿　吴梦莹
	B－285	木兰周刊	黄杭
	B－154	能手	林炜芳
	B－296	新出版人	杨帆
	B－54	《南音集》之荷花节特刊	许程程　王媛　董雪
	台湾作品	All mommy baby home	林姿廷等
	台湾作品	i月琴小组	王怡翔等

参赛学校	指导老师
烟台大学	谭诚训
北京外国语大学	王士宇
西南交通大学	梅红
辽宁大学	张建哲　石姝莉
西北大学	韩隽
济南大学泉城学院	张子中
河北经贸大学	刘玉清
上海师范大学	王月琴
山东工商学院	张子中
西安欧亚学院	樊荣　王谦
昆明理工大学	昌蕾
安徽大学	刘洪权
浙江传媒学院	王武林
北京吉利学院	王海波
闽南师范大学	于得溢
河北大学	任文京
浙江工商大学	潘文年
武汉大学	袁小群
山东工商学院	周韶梅
北京吉利学院	赵瀛
四川大学	白冰
西南交通大学	梅红
山东工商学院	张子中
北京印刷学院	张聪
华东师范大学	刘影
江西新闻出版职业技术学院	陈洁茹
闽南师范大学	胡誉耀
北京印刷学院	朱宇
南开大学	梁小建
台湾世新大学	林颂坚
台湾世新大学	叶乃静

视觉创意奖获奖名单

奖项	作品编号	作品名称	作者名字
一等奖	S－158	左右	郭枳彤
二等奖	S－161	男男女女	苏晓丹
	S－144	秘密的伊甸园（电子书）	罗溪溪　陈叶
	S－39	脸谱	孙媛媛
三等奖	S－38	蝶裳	梅紫婷
	S－156	平仄——古诗韵律之美	何珏琦
	S－159	众生相	靳宜霏
	S－164	吻	程昕
	S－8	自然·中国（多媒体）	李晶磊
	S－82	初老症	王星星
	S－53	天子论	田博文
	S－155	月之子——白子的童话	何珏琦
	S－163	米立	周珊如
	S－72	星座里的小秘密	王静静
	S－69	走进皮影	严维佳
	S－62	今夕何夕兮	李明军
	S－44	about coffee	张赛男
	S－86	道听	黄潇涓　张茜　刘益成
优秀奖	S－76	撕，撕着背——四级单词	卢忆
	S－51	童年记忆	赵露露
	S－78	歌八百壮士	陈世豪
	S－143	不要停止我的音乐	陈叶　罗溪溪
	S－31	中国传统节日	张柯欣
	S－57	入耳疗心	陈浩
	S－85	我的年轮日记	许周子
	S－160	清华迹——周历百年：清华杰出人物	贾煜洲
	S－46	西洋乐器图文百科	陈伟豪
	S－67	榆木先生·中国传统漫画榆木先生系列	甄卉于
	S－71	未完待续	崔莉

参赛学校	指导老师
清华大学	顾欣
清华大学	顾欣　周岳　何洁
湖南师范大学	吴余青
安徽新闻出版职业技术学院	郑晓丹　刘浩
安徽新闻出版职业技术学院	张鹏
清华大学	吕敬人
清华大学	王红卫
清华大学	原博
宁波大红鹰学院	侯凤芝
北京吉利学院	吴凤鸣
安徽新闻出版职业技术学院	张鹏
清华大学	顾欣　周岳　何洁
清华大学	顾欣　周岳　何洁
安徽新闻出版职业技术学院	郑晓丹　刘浩
安徽新闻出版职业技术学院	张鹏
安徽新闻出版职业技术学院	张鹏
安徽新闻出版职业技术学院	郑晓丹　王亮
烟台大学	谭诚训
南京大学	张志强
安徽新闻出版职业技术学院	郑晓丹　王亮
北京吉利学院	吴凤鸣
湖南师范大学	吴尚君
安徽新闻出版职业技术学院	郑晓丹　王亮
安徽新闻出版职业技术学院	郑晓丹
北京印刷学院	杨宇萍
清华大学	王红卫
安徽新闻出版职业技术学院	郑晓丹　刘浩
安徽新闻出版职业技术学院	郑晓丹　刘浩
安徽新闻出版职业技术学院	郑晓丹　王亮

营销创意奖获奖名单

奖项	作品编号	作品名称	作者名字
一等奖	Y－41	《邮寄秘密》营销策划	许观奇　徐丹　沈子琛
二等奖	Y－19	《饿了么》阅读营销策划	杨梦圆　闫钰婧
	Y－101	《城市晚报》走进校园	赵海宇　赵翰林
	Y－105	《那些不能告诉大人的事》营销策划书	殷需雯　毛思佳
三等奖	Y－83	《尼泊尔很美》图书营销策划方案	李凌云　孙鸽　谢梦晶
	Y－18	《漫游记》——《集邮》杂志综合营销方案	刘晓阳　李毓超　王露
	Y－46	《大话西游宝典》营销策划书	刘贵平　王瑶　张晶
	Y－7	《给孩子的诗》营销策划案	陈聪　刘芬　陆朦朦
优秀奖	Y－1	影视畅销书的立体式营销方案——以《爸爸去哪儿了》为例	徐道星
	Y－35	当男孩遇见女孩	何珊　梁耀丹　王祯祯
	Y－36	冒险小虎队	刘紫欣　纪元　黄娴静
	Y－21	"微·爱"——四大名著综合营销策划书	于军　刘双艺
	Y－116	《我们——国内首部盲人群体生活志》	马睿
	Y－85	假杂志出版物营销策划方案	刘逸
	Y－27	《半暖时光》营销策划书	齐晓丽　刘晶
	Y－93	"扬州晚报"APP平台建设——《扬州晚报》转型营销方案	王茜
	Y－87	《露着衬衫角的小蚂蚁》图书营销方案	罗怡　王宇新　谢芸菲
	Y－100	《海边的卡夫卡》营销策划	李华一　周启文　孙化瑞
	Y－94	"教你怎么洞察世事,如何练达人情"——《我不是教你诈》运用新媒体的营销策划	杨帆
	Y－76	《尼泊尔很美》图书宣传海报	李凌云　向上　沈文洁
	Y－8	《吃货辞典》图书营销策划方案	咸秀荣　赵丽华　戴佳琳
	Y－20	跳一跳我们的童年	余京懋　杨子液　尤苏扬
	Y－26	《西藏旅游工具》营销方案	汪沁　秦冯时
	Y－117	《水墨·边城》营销方案	蒋亚娟
	Y－143	《夫源病》营销方案	丁子健　刘佳莹　缪莲庆
	Y－161	关于彼得·海斯勒"中国三部曲"双十一期间高校的线上营销推广方案	尚柄臣　杨雨
	Y－55	《异界之魔剑》营销方案	章火明　邓夏青　吴晴
	Y－44	"乡愁云南"主题图书《江边记》推荐视频	李靖宇　汤进　王艳
	Y－89	"布克文化体验中心"策划书	彭谦　张婷　杜荣琴

参赛学校	指导老师
辽宁大学	石姝莉
西北大学	李常青
吉林工程技术师范学院	尹艳华　陈少志
浙江工商大学杭州商学院	梁春芳　潘文年
湖南大众传媒学院	董娟娟
西北大学	李常青
昆明理工大学	毕秋敏
武汉大学	袁小群
安徽大学	孔正毅
辽宁大学	石姝莉　张建哲
辽宁大学	石姝莉　张建哲
西北大学	赵茹
南京大学	吴燕
湖南大众传媒学院	张波
武汉大学	许洁
陕西师范大学	齐蔚霞
湖南大众传媒学院	袁超
西安欧亚学院	闫月英　高昱
陕西师范大学	齐蔚霞
湖南大众传媒学院	董娟娟
武汉大学	许洁
西北大学	张羽
武汉大学	许洁
北京印刷学院	肖俏
上海出版印刷高等专科学校	任娟
四川大学	白冰
江西新闻出版职业技术学院	刘敏　郝景江　高澜　王萍　杨燕
昆明理工大学	蒋蓓
湖南大众传媒学院	唐乘花

优秀奖 春暖花开 汤芳婕

优秀奖 高中,无距离,不焦虑 梁雨蒙 焦亚楠

优秀奖 老粗布 李雪琪

优秀奖 戏味儿 章琴

优秀奖 喜欢你,是我一直要做的事 张锁迪

优秀奖 字的诗 仲世强 王嘉昀 潘佳惠

优秀奖 让美食为健康加分 王金环 朱云云 杜月婷

优秀奖 有一种基因叫生活——《罗辑思维》微信大讲堂里的生活法则 尹露

优秀奖 婚·理儿 周璇 石悦 闫宝

优秀奖 Miss Coffee 韩岳良 严梦雨

一等奖
大城小志
李珊珊 陈欢 黄燕琳

二等奖
十九个梦想
房洪英

二等奖
以生命之名
张婧

二等奖
忆伊犁
陈青青 周新楠

三等奖
90后说明书
陈依然

三等奖
从我眼中看到你：大学生支教留守儿童所见录
苏丽桦 王烨文

三等奖
剪纸的文化·脸谱
崔虞婕 崔冉 田子凡

三等奖
漂流瓶——生命接力中父亲写给女儿的60封信
郭昊鑫

三等奖
伊首歌
屈雪琛 鲁宇飞

图书创意奖

一等奖

作品名称：大城小志
参赛学生：李珊珊　陈欢　黄燕琳
所在院校：武汉大学
指导教师：黄先蓉

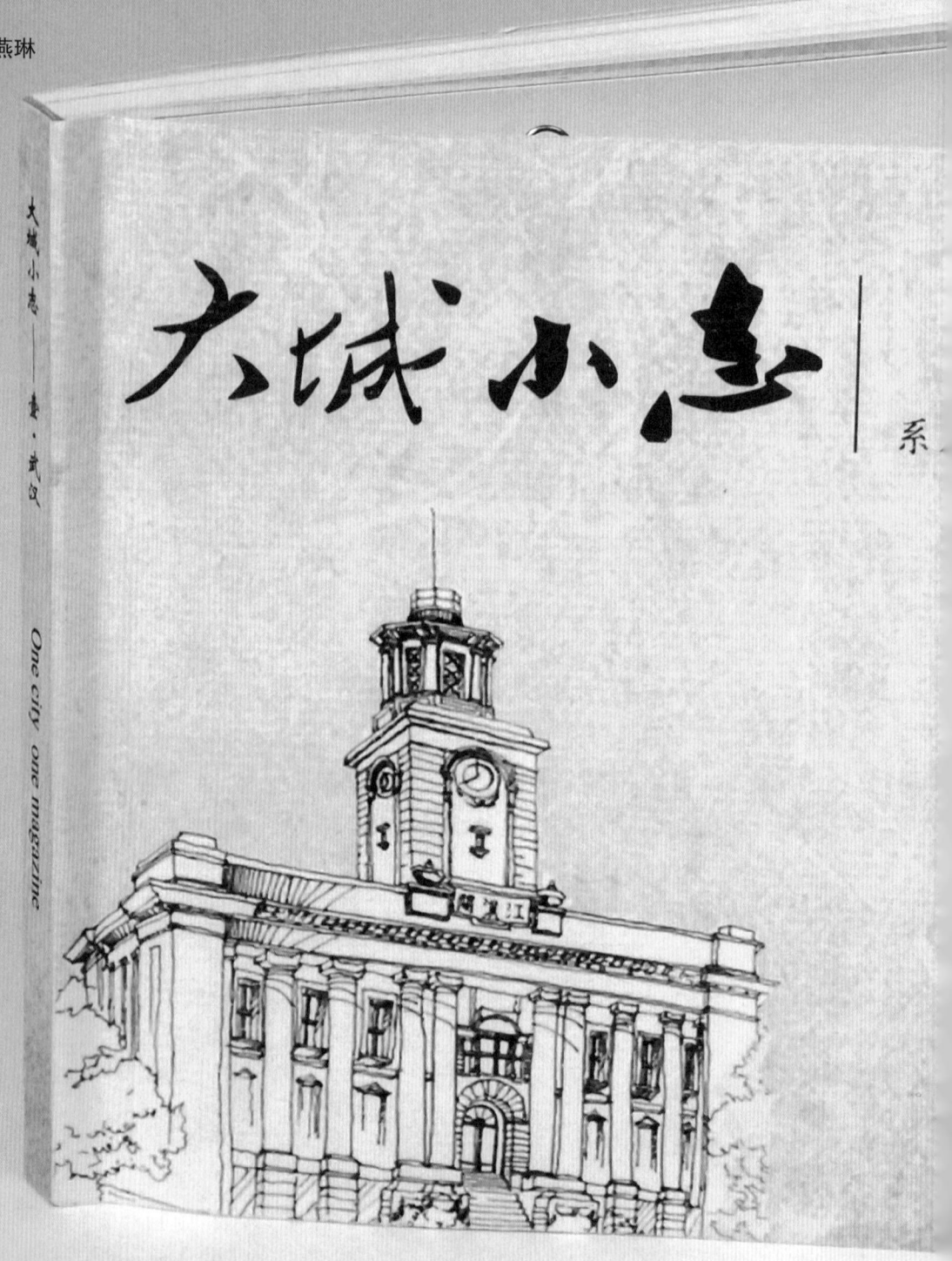

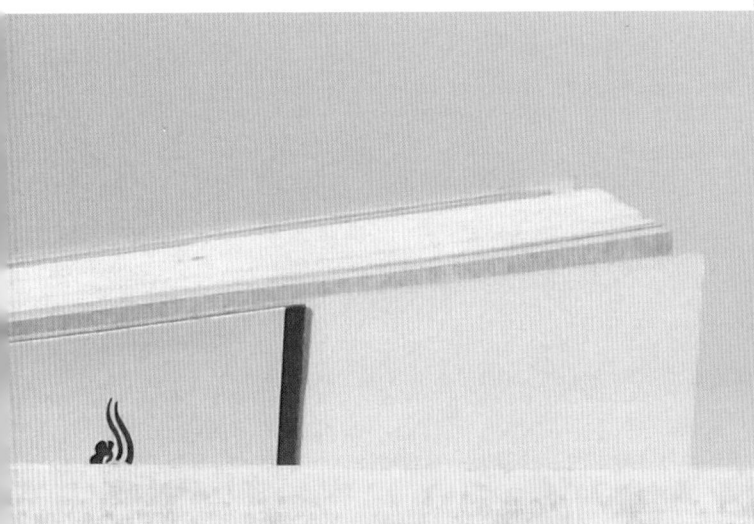

丛书
壹·武汉

作品创意

《大城小志》系列丛书的创作初衷，是希望每一个人都能够对熟悉或陌生的城市，有不一样的深度认识。而介绍一座城市的系列丛书，正是这个城市的文化风向标，通过对该系列丛书的阅读研究，我们可以窥见这个城市的精神面貌和文化深度。

也许你从未到过这个城市，那么《大城小志》这套系列丛书将会是你去往这个城市的必读手册，阅读这套书，将带给你更多的是关于这个城市人文精神以及当地人生活方式的思考。也许看完后，你也会尝试一次关乎美食、关乎历史、关乎名胜古迹，但同样也关乎人情的城市深度游。

当然，也许你是这个城市的居住者，日复一日的城市生活已然麻木，那么《大城小志》系列丛书会带你探索这个城市令人感动的一面，为你推荐人文净化游，我们都是它最熟悉的陌生人。

主要内容

以《大城小志》系列丛书《壹·武汉》为例：

1. 江城印象（分为"汉味民俗"与"谁道汉味"两部分）

   历史民俗：介绍武汉的历史、汉绣与汉剧。

   谁道汉味：引入四个武汉作家的文章短述评价武汉（池莉、易中天、方方、何祚欢）。

2. 城志微游（介绍《大武汉》和《优良 better》）

   介绍的线索是：概况、框架、缩印、专栏作家文章、主编寄语。

3. 觅景寻趣（涵盖两内容）

   (1) 有武汉的手绘地图，带你走遍大武汉。

   (2) 有声音二维码，七嘴八舌武汉话，领略武汉方言。

创新点

1. 内容创新：

   关注小众城市的系列丛书，注重对城市特色文化的宣传，试图把这些精美珍藏的"城市记忆"作为城市名片推荐给大众市场，此外也可以将该系列丛书作为别样伴手礼。

2. 形式创新：

   (1) 首页展开为 3D 立体城市卡片（如武汉的黄鹤楼立体卡片）。

   (2) 缩印展示让读者能够简单翻阅。

   (3) 城市方言二维码，扫一扫即可听取城市美食的当地话。

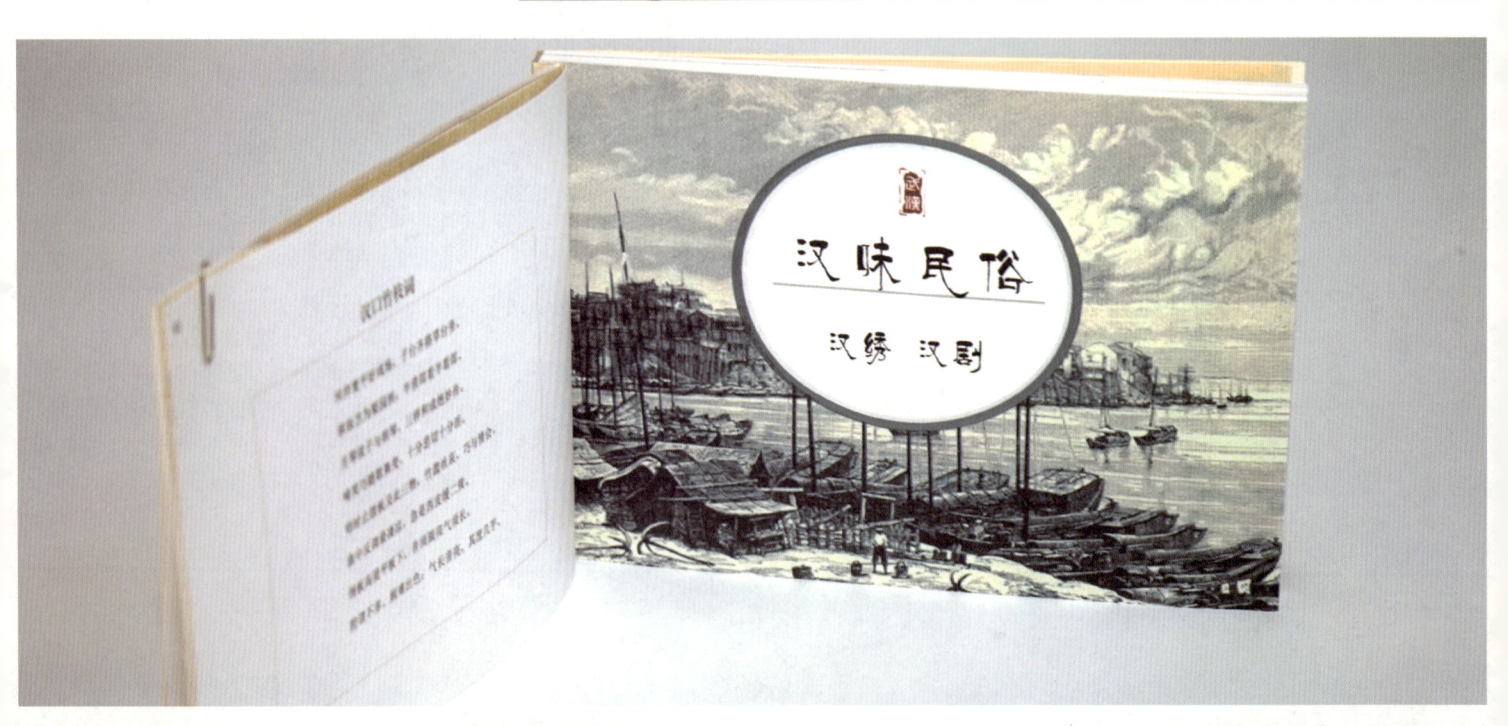

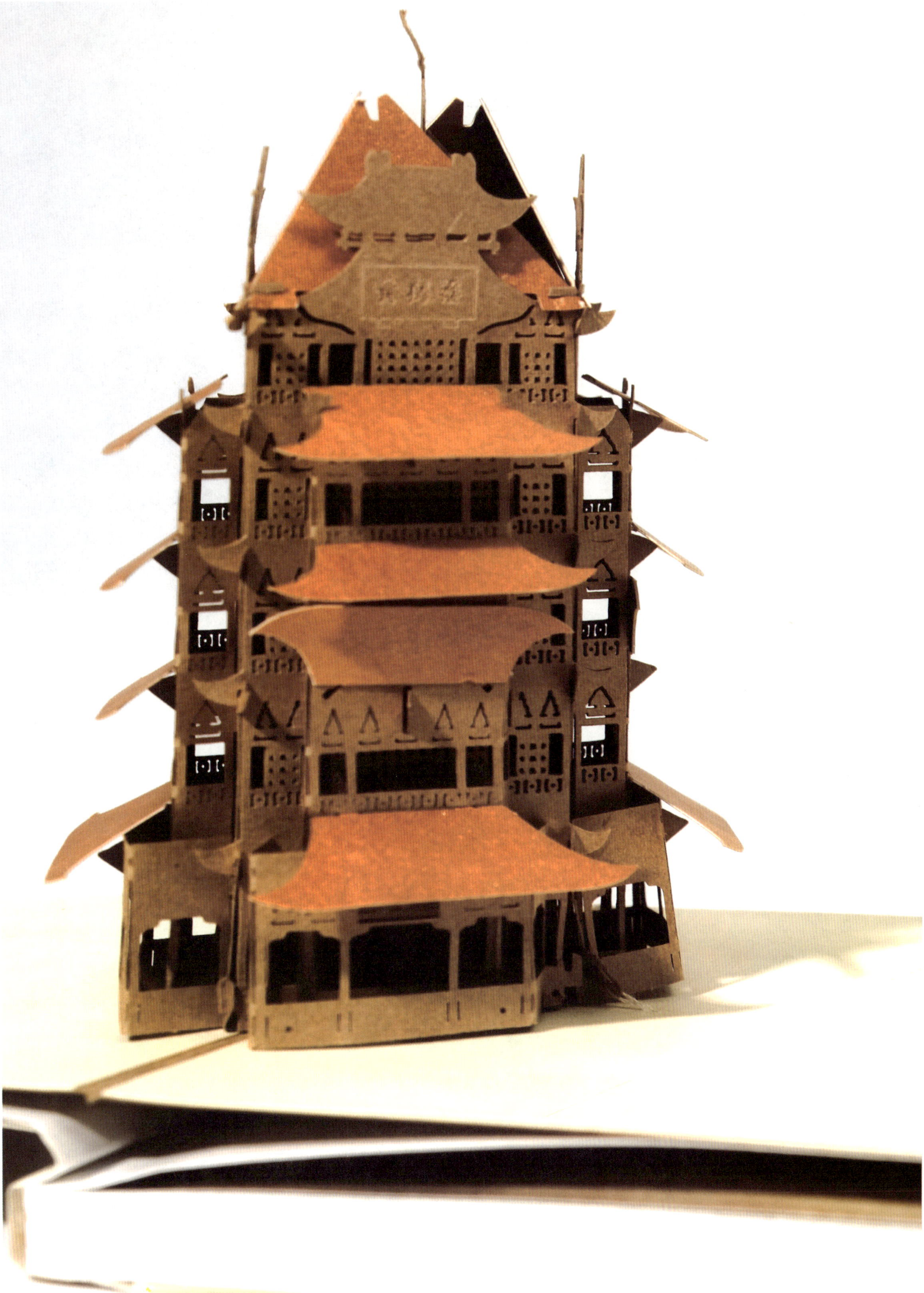

20

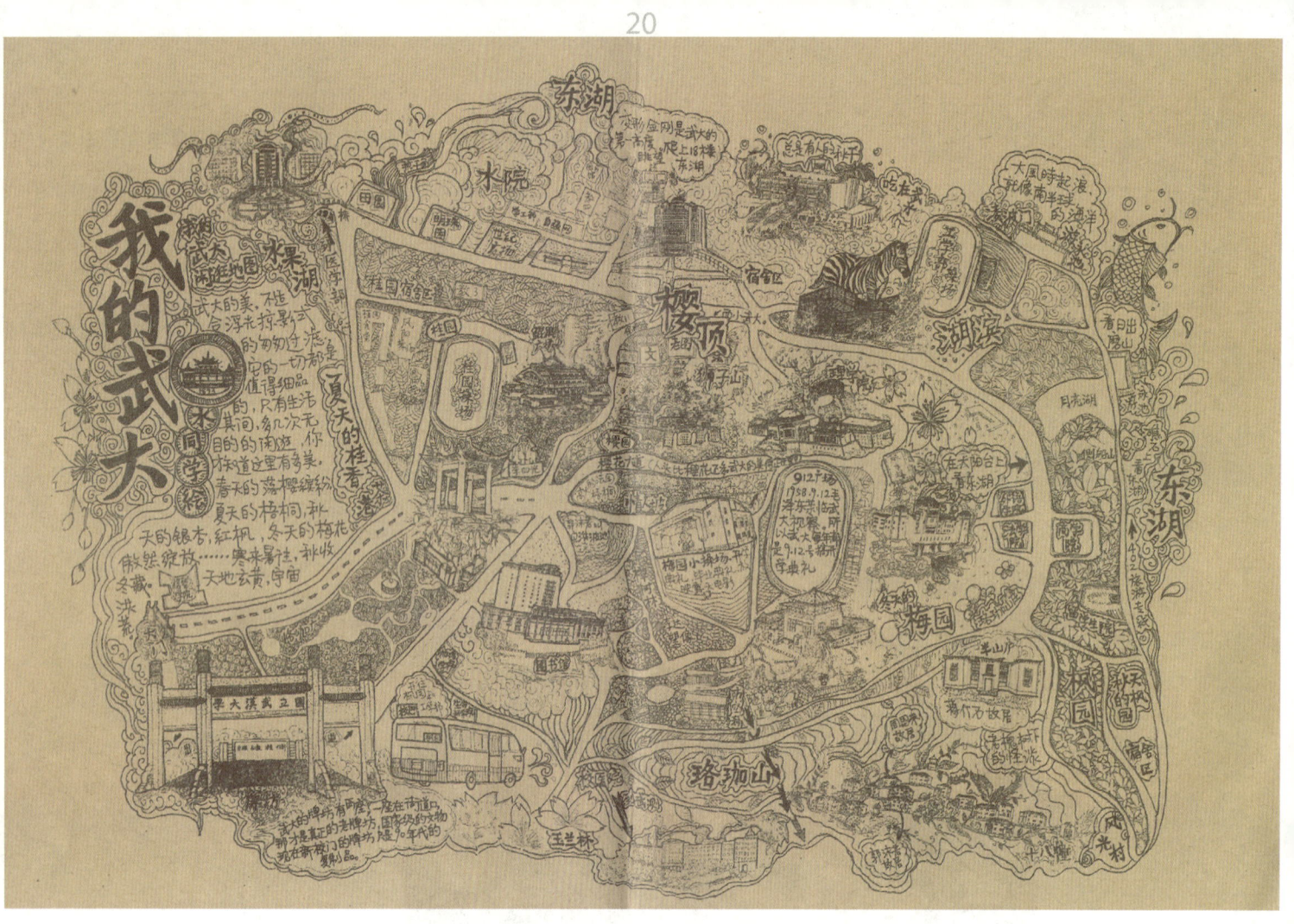

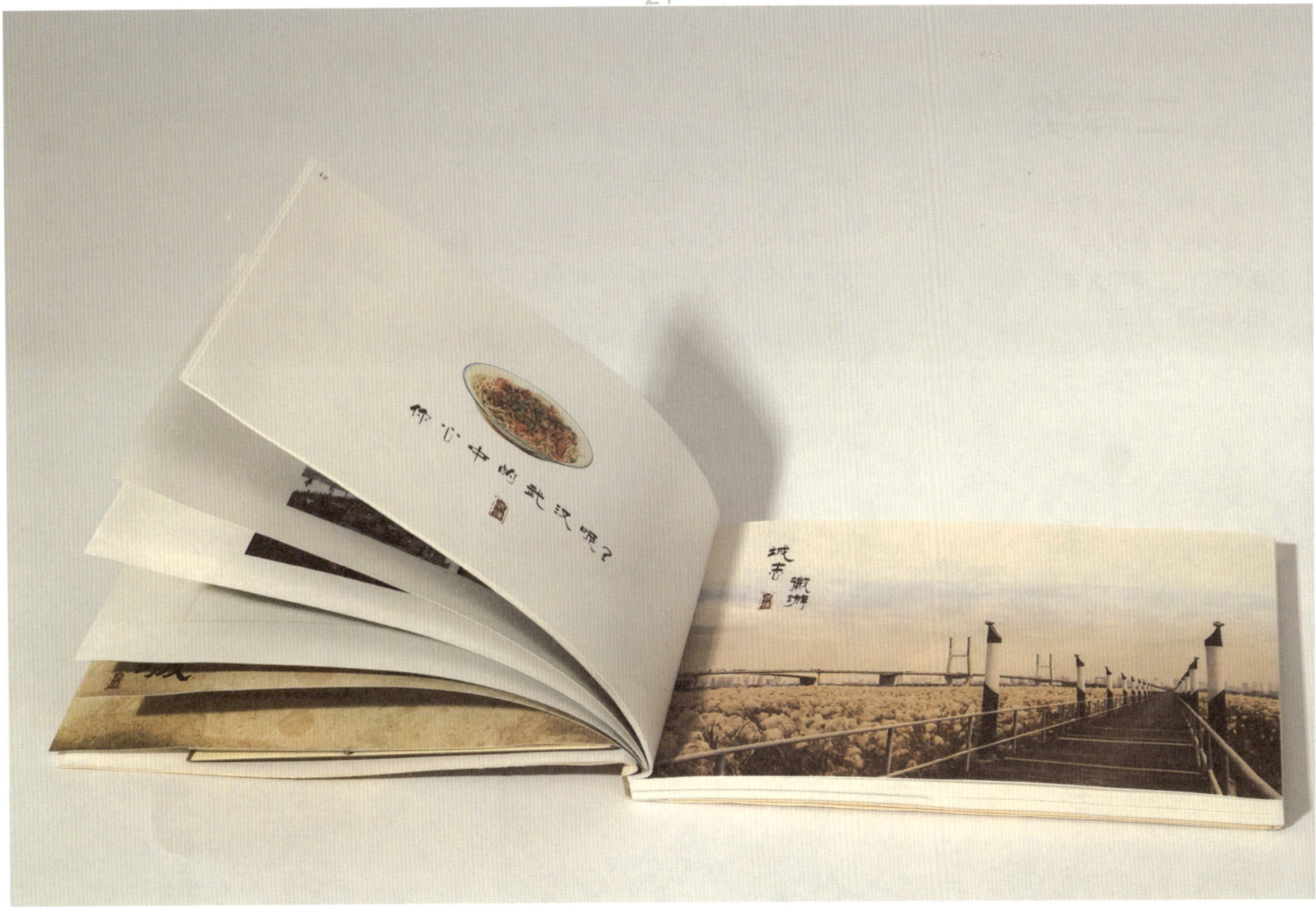
你心中的武汉呢？
城市微游

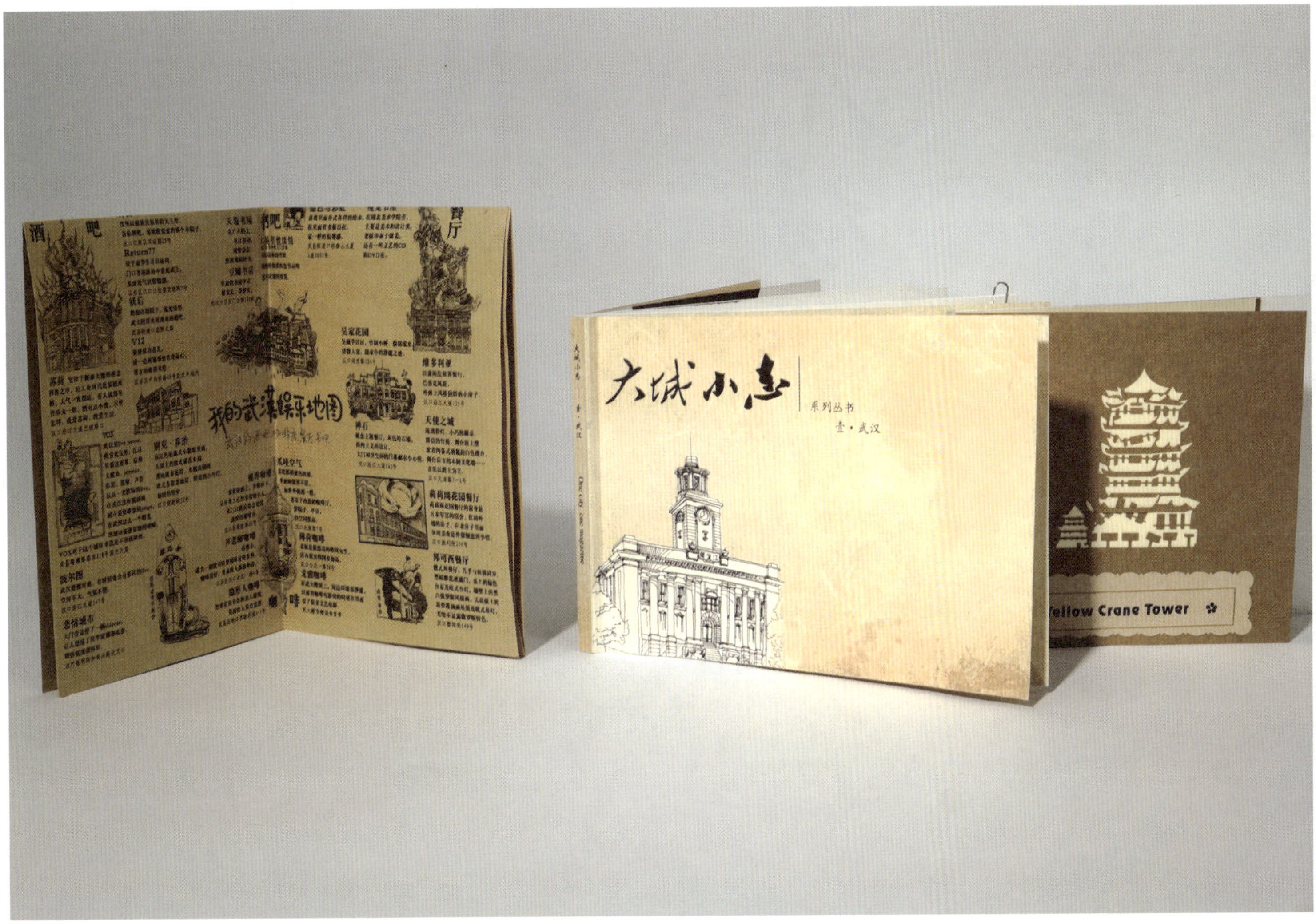
我的武漢娱乐地图
大城小志
系列丛书
壹・武汉
Yellow Crane Tower

二等奖

作品名称：十九个梦想
参赛学生：房洪英
所在院校：清华大学
指导教师：陈磊

作品创意

当今迅速发展的社会给人们带来巨大的压力。因为这些压力，我们常常忘记了自己的梦想，更无暇顾及不相干老人的梦想。最新数据显示，目前我国60岁以上的老年人已经有1.6亿之多，其中包括一部分处于社会底层的孤寡老人。

他们没有子女，也没有亲人，在剩下的时光中孤独地度过，忍受最后的寂寞。他们拥有的只有自己和一颗早已被社会远远抛在身后的内心。

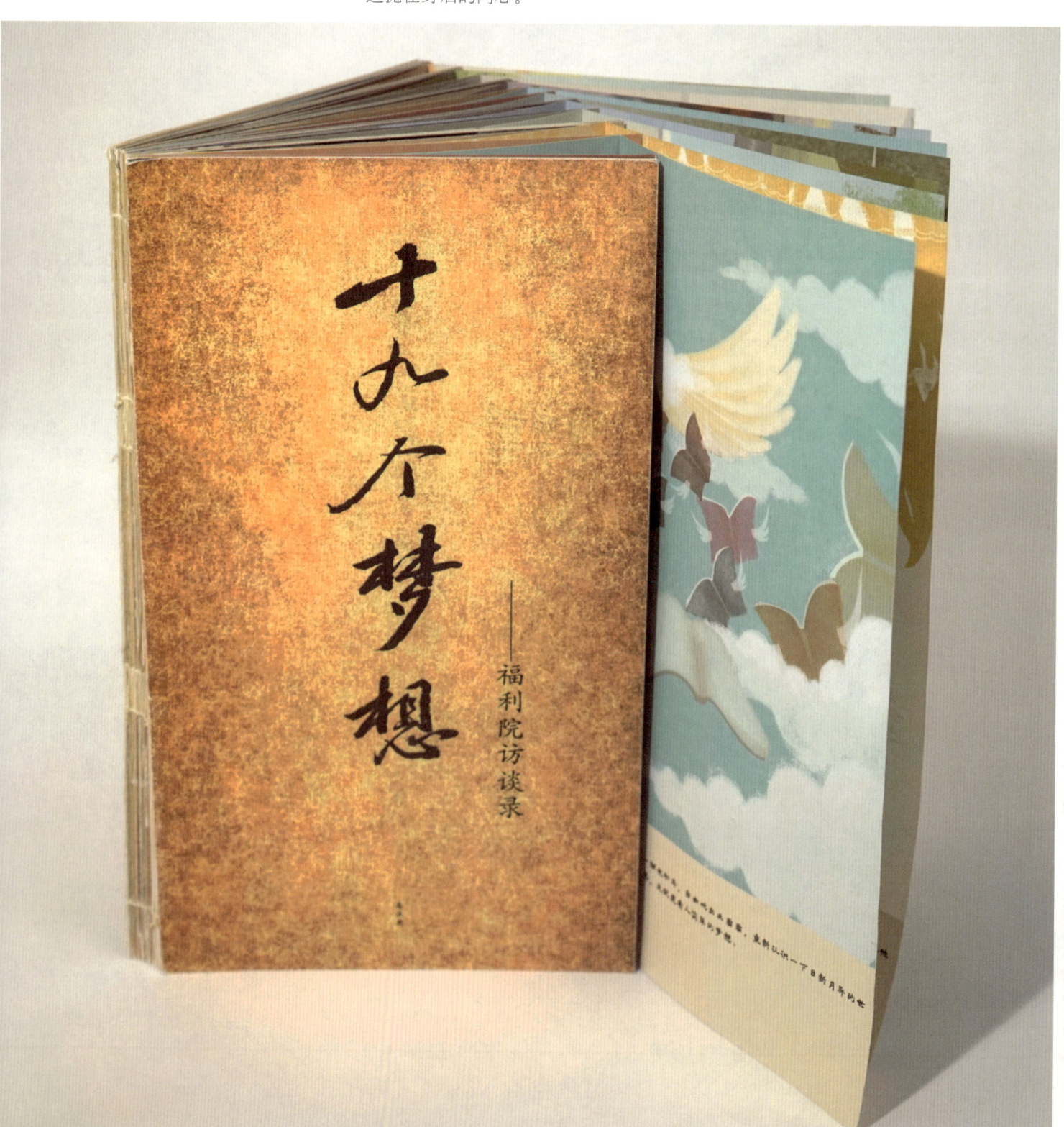

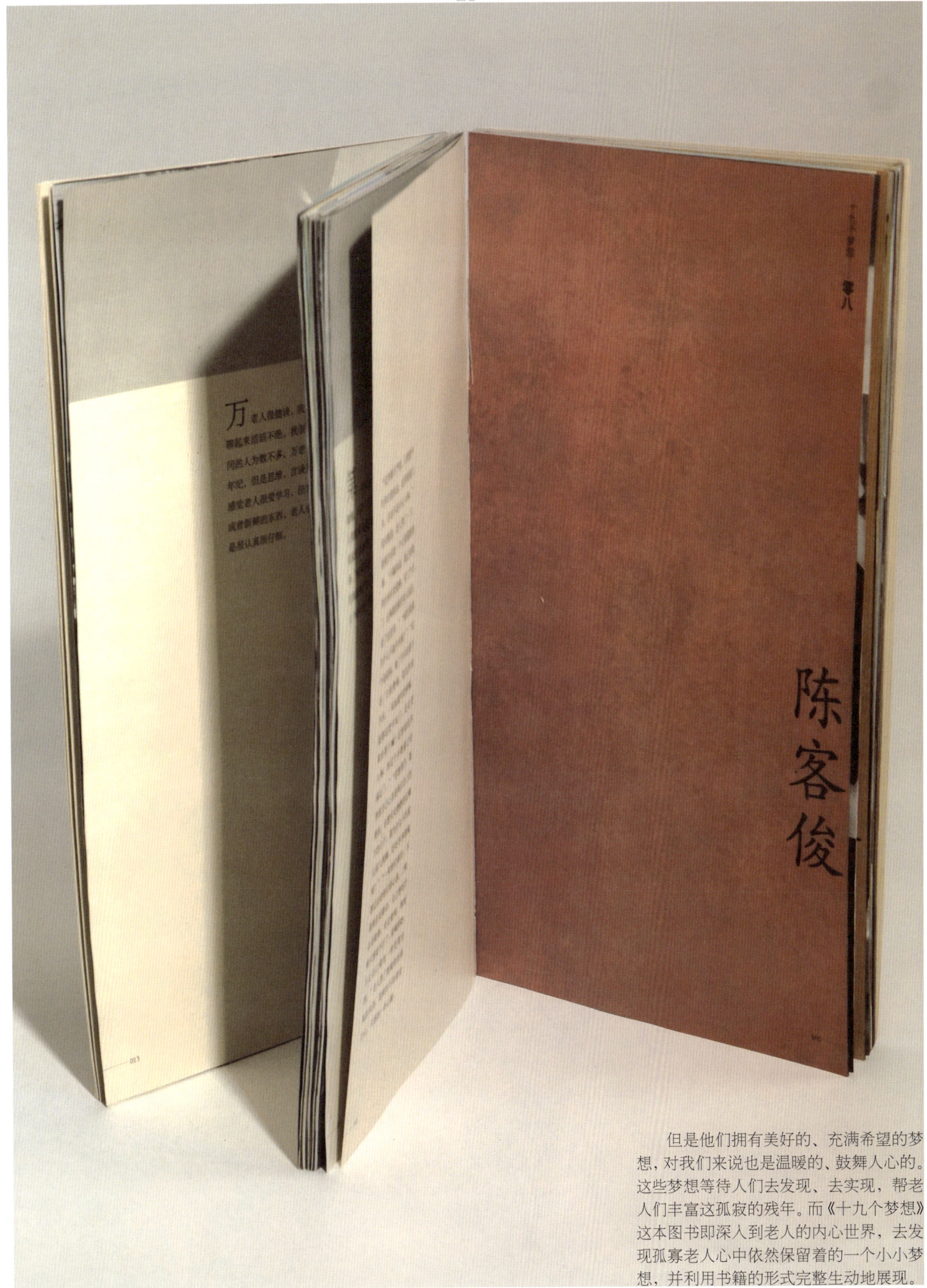

但是他们拥有美好的、充满希望的梦想，对我们来说也是温暖的、鼓舞人心的。这些梦想等待人们去发现、去实现，帮老人们丰富这孤寂的残年。而《十九个梦想》这本图书即深入到老人的内心世界，去发现孤寡老人心中依然保留着的一个小小梦想，并利用书籍的形式完整生动地展现。

主要内容

作者实地走访了位于山东省枣庄市山亭区城头镇的一所养老院，与这里的 26 位老人深入交流，了解他们心中的梦想，并收集了大量的摄影、录音和文稿资源。

在《十九个梦想》这本书中，作者选取了 19 位梦想比较有代表性的老人，将他们的梦想一一呈现于书中。每位老人的梦想介绍都包括老人的基本信息卡一张，摄影作品若干，梦想采录和说明文章一篇，以及在视觉上帮助老人"实现"梦想的插画一张。每位老人的内容为本书的一个单元，可单独成篇，共 19 个单元。

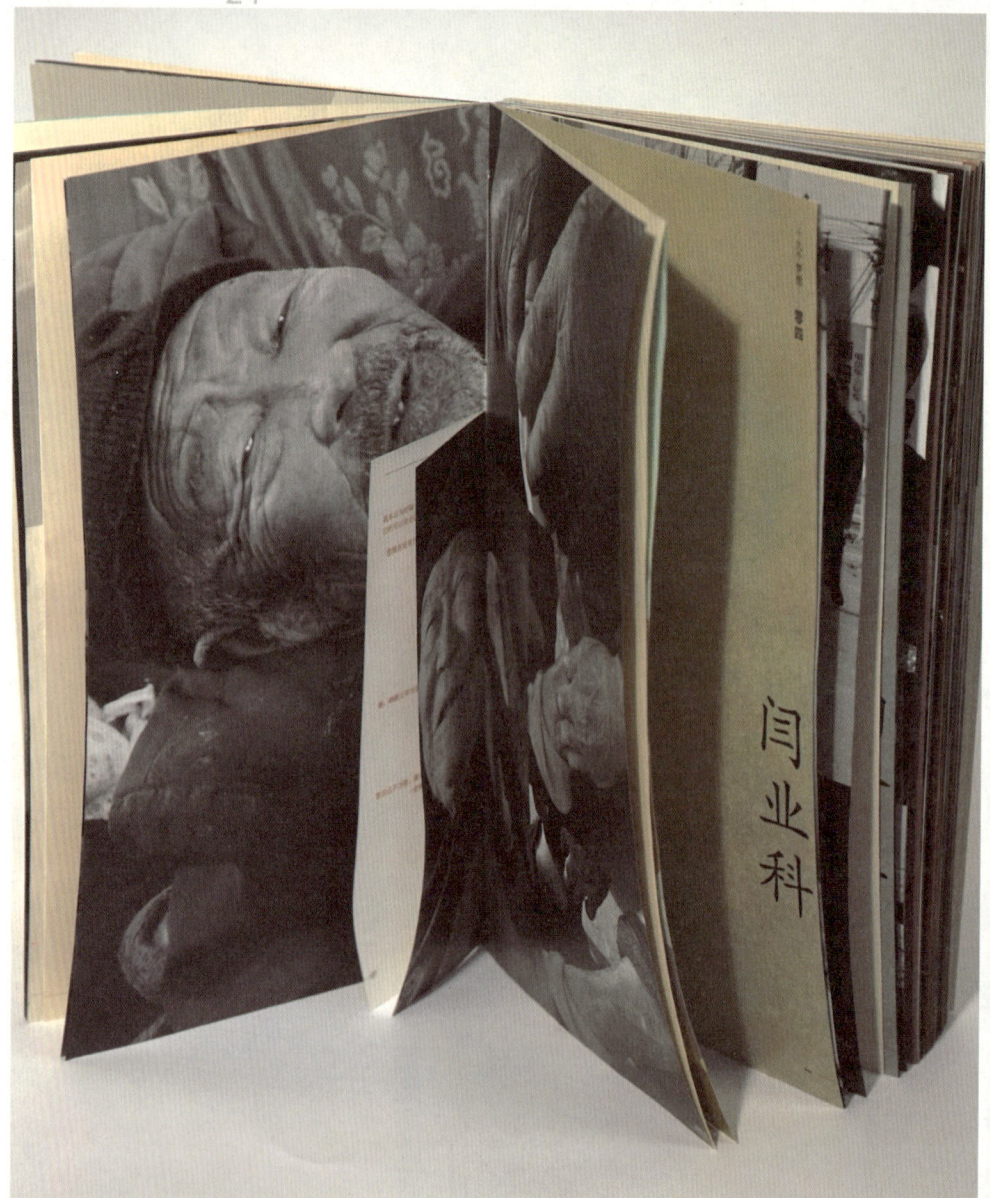

创新点

1. 内容真实详尽，主题具有现实意义，体现了作者对孤寡老人的关注，同时，该书对老人内心世界进行了深入的刻画，并提出了梦想这一主题。

2. 包含摄影、写作和插画三种形式的原创艺术创作。

3. 摄影和写作部分均为对老人生活的真实展现，为现实世界表达。而老人的梦想部分则以插画的形式呈现，为虚拟世界表达。现实部分是正常的翻页形式，而梦想部分多增加了一个折页，阅读时需要读者亲自打开才能看到，这一互动环节，为现实世界和虚拟世界架起了一座桥梁。

4. 每位老人的介绍均为一个章节，赋予每个章节一种色彩。书脊裸露在外，从表面上看，像一个具有旖旎色彩的彩虹条，意为强化梦想这一主题。

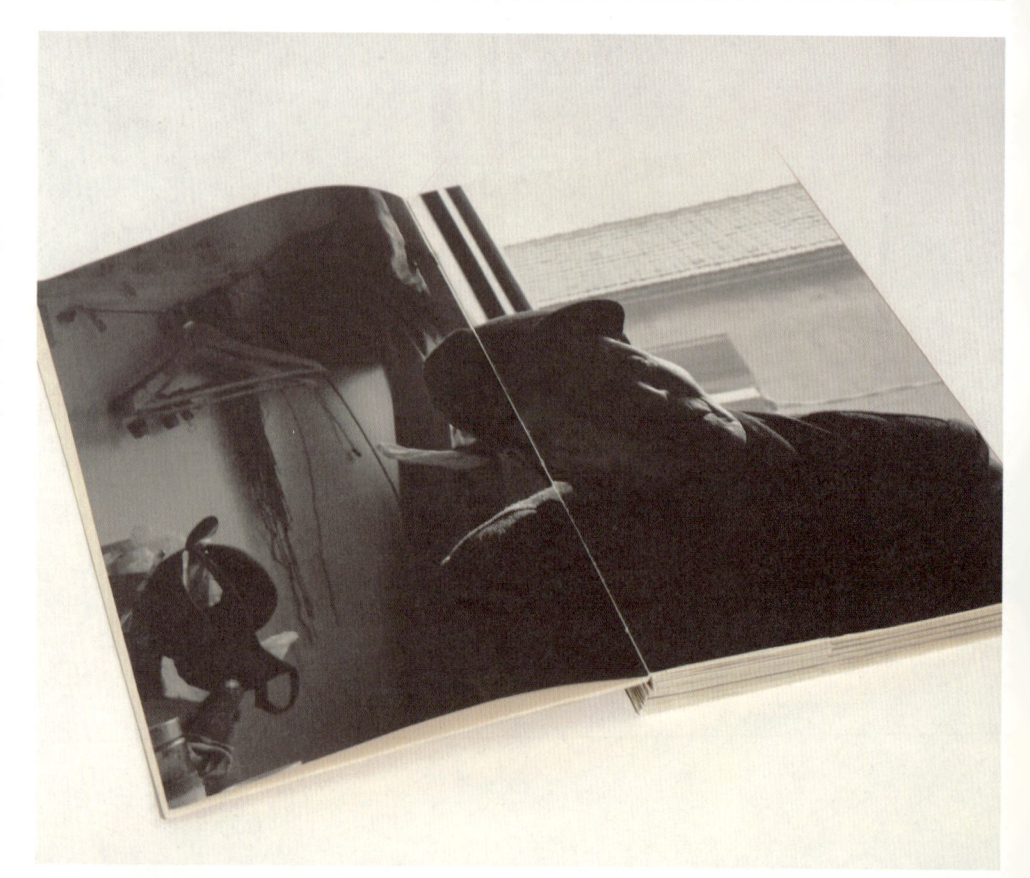

25

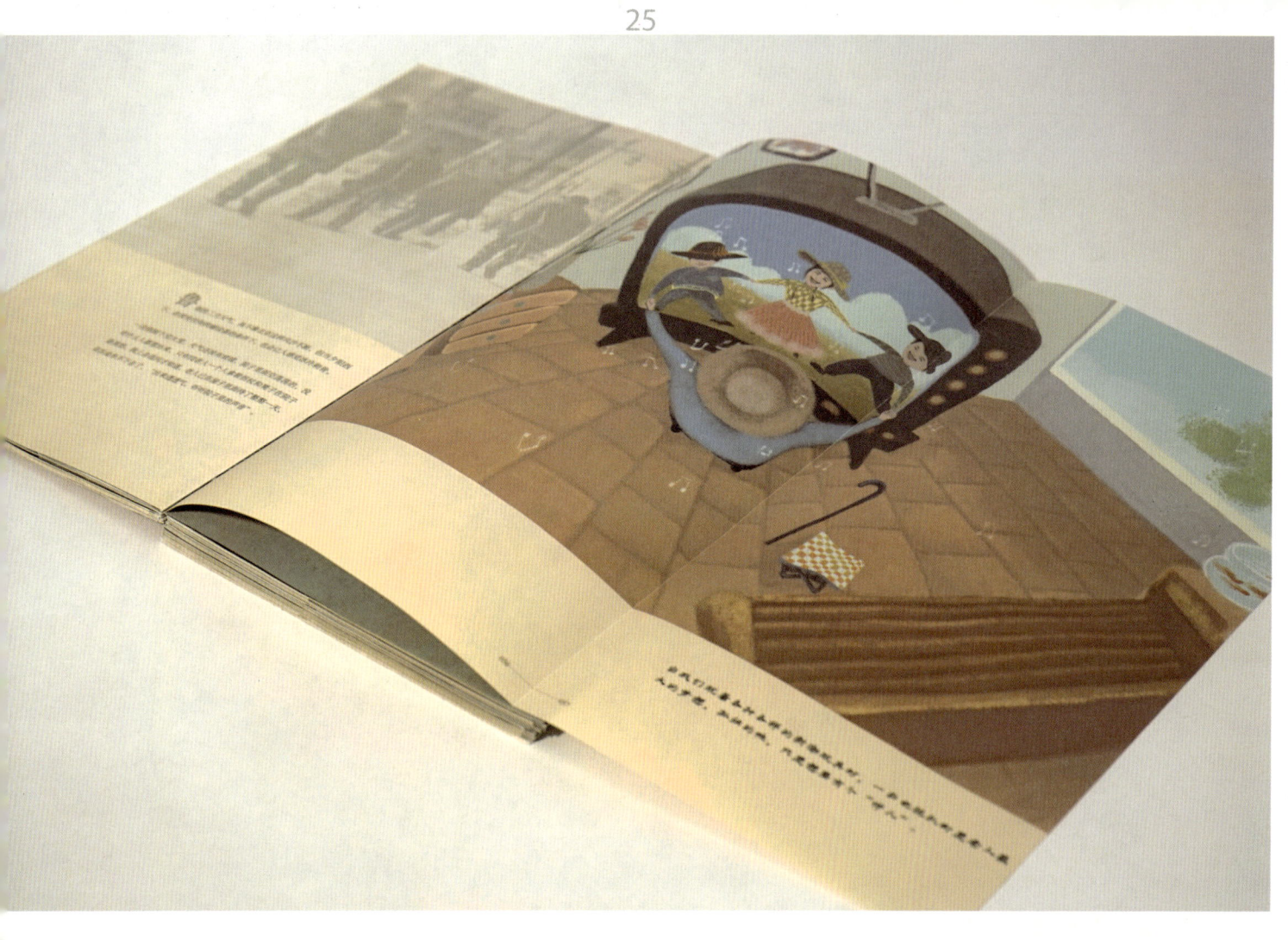

倪玉成
都叫壮族，身世凄苦的孤独老人，他最后的愿望是能够回到老家，将来把自己一手抚养长大的两个侄儿永远在一起。

陈客俊
走投无路的时候是共产党帮助了他，心怀感激的老人特别希望能在有生之年亲自到北京天安门看看毛主席。 102

陈希圣
这个"倔强"的老人，他唯一的希望是"福利院"真的变成福利院。 116

杜子涛
老人想要一间房子，自己百年之后用来停放足够，也许老人真正想要的是一份体面，一份温暖。 130

辛金凤

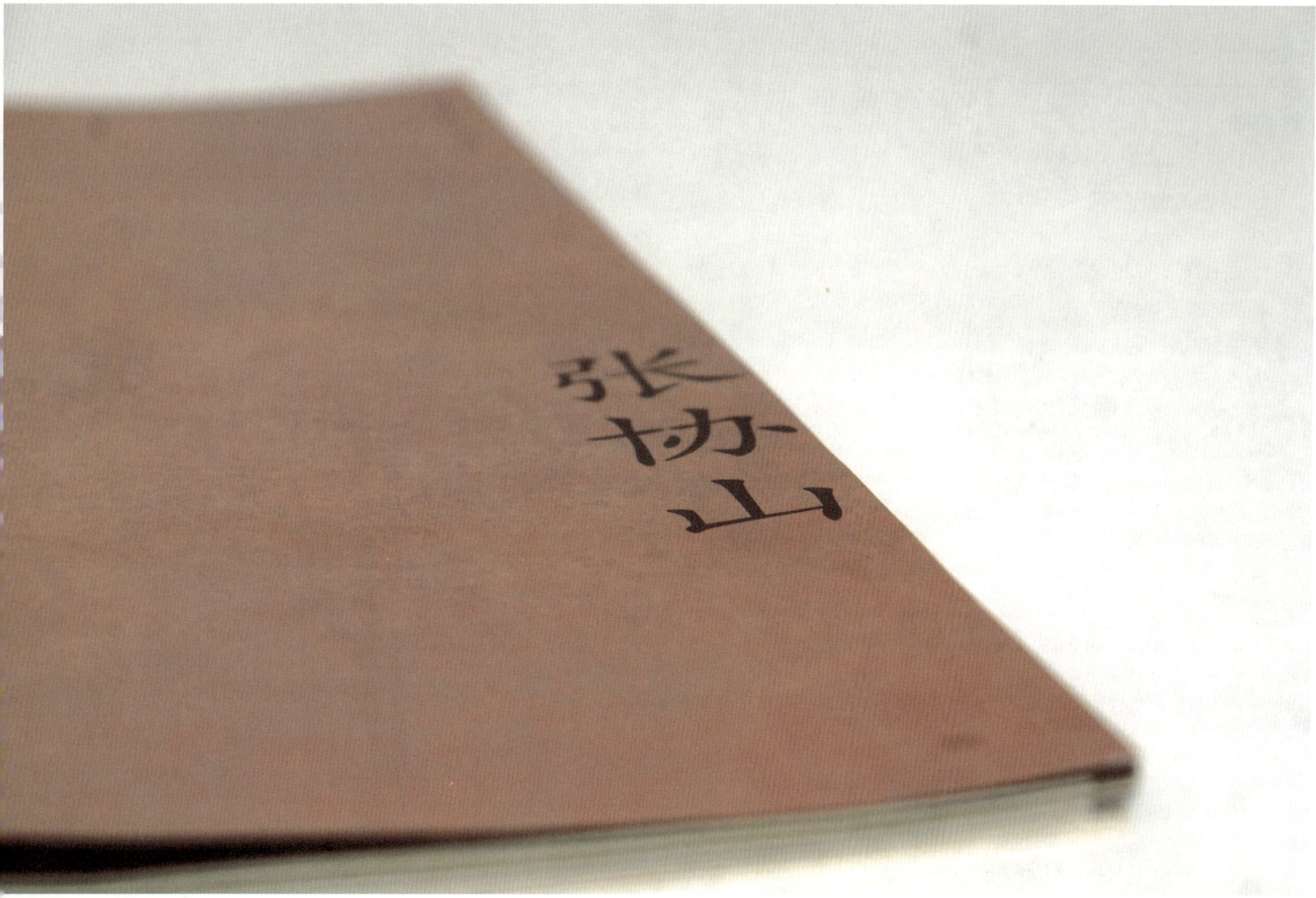
张协山

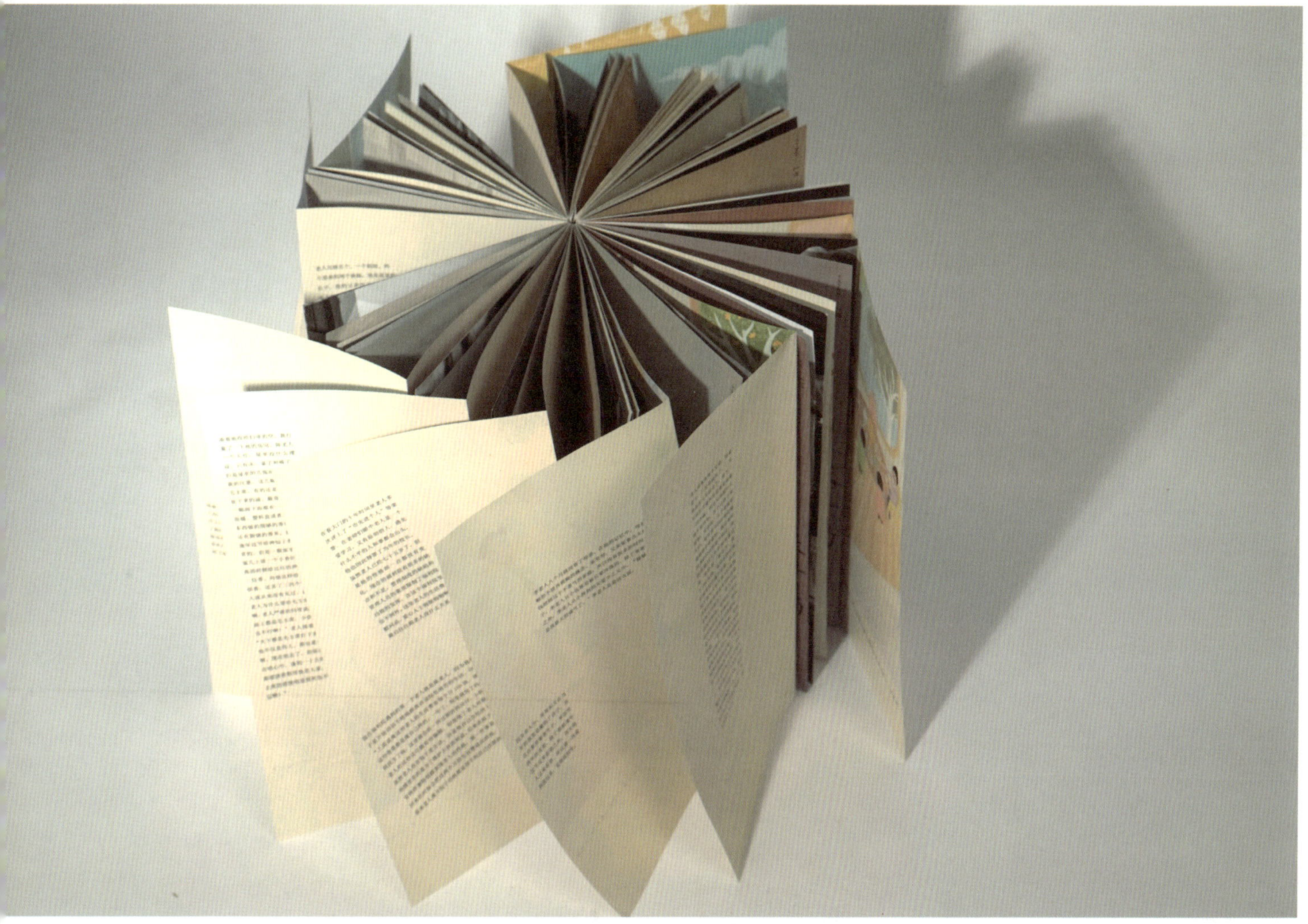

二等奖

作品名称：以生命之名
参赛学生：张婧
所在院校：北京印刷学院
指导教师：杨宇萍

作品创意

创作这本书的最初灵感来源于论坛中的一篇求助文章——女孩家养了一只特别乖的狗，打狗队却突然强行当着主人的面将狗打得半死后将狗带走，女孩不知所措求助好心人帮忙。而现实生活中这样的例子还有好多。

由此，作者心生怜悯，想做一本关于狗狗的书籍，通过自己的努力用文字来打动和感染人们。希望那些打狗队的人能够受一些触动，停止对这些生命的攻击，并同时呼吁社会关注类似事件，采取合理手段预防狂犬病，避免悲剧的重演。

张婧 / 设计

主要内容

该书书名为《以生命之名》，取自内文，旨在以生命的名义来唤醒人们心底最初的那份爱心，希望人们真正地爱护动物。

作品内容主要由五个部分组成：开场白、写给狗狗的诗歌、我和狗狗的十个约定、宠、我是一只流浪狗。体裁有诗歌有散文，还有关于狗狗的小故事。基调有悲有喜，让读者在快乐之余有感动、有思考。

在书籍装帧设计上，主要采用白色和橘色作为主色调，辅以黑色作为副色调。

面封和底封大量留白，书名像被不经意间裁掉般，表现了小动物的脆弱。内页部分呼应封面，运用橘色传递狗狗带给我们的温暖。同时，将内文的排版做了出血的设计，再一次呼应封面，且内文的排版设计灵活多变，充满节奏性，令读者更加轻松易读。

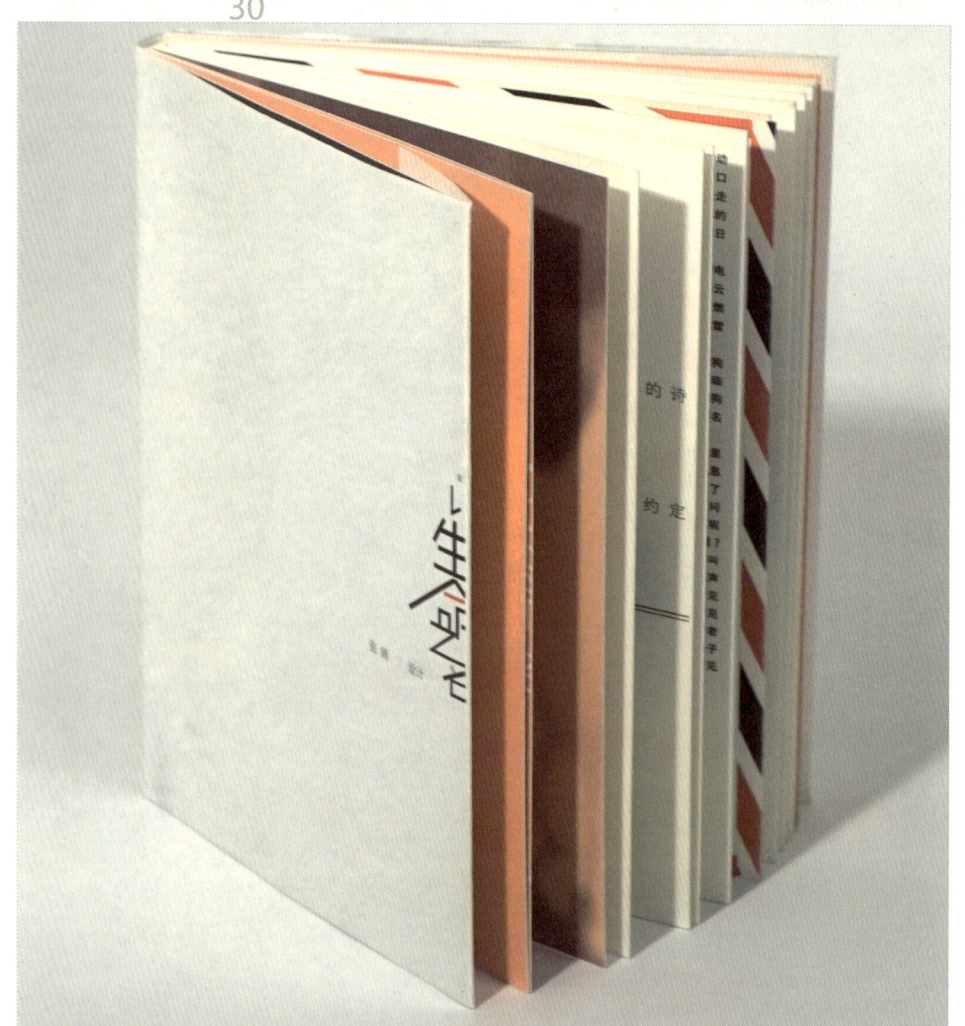

创新点

1. 在排版中将留白和出血的设计协调起来，使书籍富有节奏感，避免一成不变的风格，更加活泼、轻松。
2. 书籍整体色调风格统一且能够契合主题。
3. 附带书签，使作品形态更加丰富。
4. 内容上融合多种体裁文字，可读性强，引人入胜。
5. 纸张运用不拘一格，更具特色。
6. 装帧方式采用蝴蝶装，内页有折页小狗，更加生动。

张婧／设计

开场／白 以生命之名
I

写给狗狗
II

我和狗狗的 十 个
III

宠
IV

我是一只流浪狗
V

铅灰色的冬天已经到来
我夹着灰色的尾巴到处乱窜
黑色的冷风灌进肠子里
我站在医院门口吐出白色的泡沫
卖红薯的老头扔一块骨头过来
我嗅也没嗅一口扭头就走
包子铺的男人挂着羊头卖狗肉
我看见了撒腿就跑
飞驰而来的汽车压断了我的一条腿
我冷得浑身发抖
蜷缩在每一个有家的门口
企图被好心的女人带走
路边有人在喊
快点下点雪呀
快点下点雪呀
我要在雪地里燃起一堆篝火
我要坐在篝火旁给你朗读我肮脏的诗
可是
我是一条流浪狗呀

一只狗走进城市
眼花缭乱
跌跌撞撞
差一点撞翻了一个人,招来
一顿呵斥与暴力
狗慌忙躲避
又差一点撞上一辆车,险些
丢了小命
这只狗无所适从
寸步难行

宠 六月长安
IV

我忽然觉得,这个狗子后面一定还有一条尾巴。
也许就是,第一刻。

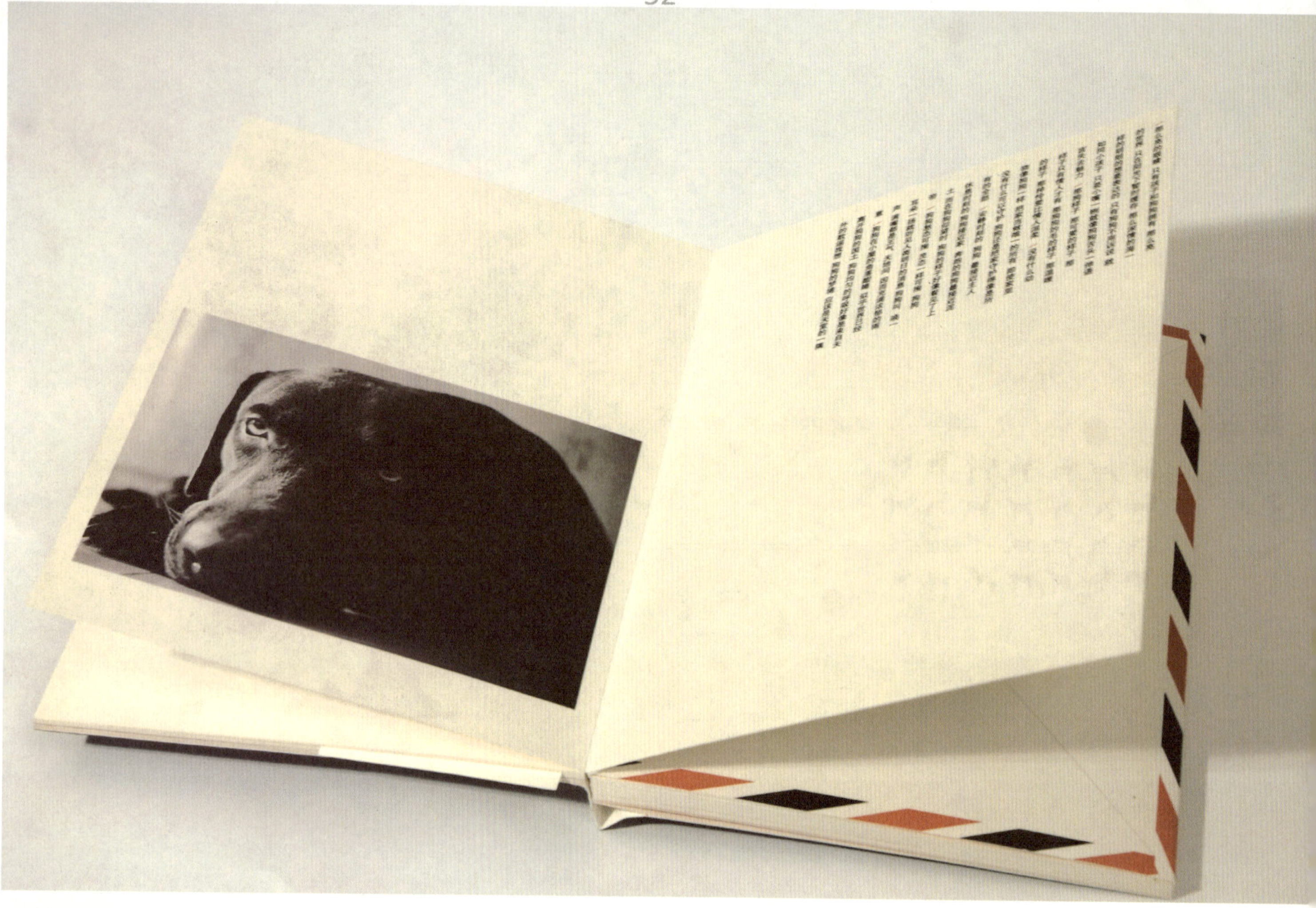

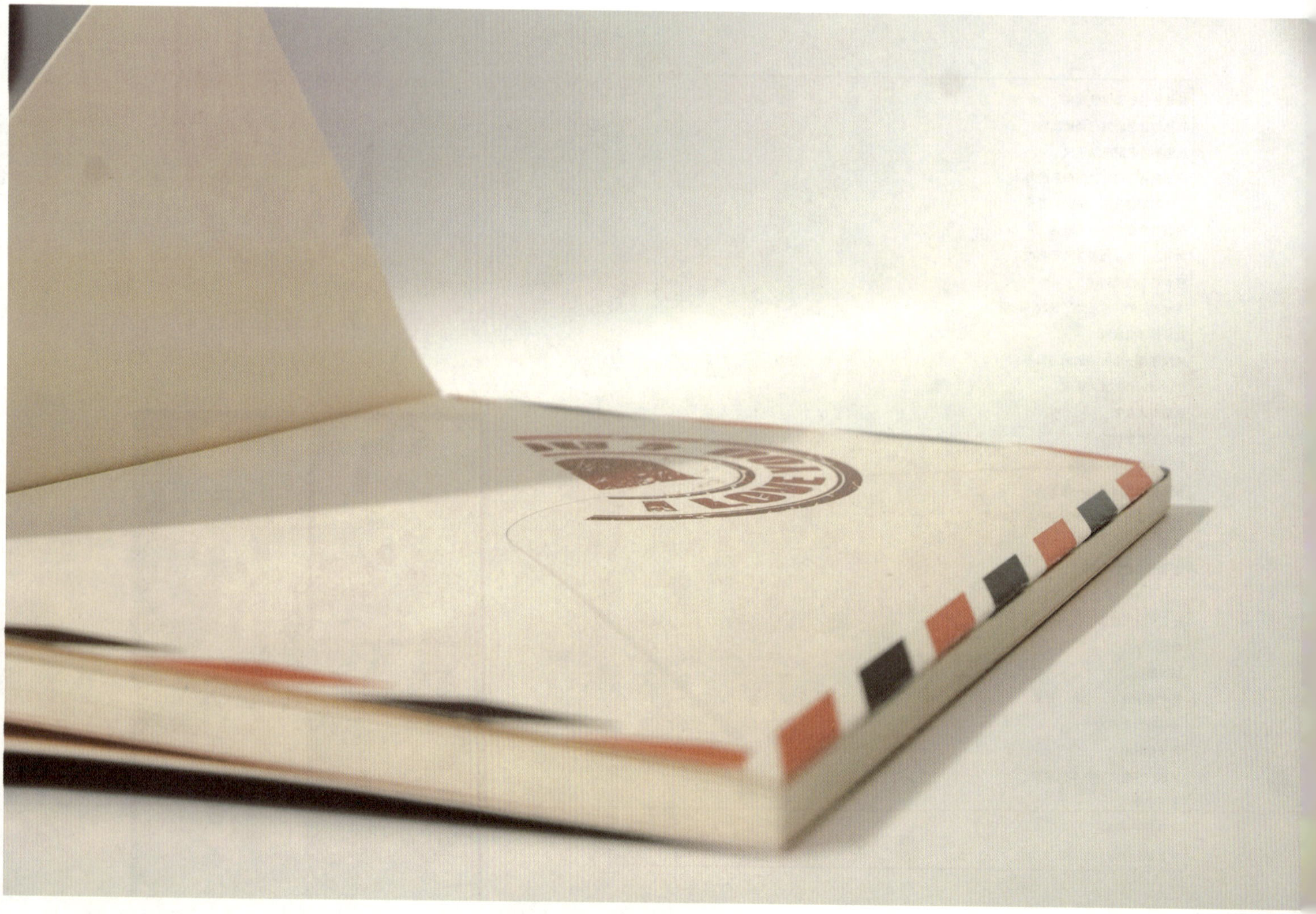

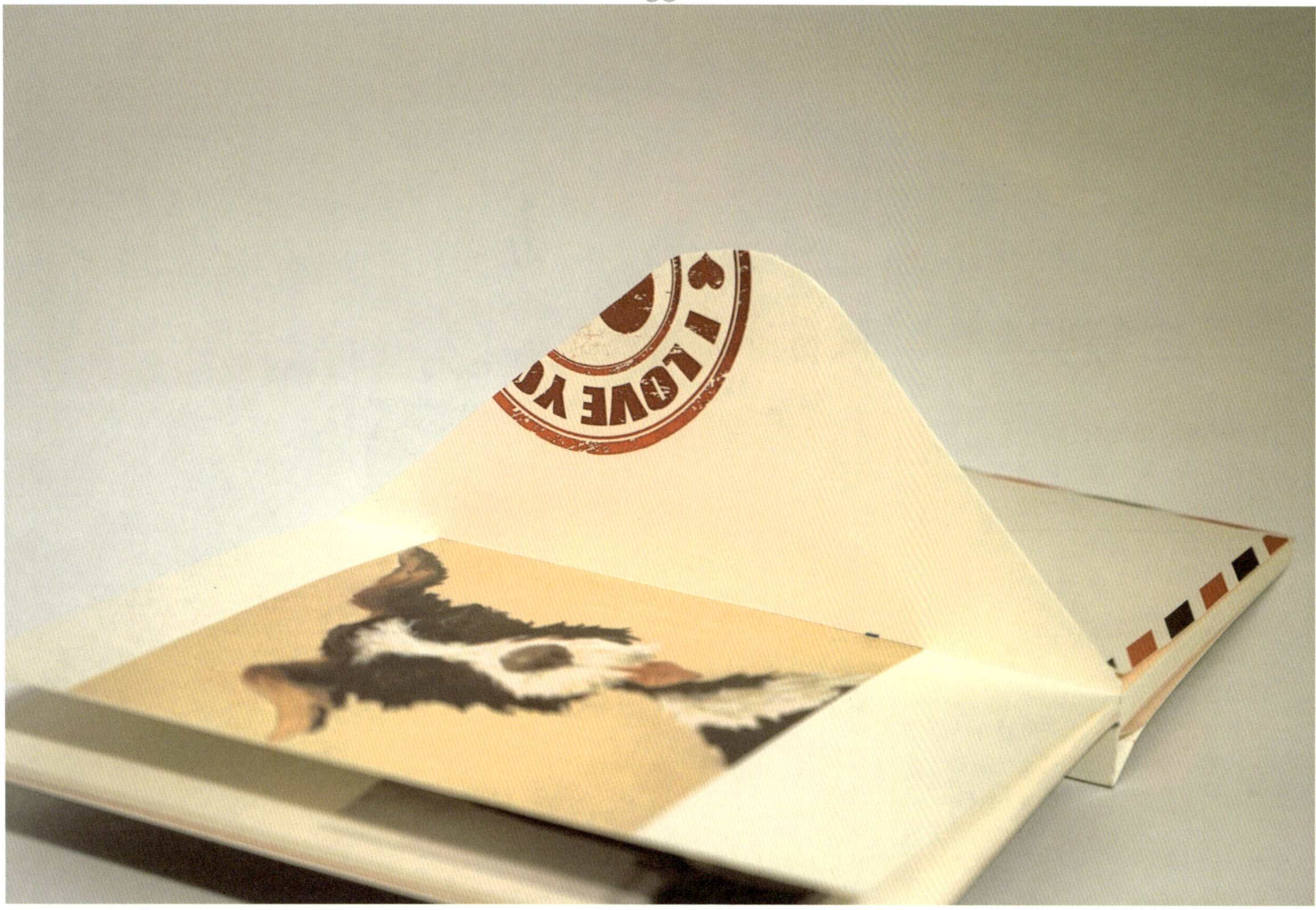
I LOVE

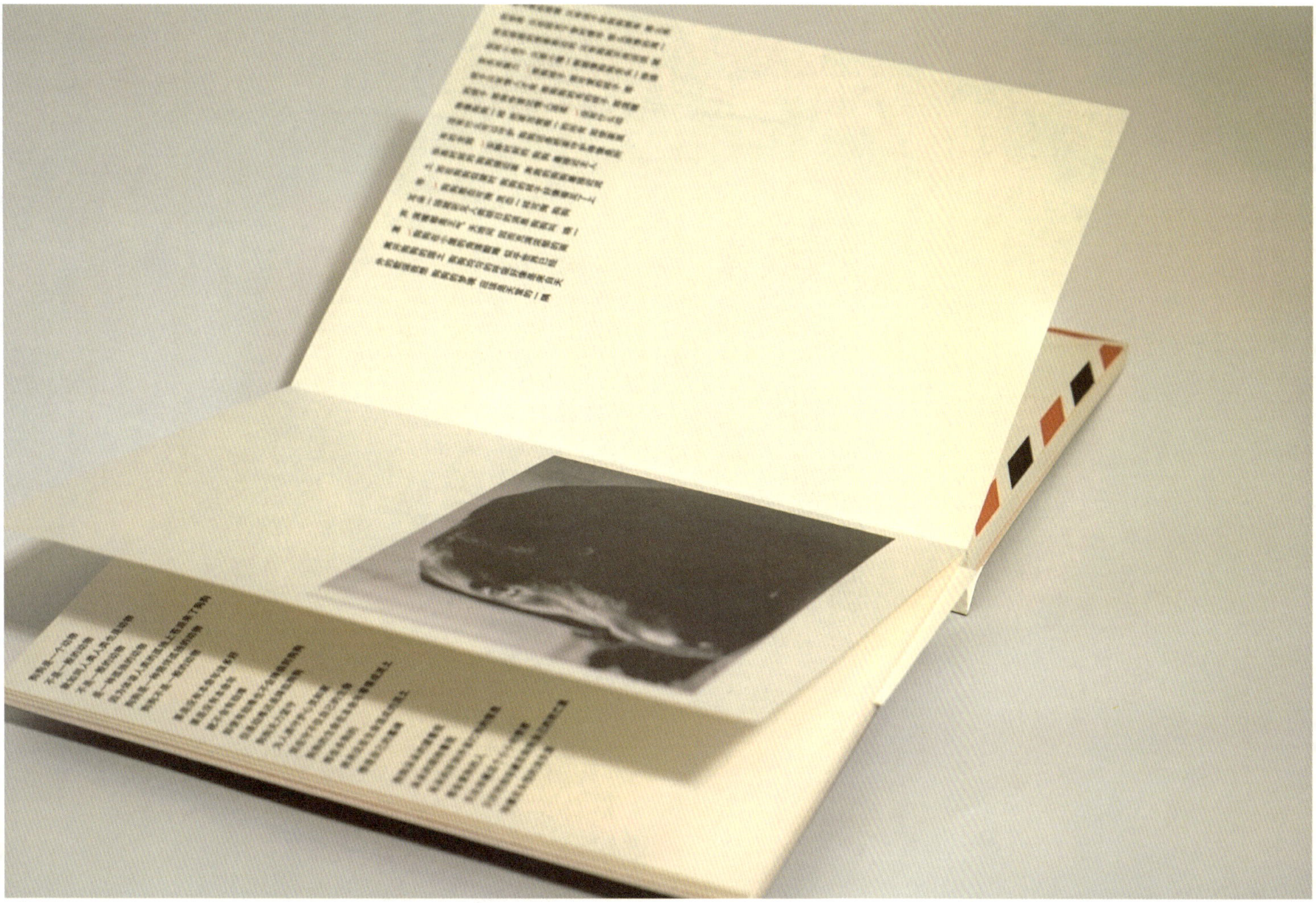

二等奖

作品名称：忆伊犁
参赛学生：陈青青　周新楠
所在院校：浙江传媒学院
指导教师：李新祥

作品创意

编著者之一是土生土长的伊犁人，她对于这片位于新疆西北部的土地有着浓厚的感情，并且她能够直接接触到很多鲜活的资料。另一位编著者有着较强的文字锤炼和编辑加工能力。二者合作，又恰逢新疆伊犁哈萨克自治州成立60周年，《忆伊犁》随之诞生。

忆伊犁

陈青青 周新楠 编著

浙江传媒学院出版社

主要内容

作品以叙述伊犁当地风土人情为立足点，从小人物身上出发，围绕新疆伊犁哈萨克自治州成立60周年这一主题，记录下这片土地上的真人真事。文章视角朴实自然，比地方志有人情味儿又不像一般的旅游简介般单薄粗略。内容涵盖伊犁当地景色旖旎的自然风光和这片土地上的动人故事。这些故事中有的是关于多年前插队支援边疆的老知青，也有叙述民族友好的哈萨克老爷爷，可读性极强。

封面设计以开满伊犁当地的薰衣草为核心元素，凸显地方特色，又使得封面色调柔和可爱。同时适当地留白，风格清新自然。

开本尺寸为220mm×180mm，比正16开略方，使得翻阅更为便捷、流畅。

创新点

1. 本书在内容上追求朴素自然，且语言朴实；与传统地方志宏大的叙述角度不同，本书叙述视角小而真诚，说的是普通人的普通事。不同之处在于，在少数民族聚居又有汉族杂居的背景下，这些人和事被烙上了不同的印记。

2. 本书的腰封采用竖腰封设计，立意一式两用。封面左侧用特种纸做一个可以背面插口的竖腰封，拆卸下来可以直接放置于书内做书签。

3. 腰封上塑封了一小株薰衣草来契合主题。

忆伊犁

陈青青 周新楠 编著

浙江传媒学院出版社

上世纪二十年代沙俄政府倒台，挥鞭苏俄、驰骋商道的吐达洪巴依勒马伊宁，他将锡伯族、中原、维吾尔族、苏俄文化及建造元素有机融合建造了自己的宅邸。正屋和雇工住房基本一字型坐北朝南排列，布置在庭院北侧沿街一面，另一座房屋坐东向西，位于庭院的东侧。三座土木结构的房屋排列成L形，建筑线条整齐，轮廓简洁，繁简有致，墙面基本平直无装饰，在门眉、护门板、窗眉、护窗板、檐口线、廊柱的柱根及托梁等地方雕凿有独具特色的装饰花纹。

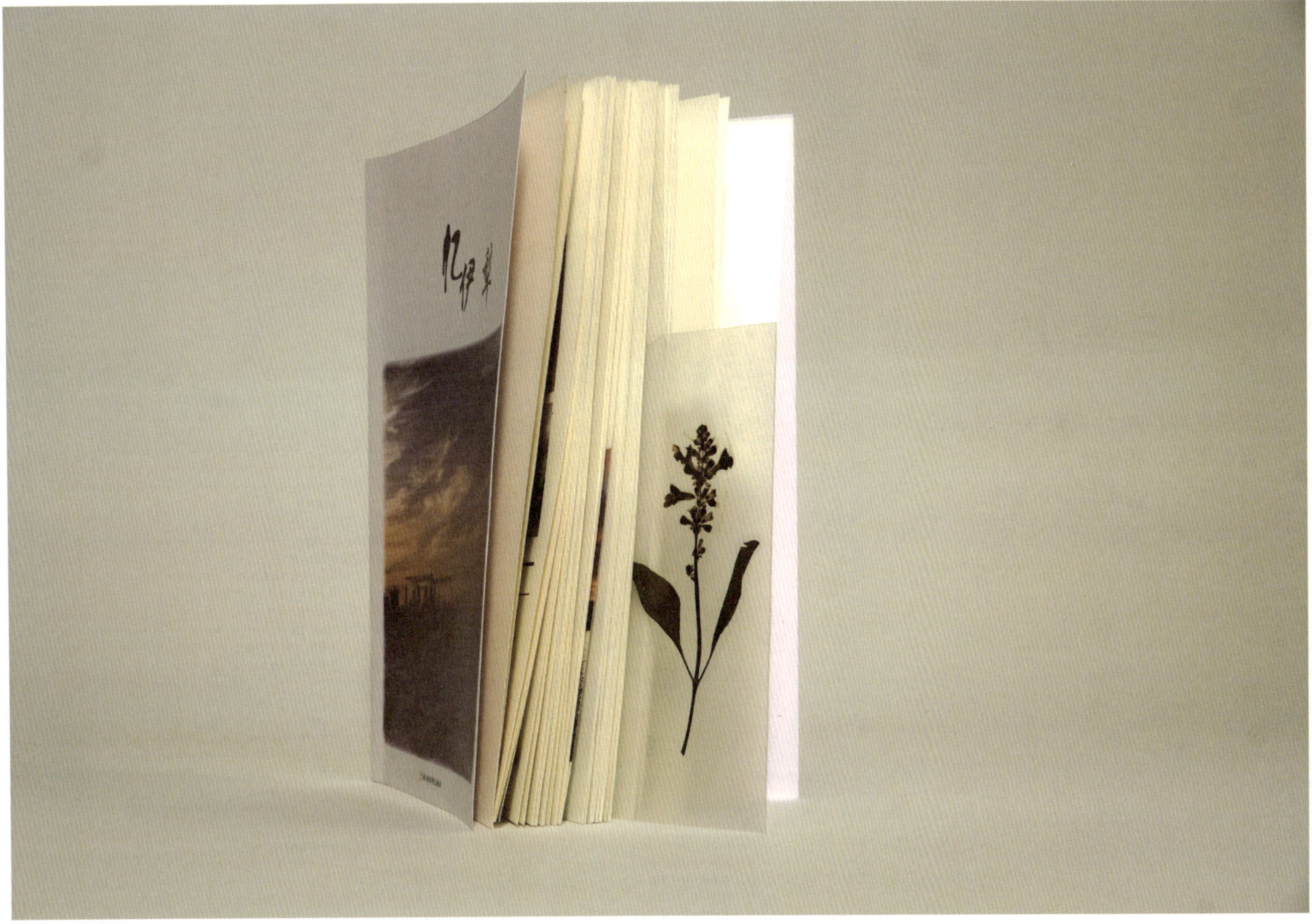

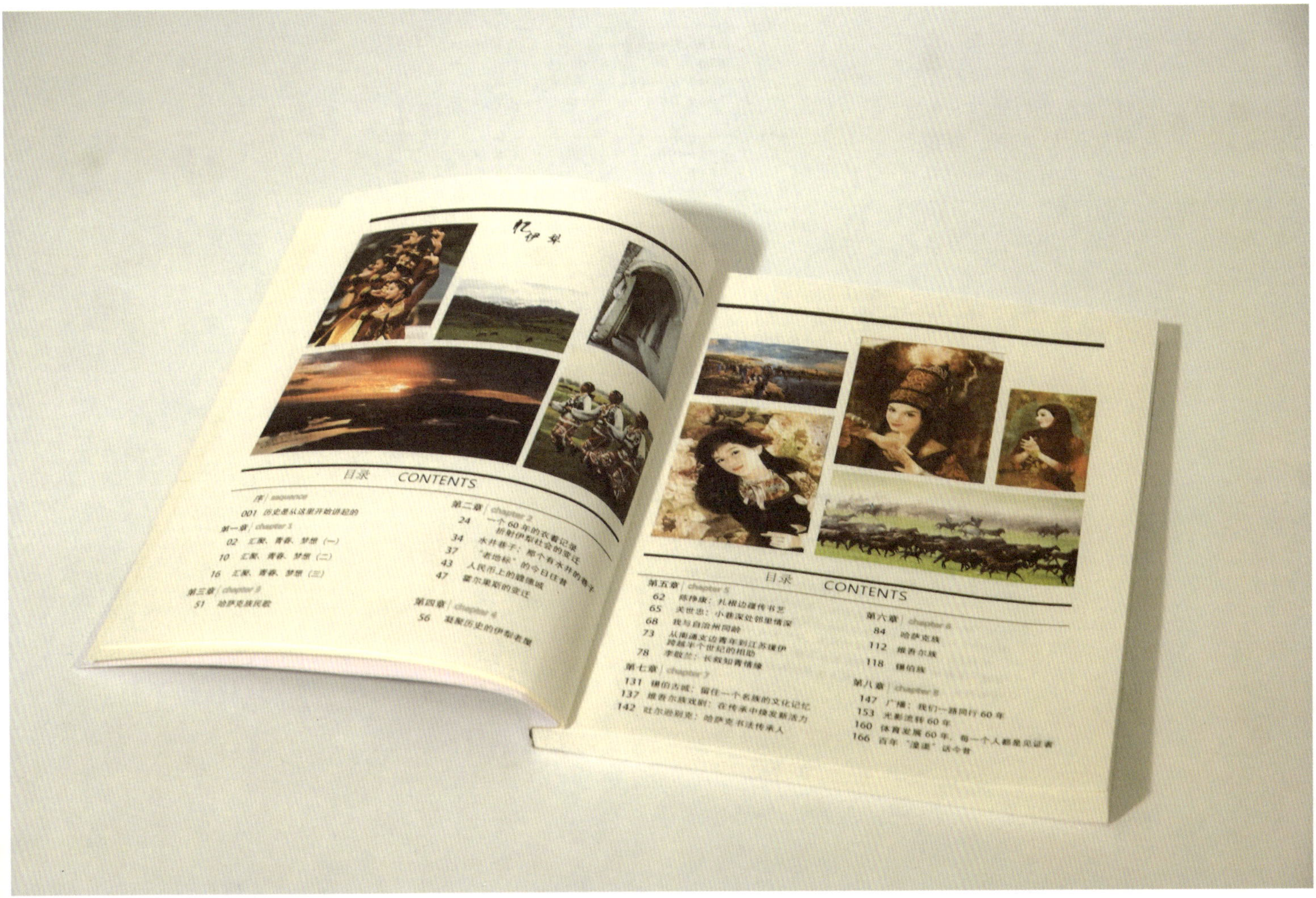

三等奖

作品名称：90后说明书
参赛学生：陈依然
所在院校：吉林华侨外国语学院
指导教师：刘瑜

作品创意

90后出生在一个社会安定、经济飞速发展，且环境相对优越而又特别的时代。随着90后的成长，社会舞台有了他们的一席之地，他们不断掀起焦点话题和消费浪潮，成为了社会力量的重要组成部分。

未来，90后将会占据社会的主导地位，而我们社会需要了解这个特殊而崭新的群体。同时，90后，需要了解自己和身边的同龄人，这样才能更好地成长和发展。此外，90后的父母和老师，需要了解孩子和学生的想法，这样才能更容易地走进他们的内心；而商家，需要了解90后的消费心理，才能设计出符合该群体消费的策略。

目录

90后的成长环境	1
社会背景	1
家庭环境	7
教育环境	9
90后成长三个阶段	11
初生牛犊不怕虎（童年）：	11
童年时代的兴趣爱好 游戏 网络电子 动画片 零食	11
孩子的天性 单纯 贪玩 聪明	14
随之而来的问题 厌学	15
青春年少非主流（青少年）：	18
青春期 生理和心理的变化	18
中学时代的兴趣潮流 音乐潮流（偶像、追星）	20
运动潮流（世界杯、NBA）	24
文学潮流（青春文学）	26
生活潮流（外来文化、恶搞）	28
潮流下的小诟病 网瘾 非主流 无病呻吟	32
成熟感忆过去式（成年）：	41
90后大学生 心理特征	41
社会特征	46
价值标准	47
网络生活（聊天 网购 游戏 学习）	49
青年群体的思想行为特点 爱国向心力 个性自我	53
成熟的姿态 开始看时局，关心政治问题	58

90后说明书

90后的社交圈	60
三大网络社交圈：QQ空间—自我的小小世界	61
微信小众效应 商业化	63
微博娱乐平民化圈子	66
网络社交圈的产物：	
网络热词 90后式幽默（反讽）	72
同期症状：	
外向孤独症患者 手机依赖症 深度自我	76
90后特别人群：	86
追星族 专辑周边（一半理智一半疯狂）	86
动漫迷 二次元 腐女 cosplay A站B站	89
文艺青年 写于各类小说	93
游戏青年 英雄联盟（LOL）魔兽世界	97
独特的消费观	99
爱时尚奢侈消费	99
超前消费	101
消费心理	103
爱情观与婚姻观	108
谈恋爱和结婚不是一码事	108
早恋太正常	110
不反对"同志"	112
存在的问题	114
总结：90后最显著的100个特点	117
期组：90后能为世界做点什么	124

90后 说明书

陈依然 著

全方位解读"90后"最佳读本!

吉林华桥外国语学院出版社

主要内容

本书以研究和探索的形式从90后的成长阶段、性格特点、消费观、爱情观等方面全方位剖析了90后这一群体。

第一章：主要论述90后的社会背景、家庭环境和教育环境。

第二章：探究90后从童年到青少年再到成年这三个阶段的成长经历和变化。

第三章：分析90后的网络社交圈，从社交圈中看到90后出现的问题。

第四章：讲述90后由新型产品衍生出的特别的兴趣爱好。

第五章：讲述90后的消费观和消费心理。

第六章：辨析90后爱情观和婚姻观。

第七章：用幽默的语言总结90后的特点。

第八章：对90后的建议和期望。

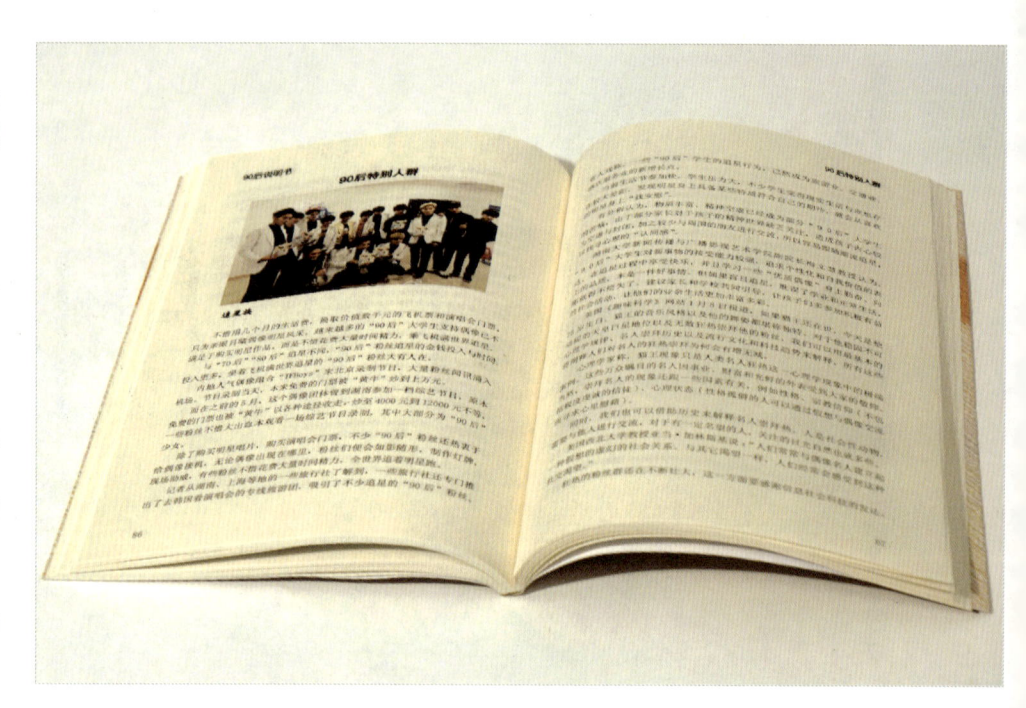

创新点

1. 这本书属于解读90后的社会类图书，而市面上关于此话题的书非常少。

2. 书的选题新颖，较符合社会大众趋势，90后话题也比较博读者眼球。

3. 书名简单明了，直接表达了本书的用意，能让读者直接明白而产生兴趣。

4. 书的目录及内容版式设计较为清新，内容有逻辑有条理，能直接吸引读者。

5. 书的内容经过大量的资料收集、选取，内容全面、深刻、客观，插图得当应景，发人深省。

90后 说明书

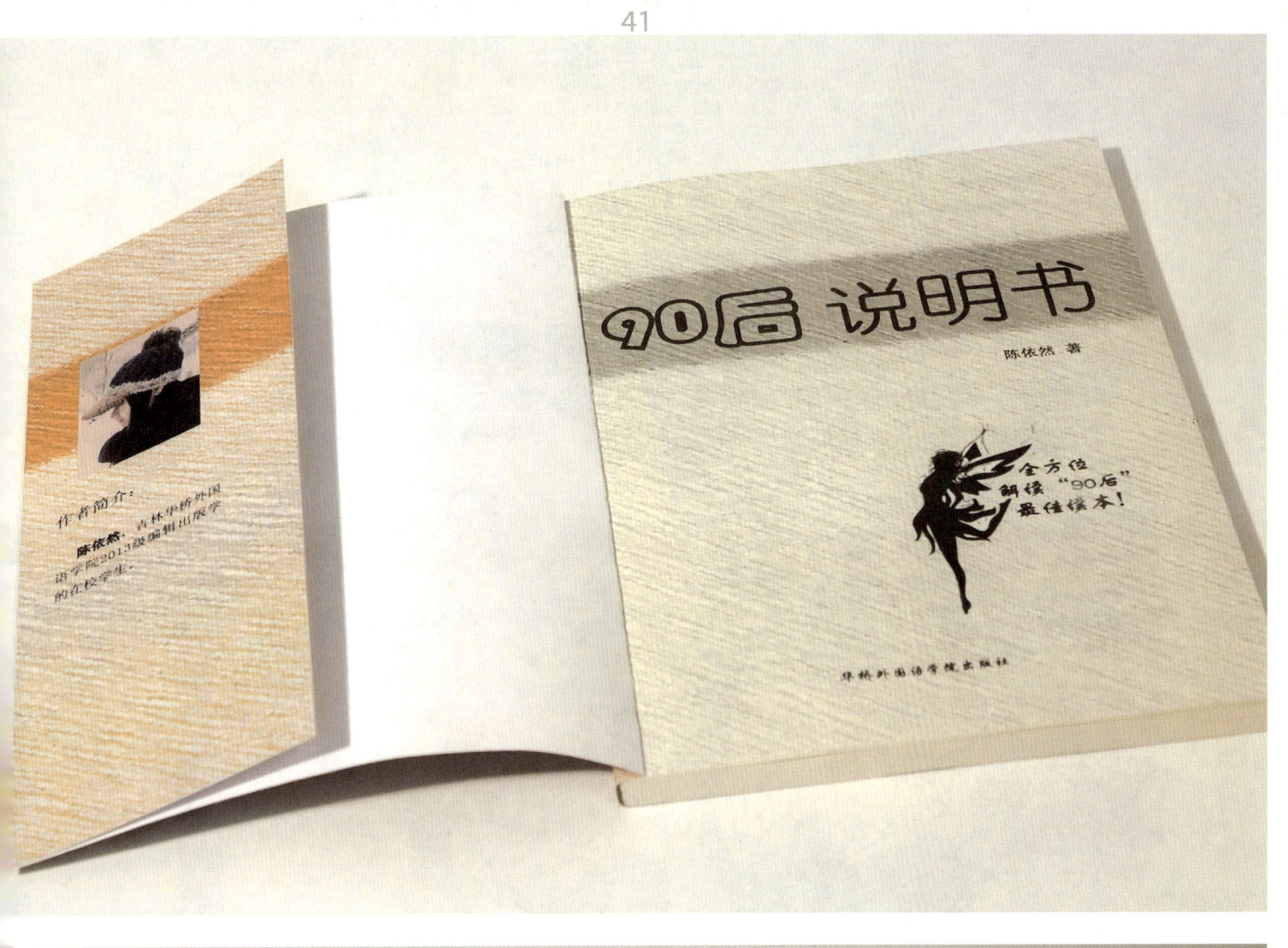

陈依然 著

全方位解读"90后"最佳读本！

作者简介：
陈依然，吉林华桥外国语学院2013级编辑出版学的在校学生。

三等奖

作品名称： 从我眼中看到你：大学生
支教留守儿童所见录
参赛学生： 苏丽桦　王烨文
所在院校： 上海师范大学
指导教师： 陈丽菲

我眼中看到你

大学生支教留守儿童所见录

王烨文 苏丽桦 编

人民文学出版社

作品创意

编者在2014年的暑假参加了"快乐学校"关爱留守儿童志愿服务行动,和留守儿童共同度过了十天,感触颇多。如今在农村家庭中,父母外出打工,留下孩子与老人在家的情况越来越多。家长位置的缺失对留守在农村儿童的成长造成了很大的影响。比如孩子的心理发育出现偏差,道德行为较差,成绩不理想,较同龄儿童更早熟、敏感等。虽然社会上存在许多公益平台、组织和机构,对留守儿童给予了关注和帮助,但我们对留守儿童的问题仍然不够重视。

基于此,编者希望制作一本面向大众、关注留守儿童问题的图书。本书以大学生志愿者的角度来看待留守儿童这一社会群体,以期引起大众对留守儿童的重视,推动留守儿童问题的解决。

从我眼中看到你
大学生支教留守儿童所
王烨文
文学出版社

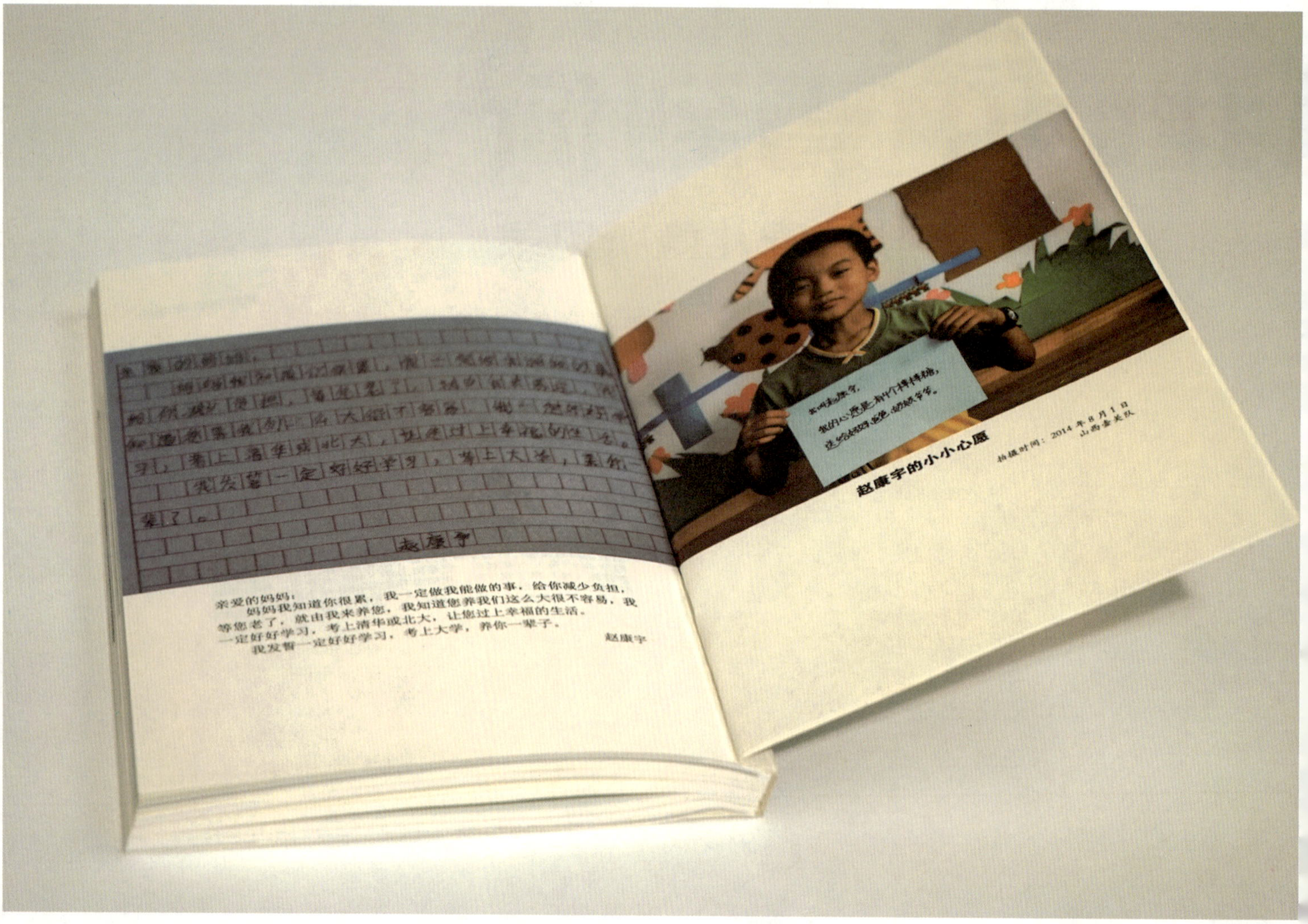
亲爱的妈妈：
妈妈我知道你很累，我一定做我能做的事，给你减少负担，
我知道您养我们这么大很不容易，我
等您老了，就由我来养您，让您过上幸福的生活。
一定好好学习，考上清华或北大，
我发誓一定好好学习，考上大学，养你一辈子。
赵康宇
赵康宇的小小心愿
拍摄时间：2014 年 8 月 1 日

主要内容

书中的内容均来自那些参加"快乐学校"的全国各地大学生志愿者们写的文章或拍的图片。在内容上分为"志愿者日记""家访报告""志愿者感想""现场纪实""调研报告""他们说"六个部分，同时，每个部分又按照支教区域进行分类，如"甘肃篇""贵州篇"等。通过这样的内容分类，一方面使读者从不同角度对留守儿童问题及大学生支教现象有一个认识，另一方面可以更好地了解不同地区的留守儿童现状。

志愿者日记：志愿者将支教期间的所闻所见，所思所想写在日记中。这些文字或许并不优美，甚至只是一天的流水账，但却是最真实的记录。

家访报告：志愿者前往留守儿童家进行家访，观察孩子们课堂之外的生活，以文字的形式叙说每一个家庭的故事。

志愿者感想：志愿者给孩子们带去知识的同时，自己也有所收获。在支教结束后回忆这些日子，更有另一番感想。这些感想皆化作文字跃然纸上。

现场纪实：那些身兼校媒记者的志愿者，用文字和图片记录下记者眼中最真实的现场。

调研报告：志愿者通过多种方式，在各自的支教地对该地区留守儿童情况进行了调研，对这一问题有了更全面深刻的认识，并提出了各自的见解。

他们说：孩子们家书原件的照片和文字版一一对应收录，表达了他们最真实的想法。

创新点

目前市场上关于留守儿童的图书，大多是调查报告类型，此类图书能够深入分析留守儿童的问题，专业性强，但不适宜一般大众的阅读。而以此为主题的大众类图书又非常少，其中较有代表性的是《中国留守儿童日记》，但其内容皆为留守儿童的日记，角度单一，难以让人们了解到留守儿童的全貌。

与市场上的同类书不同，《从我眼中看到你：大学生支教留守儿童所见录》一书定位为大众类图书，选择从"大学生支教"这一角度切入，十分新颖。在本书的六个部分中，图文并茂地展现出一幅大学生支教者与留守儿童在一起的画面，使人们看到了大学生支教者这一群体在留守儿童生活中所扮演的角色、对他们的影响，以及大学生自身的反思，可读性强。由此，不论是对大学生支教者还是留守儿童，都能有一个全新的认识。

三等奖

作品名称：剪纸的文化·脸谱
参赛学生：崔虞婕　崔冉　田子凡
所在院校：北京印刷学院
指导教师：杨宇萍

作品创意

京剧脸谱是具有民族特色的一种特殊的化妆方法，是广大戏曲爱好者们非常喜爱的艺术门类，并且在世界范围内流行。京剧脸谱现已有200多年历史，被大家公认为中华民族传统文化的标识，被誉为"国粹"。剪纸，是中国汉族最古老的民间艺术之一，它的历史可追溯到公元6世纪。此书将二者合二为一，在剪纸的基础上合并了脸谱，在脸谱的分类中融入了剪纸。

剪纸的文化 ——

The culture of the paper cut

脸谱

崔冉 崔虞婕 田子凡著

北京印刷学院出版社

主要内容

本书先为读者介绍了中国的民间艺术剪纸；其次，选取了12位历史人物，将京剧脸谱和剪纸相结合，剪裁出了他们的脸谱剪纸，并高度概括地介绍了他们的生平和事迹。该书的版式装帧设计采用了经折装的形式，左边是文字介绍，右边是剪纸，一一对应，清楚明了。

创新点

1. 采用经折装，内页和封皮用了不同厚度的铜版纸，封皮简单大方，面封和底封分别使用了一个剪纸脸谱的左半边和右半边脸。文字采用叶根友毛笔行书，整体颜色由红白黑组成，特别契合脸谱这一主题。

2. 内页的设计清晰明了，左边是文字介绍，右边是对应的脸谱剪纸，给人眼前一亮的感觉。内页的整体颜色也是红白黑，与封面和主题相符。

49.

三等奖

作品名称：漂流瓶——生命接力中父亲写给女儿的60封信
参赛学生：郭昊鑫
所在院校：浙江工商大学
指导教师：梁春芳

作品创意

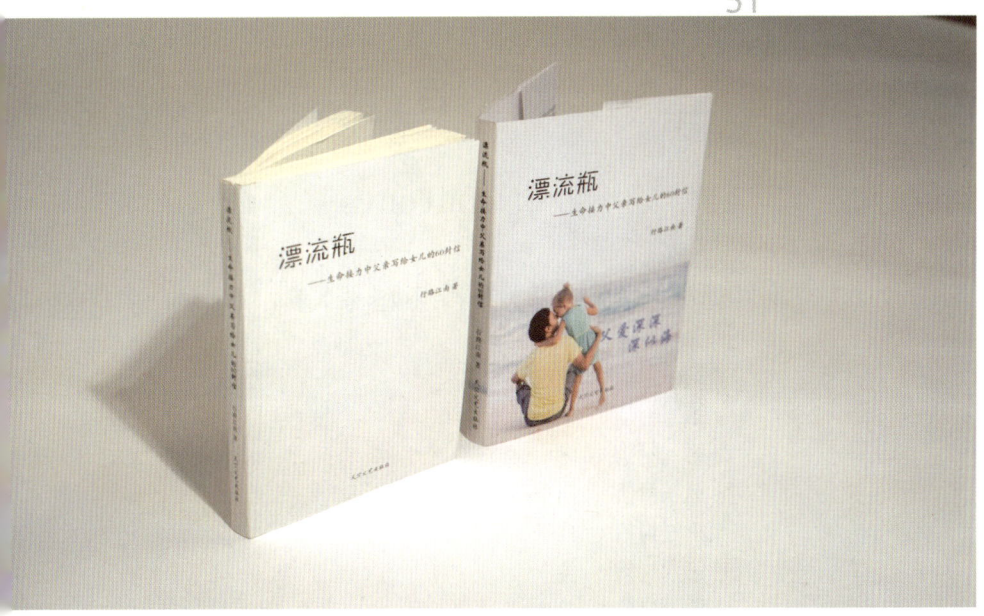

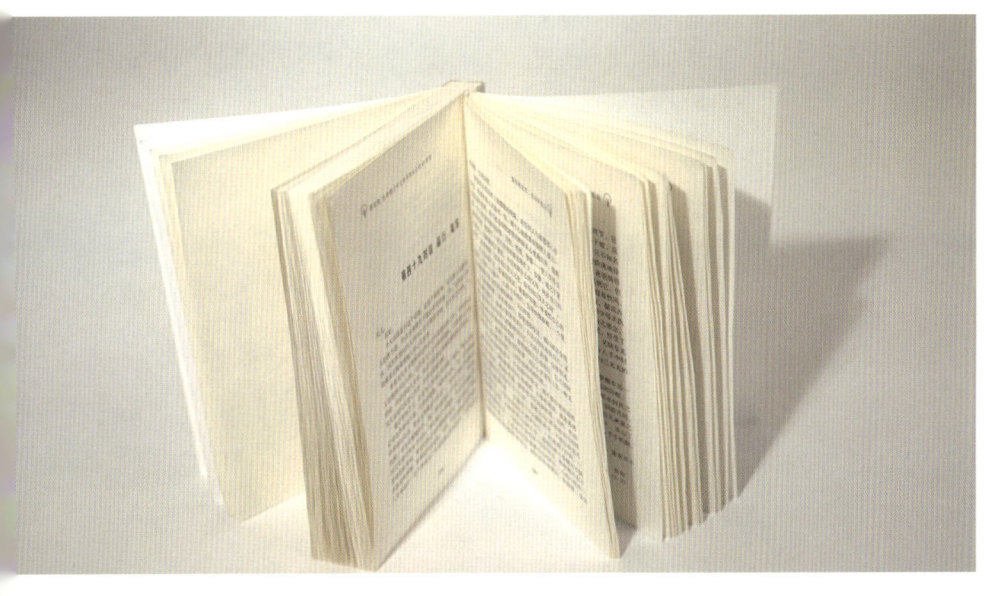

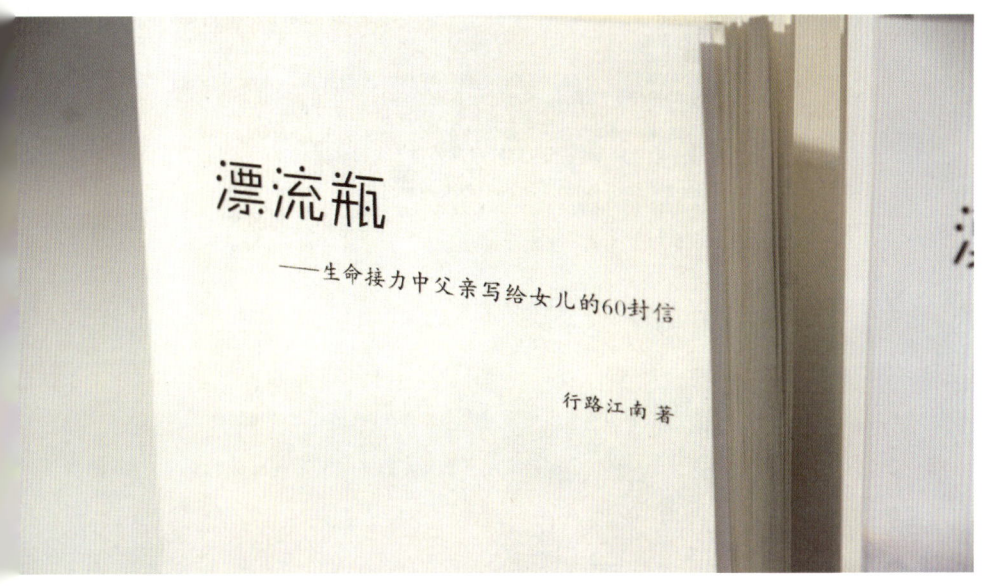

亲情是人性的至美,作者一直特别关注亲情方面的内容,尤其是平凡小人物的亲情故事。现在市场上也较缺乏讲述底层普通小人物亲情故事的书籍,而此类题材往往更能打动广大读者,唤起读者心底最柔软的记忆,满足读者的需求。

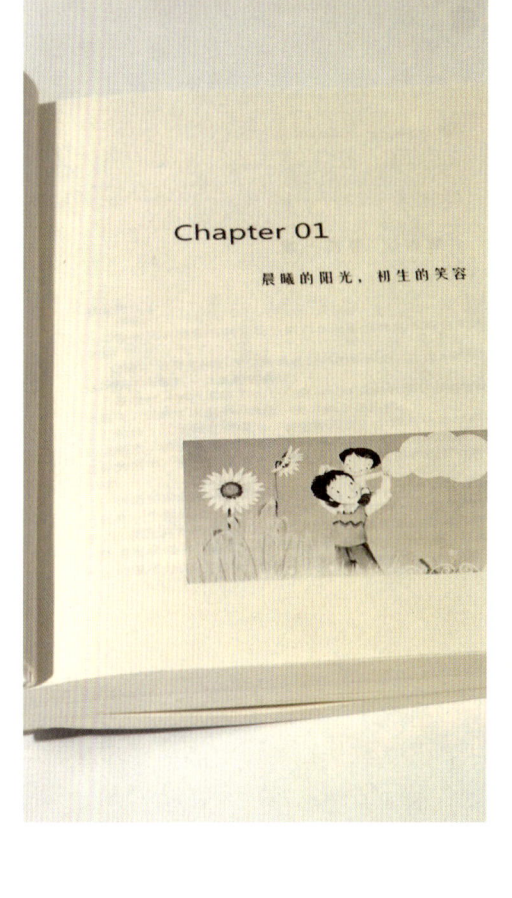

基于此,作者在苦苦寻找该选题时,在网络上读到了类似的稿子,心中激起不小的涟漪。而后又经过和作者多次的沟通和协商,取得了相关稿件的授权,最终予以出版。

主要内容

本书主要内容为一位父亲写给女儿的六十封书信。书中的父亲在一次车祸昏迷中梦见自己在一个孤岛上给未长大的女儿写信，在梦境中，父亲将书信放进漂流瓶，期望漂流瓶能将自己的书信和希望带给女儿。于是，父亲醒来后便开始漫长的书写。

本书共三个篇章，分别是"晨曦的阳光，初生的笑容""成长的乐章，你我的弹奏""繁华的世界，荒凉的孤岛"。"晨曦的阳光，初生的笑容"主要内容为父亲（作者）回忆女儿的出生及童年趣事；在第二篇章"成长的乐章，你我的弹奏"中，作者回忆了自己的童年，也对女儿的成长提出了自己的期望和要求；在第三篇章"繁华的世界，荒凉的孤岛"中，作者将自己的少年事迹，以及对生活的感悟和女儿进行了分享。

创新点

1. 选题聚焦普通人的亲情故事。不是名人写的书信、真理名言，只是一个平凡普通的父亲写给自己未长大的女儿的书信，语言真诚朴实，充满温情和感动。

2. 选题内容充满正能量。大力弘扬了中国敬老爱幼的传统美德，讲述了父女亲情之爱。父爱无声，通过一个父亲对女儿的期望和爱，折射出普天下的父亲对女儿深沉、厚重的爱。

3. 这本书的体例新颖，以书信的形式，一段段故事的叙述，篇幅不长，可读性强。同时，父亲将对女儿的期望和爱用讲故事的方法告诉女儿，语言简单朴实，更贴近生活。同时，书信的形式也拉近了作者与读者的距离。

4. 本书文章来源于榕树下网站，并且已经和作者取得联系，获得授权。

目录 contents

Chapter01 晨曦的阳光，初生的笑容

第一封信	漂流瓶	3
第二封信	孕育	8
第三封信	诞生	12
第四封信	四季印象	16
第五封信	月子·尿布	30
第六封信	独立	33
第七封信	学步	39
第八封信	爆米花	42
第九封信	头发	46
第十封信	友	49
第十一封信	避开危险	54
第十二封信	童年味道	58
第十三封信	保持清洁	65
第十四封信	爸爸·妈妈	69
第十五封信	天空	74
第十六封信	分享	77
第十七封信	雏燕·蝴蝶	81
第十八封信	自信	84
第十九封信	双儿趣事	88
第二十封信	不可浪费	93

一次车祸使一个年轻父亲偏离了原有的人生轨道，瓦解了全部的生活秩序。生命最后的一丝眷恋是亲情，是未长大的孩子。

一个迷离的梦境，一次漫长的书写。匆匆为女儿写下六十封留给未来的信，同时留作随时谢幕无常人生的留言。

写每一封信，落每一个字，都要面对一个叫双儿的小姑娘清澈如水的眸子，同时也躲不开自我心灵中一双自我观望的眼睛。

拼凑断裂的骨头，重振倾颓的意志，再一次欣然走进车水马龙的街道，开始一次真正的远行，以不辜负这崭新的生命。

我们永远不知道明天和意外哪个先到来，我们也无法预知我们离开这个世界的日子。

这是一个父亲在生命接力中写给女儿的60封信，是他对女儿的爱，也是对这个世界的爱与不舍。

上架建议：家庭教育
ISBN 978-7-5442-5058-0
定价：30.00元

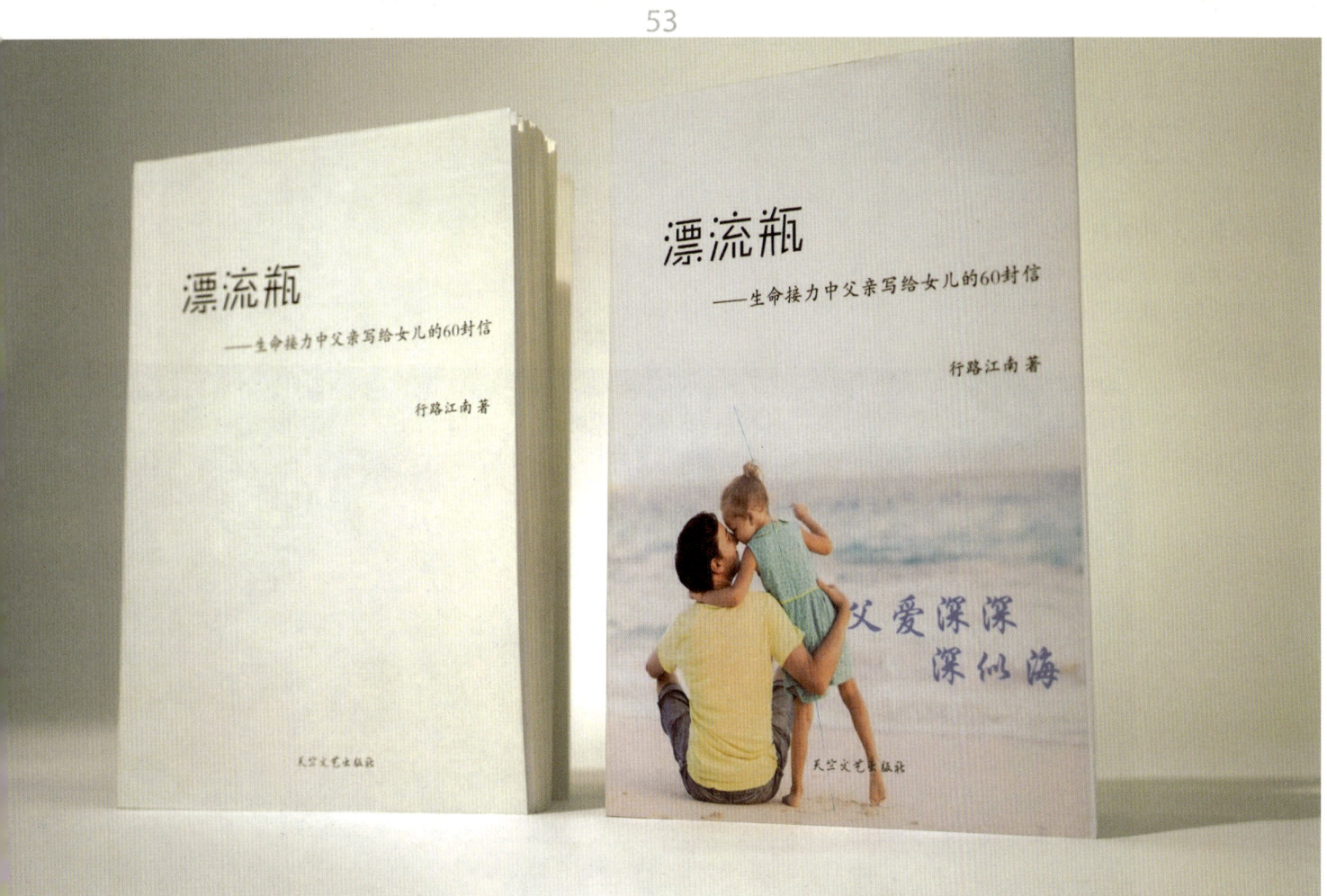

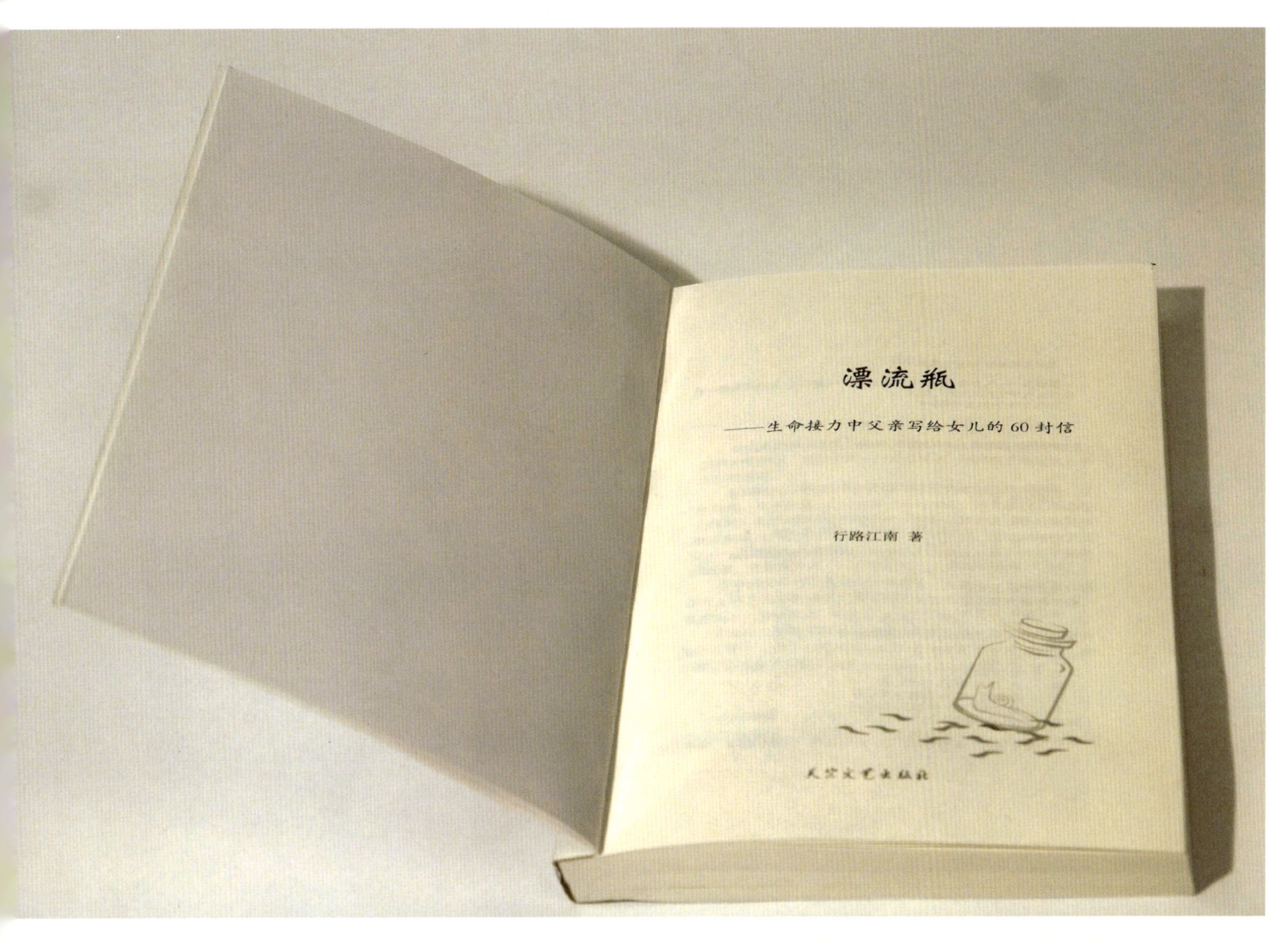

漂流瓶
——生命接力中父亲写给女儿的60封信

行路江南 著

父爱深深
深似海

天空文艺出版社

三等奖

作品名称：伊首歌
参赛学生：屈雪琛　鲁宇飞
所在院校：陕西师范大学
指导教师：刘蒙之

A Song for Istanbul & Seoul

作品创意

　　旅行的过程中会发生很多意想不到的事，遇到不同的人，听到不同的故事。在旅行途中的这些所见所闻所想，都可以通过文字的形式记录下来，并分享出去。本书以一种不同于寻常游记的形式记录了旅行中的点滴，并且以小说的体裁形式将灵感转化为文字。因此，文字不单单拘泥于原本的旅行日程，而是充满更多的想象，并且塑造了更为立体和生动的小说人物，令读者感受到与众不同的阅读感受。

主要内容

本书收录了两个故事,且独立成单元,发生地点分别为土耳其与韩国,以两位主人公的的旅行之路为线,故事内容涵盖爱情、理想和友情。

土耳其篇是一段在土耳其旅途中发生的意外爱恋,主人公本不想轻易留情,怎奈抵不过刹那间的心动。在土耳其兜兜转转,走过了一个月的时光,却在离开前夕才承认自己心中的那份悸动。

韩国篇讲述了主人公因失恋而选择去韩国疗伤,在寻找自我和好友的陪伴下放下过去,重新出发的故事。文中还描绘了主人公在异国他乡所感受到的温暖,以及遇到的人和事。

创新点

1. 在封面设计方面,选用了韩国首尔和土耳其伊斯坦布尔的代表性建筑为素材。通过利用夜晚景色和白天景色的色彩反差,及其韩国现代建筑风格与土耳其古典建筑风格进行对比,形成了强烈的画面冲击感,又以书名的反转颜色将二者巧妙融合,使封面呈现出和谐而吸引人眼球的美感。

2. 在版式设计方面,将创意性的版式与传统版式相结合,并且创造性地采用了奇偶数页分述两个不同故事的排版风格,打破了传统一贯到底的排版方式。

3. 在细节设计方面,内封采取了模拟对作者提问的方式,使读者对作者有所了解,并且将所问问题设置在封底的内封之上,留有悬念,让读者在翻到此处时有恍然大悟之感,不落俗套。另外,利用二维码技术,将小段视频插入书中,使读者在阅读的同时,还能看到当时发生情节的影像,令传统的平面纸媒变得立体化,生动而有趣。

DAY2 童心

翌日，睡到自然醒，浑身的慵懒好像都涌了上来，不愧是人生一大乐事，让人如此贪恋。

叼着牙刷去公用的浴室里洗漱，在客厅里遇见了已经准备出门的一对母女，微笑示意，竟也是中国人，小女孩拉着妈妈的衣角，吵着要快点去游乐场，两人便匆匆出门离开。

浴室里，李慕看着镜子中满嘴泡沫，自然卷的头发炸的乱飞的傻姑娘。突然玩心大起，推翻昨晚还未成形的计划，就这样定下来今天的行程，去游乐园好了。

出门才发觉，韩国人似乎没有吃早饭的习惯，已经是快10点的时间，街上还是冷冷清清，大部分店铺都没有开始营业。好在24小时营业的便利店倒是随处可见，李慕坐在安置在便利店一隅的高脚椅上，吃掉随手拿的饭团，想起好

再往上走，也就看到了李慕向往已久的梨花女子大学。站在门口，一字一顿的念出这座学府的名，"이화여자대학교"（梨花女子大学）李慕还记得自己那时对这学校的憧憬，如今终于到了这里却已过经年。

优秀奖

作品名称：春暖花开
参赛学生：汤芳婕
所在院校：安徽新闻出版职业技术学校
指导教师：张鹏

作品创意

这是一本关于绿色植物的书，主要涉及香草植物和花。花在字典里的解释有很多，但都给人清新、美好、自然的感觉。在寒冷的冬日午后，阳台上摆几盆绿色植物，读者可以在惬意享受自然美好的同时也享受阅读的乐趣。

主要内容

主要描写和介绍绿色植物，配有童谣和诗歌，并有香草、绿植和花装饰其中，整本书色调自然清新。

创新点

1. 封面的设计由勒口向外翻页，采用纯色加一些花瓣形状的图形，给人清新、温暖的感觉。

2. 内文的设计主要选择清新、自然的材质，与封面相呼应。

3. 采用线装的装订方式，书籍裸露于外。

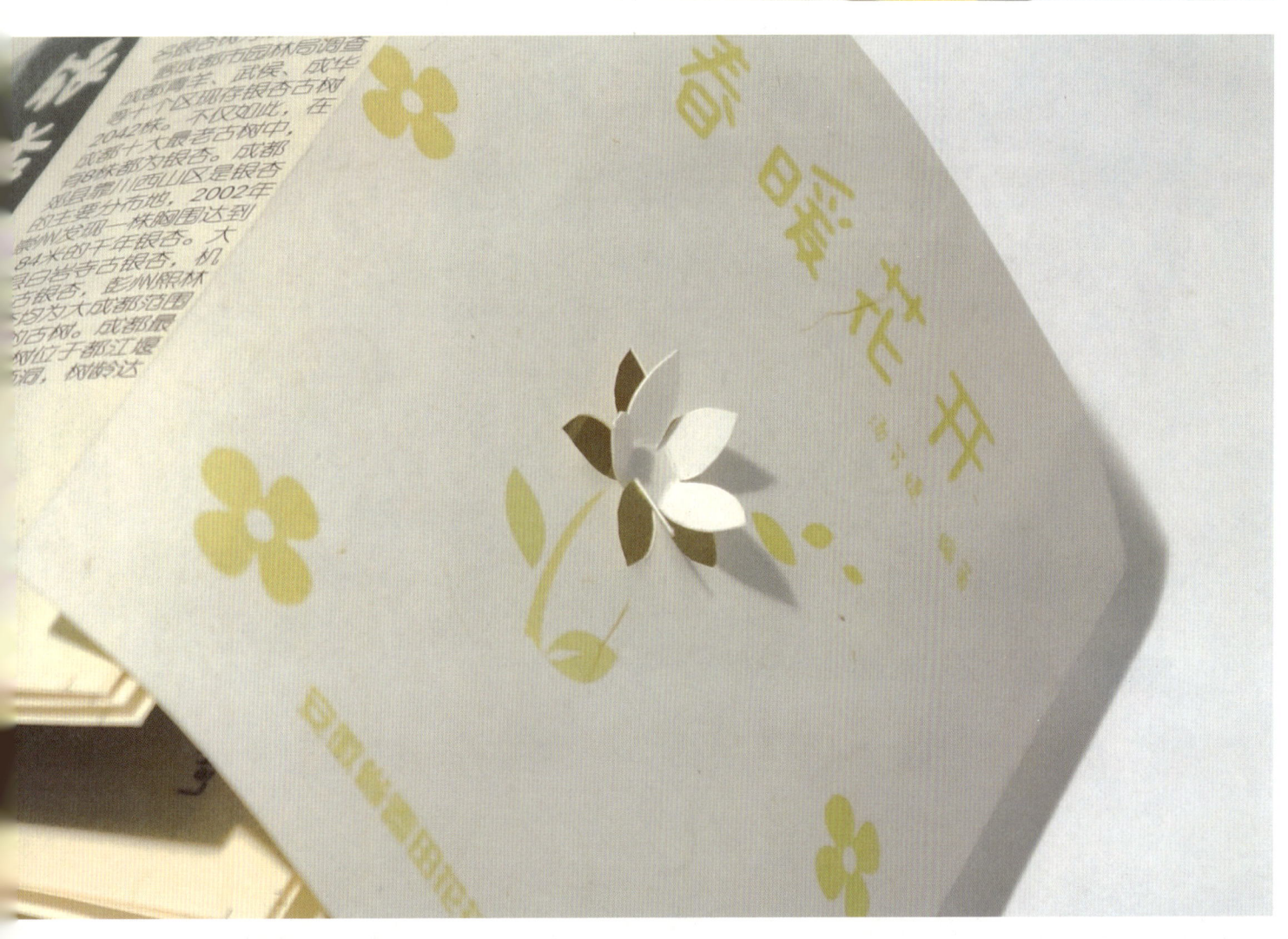

优秀奖

作品名称：高中，无距离，不焦虑
参赛学生：梁雨蒙　焦亚楠
所在院校：北京印刷学院
指导教师：朱宇　张丽

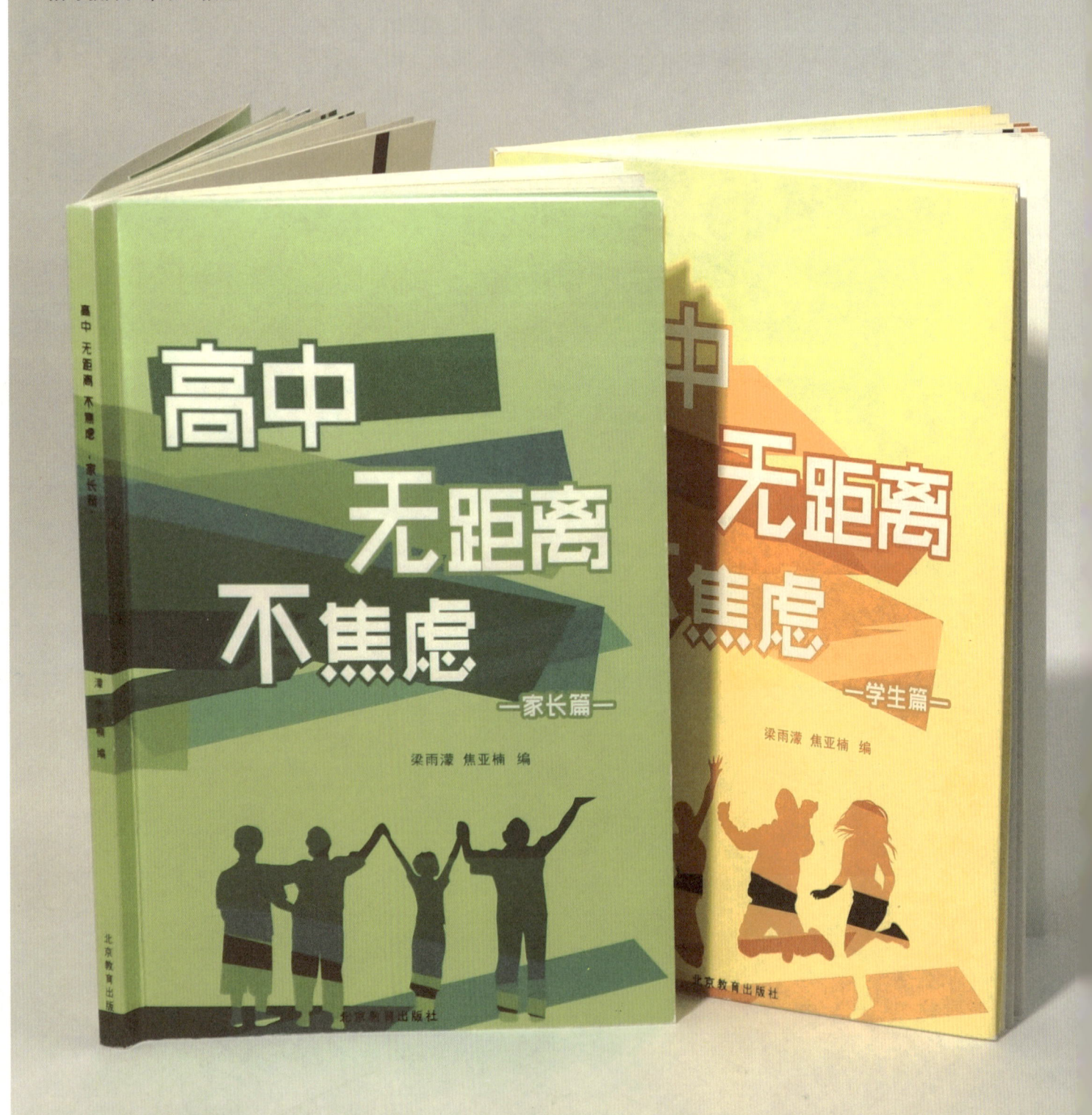

主要内容

该书为母子书,分为家长篇和学生篇,共两册。

学生篇共六章,分别针对高中生成长中无法避免的适应问题、学习问题、交往问题、情感问题、情绪问题、自我问题,通过俞敏洪、白岩松、黄磊、卢思浩、王朔、李开复讲述他们和孩子的成长故事,为高中生量身打造青春自助手册,引导高中生的心理成长和健康发展。

家长篇共六章,帮助家长正确认识其在孩子高中三年成长中所担任的重要角色,并带领家长一起就具体的问题出发,全面把握在教育孩子方面的名人专家(刘墉、龙应台、白岩松、刘称莲等)的独有小窍门,帮助家长陪伴孩子一起顺利地度过高中生成长中关键的三年,实现与孩子的共同进步与成长。

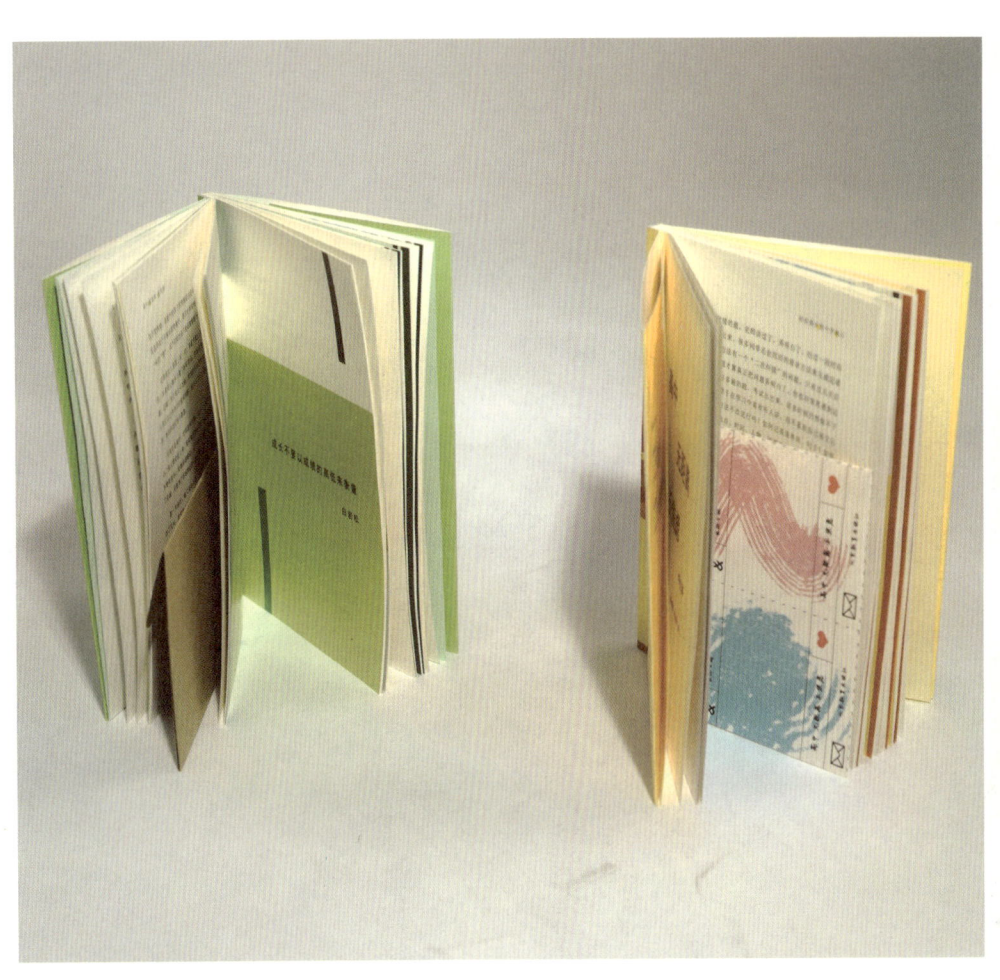

作品创意

随着社会的发展,现代中学生尤其是高中生的压力越来越大。一方面,学习压力、生活压力和感情压力导致了多数学生心理脆弱,并产生了一些负面情绪,同时自身与家长沟通的不畅和缺少亲情温暖,甚至会导致厌学、自残、轻生等行为。另一方面,家长对孩子期望过高、要求过严,往往不理解孩子心理、不尊重孩子选择,这使得他们与孩子的关系不再融洽。这种现象如不及时改变,日后会对双方造成极大的伤害。本书以高中生和其家长为受众群体,以拉近高中生与家长距离、解除误会、消除焦虑为宗旨,从学习、生活和情感等方面对高中阶段家长与孩子间出现的问题予以点拨和指导,从而达到帮助高中生与家长重拾快乐与幸福的目的。

创新点

1. 分为家长篇和学生篇,共两册,外配黄绿相间腰封式书套,互相呼应。

2. 每一册书都分为六章,均为名人撰写,内容真实、科学,写作风格亲切,突破了以往同类型题材的说教式,与读者平等对话,可让读者感同身受,印象深刻。

3. 章节内容阅读的同时配以生活、实践方面的读者互动,增加高中生与家长的参与度,以期更有效地引导读者。

4. 每一册书配有可撕券帮助阅读此书的家长和高中生进行互动,帮助拉近孩子与家长的距离。同时相应章节配有可撕下来的信纸,并在每册书的封底勒口粘有信封,以此鼓励家长与孩子写信交流,方便双方交换信件,拉近彼此的距离。

优秀奖

作品名称：老粗布
参赛学生：李雪琪
所在院校：北京印刷学院
指导教师：杨雨萍

作品创意

老粗布，又名老土布，是几千年来劳动人民世代延用的一种手工织布工艺。它柔软的质地、极佳的手感和低调的色彩受到很多喜欢田园风格、爱好自然、寻求返璞归真人士的喜爱，而做这本书是希望人们可以更深入的了解老粗布，了解这种传统工艺，即在喜欢它的基础上爱护它、了解它和传承它。

创新点

这本书沿袭老粗布的特点，朴实无华却富有变化。

主要内容

本书共分为六个章节。

1. 历史：早在新石器时代，大汶河遗址就有"纺轮"出土；商周时期诞生了木质纺织工具，腰机；汉代出现斜梁机；元明之际粗布制造完全成熟；到了清代，老土布晋身为特殊的贡品。

2. 神话传说：关于织布的神话故事最为家喻户晓的便是牛郎织女的故事，后来衍生出了七夕节。

3. 工艺：老粗布的织造工艺极为复杂，从采棉纺线到上机织布经轧花、弹花、纺线、打线、浆染、沌线、落线、经线、刷线、作综、闯杼、掏综、吊机子、栓布、织布、了机等72道工序，全部采用纯手工工艺。

4. 品质与特点：老粗布有着机织布不可替代的优越性，产品具有无污染、透气性好、吸汗、富有弹性、柔软舒适、冬暖夏凉、不起静电、调节新陈代谢、有效防御紫外线、抗辐射、肌肤亲和力强等特点。

5. 制作工序：老粗布的工序是有技巧的——先是经线上浆，其次是牵线，再就是挽绺。织布最重要的是手推脚踩。最后是修布。

6. 工具：主要是介绍纺车和织车。

优秀奖

作品名称：戏味儿
参赛学生：章琴
所在院校：安徽新闻出版职业技术学校
指导教师：郑晓丹

作品创意
黄梅戏原名"黄梅调"或"采茶戏"，是 18 世纪后期在皖、鄂、赣三省毗邻地区形成的一种民间小戏。其中一支逐渐东移到安徽省怀宁县为中心的安庆地区，与当地的民间艺术相结合，用当地的语言歌唱、说白，形成了自己的特点，被称为"怀腔"或"怀调"。而今，在湖北、江西、福建、江苏、浙江、安徽、台湾等地以及香港特别行政区均有黄梅戏专业或业余的演出团体，受到广泛欢迎。本书以此为立意出发点，讲述了黄梅戏的衍生、特色和发展等内容。

主要内容
主要内容为黄梅戏的发展，具体为：
"她"的历史；
黄梅戏的伴奏及特色；
黄梅戏各地的发展情况；
黄梅戏的艺术特色；
黄梅戏鼻祖；
黄梅戏的各种唱腔；
黄梅戏专业剧团。

创新点
书籍的封面文字使用行草字体，和书籍的内容协调一致，正文的版式新颖突出，统一中有变化。

戲味兒

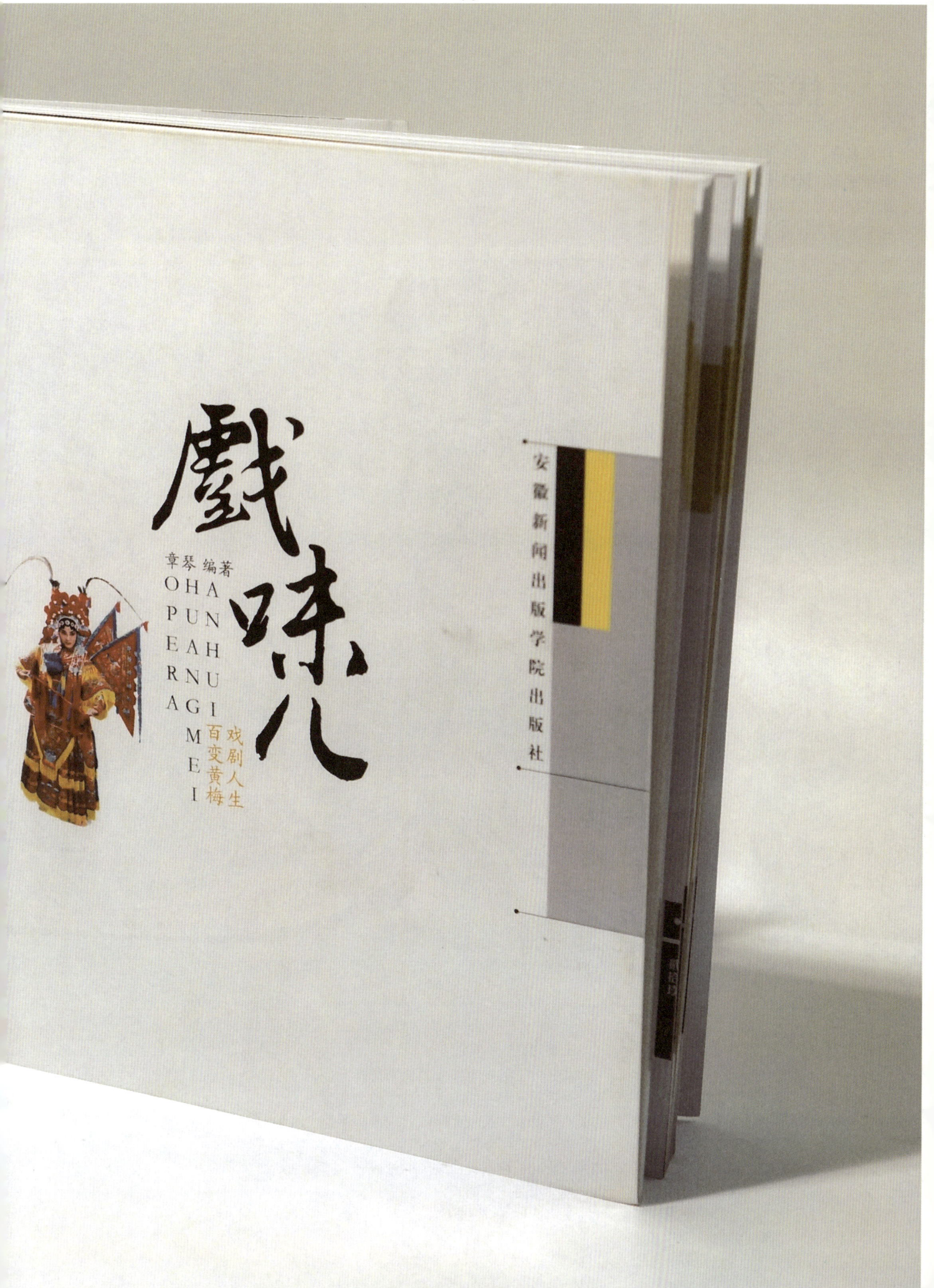

章琴 编著

CHA PU EN AH RN U AG I M E I

戏剧人生
百变黄梅

安徽新闻出版学院出版社

优秀奖

作品名称： 喜欢你，是我一直要做的事
参赛学生： 张锁迪
所在院校： 吉林华侨外国语学校
指导教师： 刘瑜 侯旭

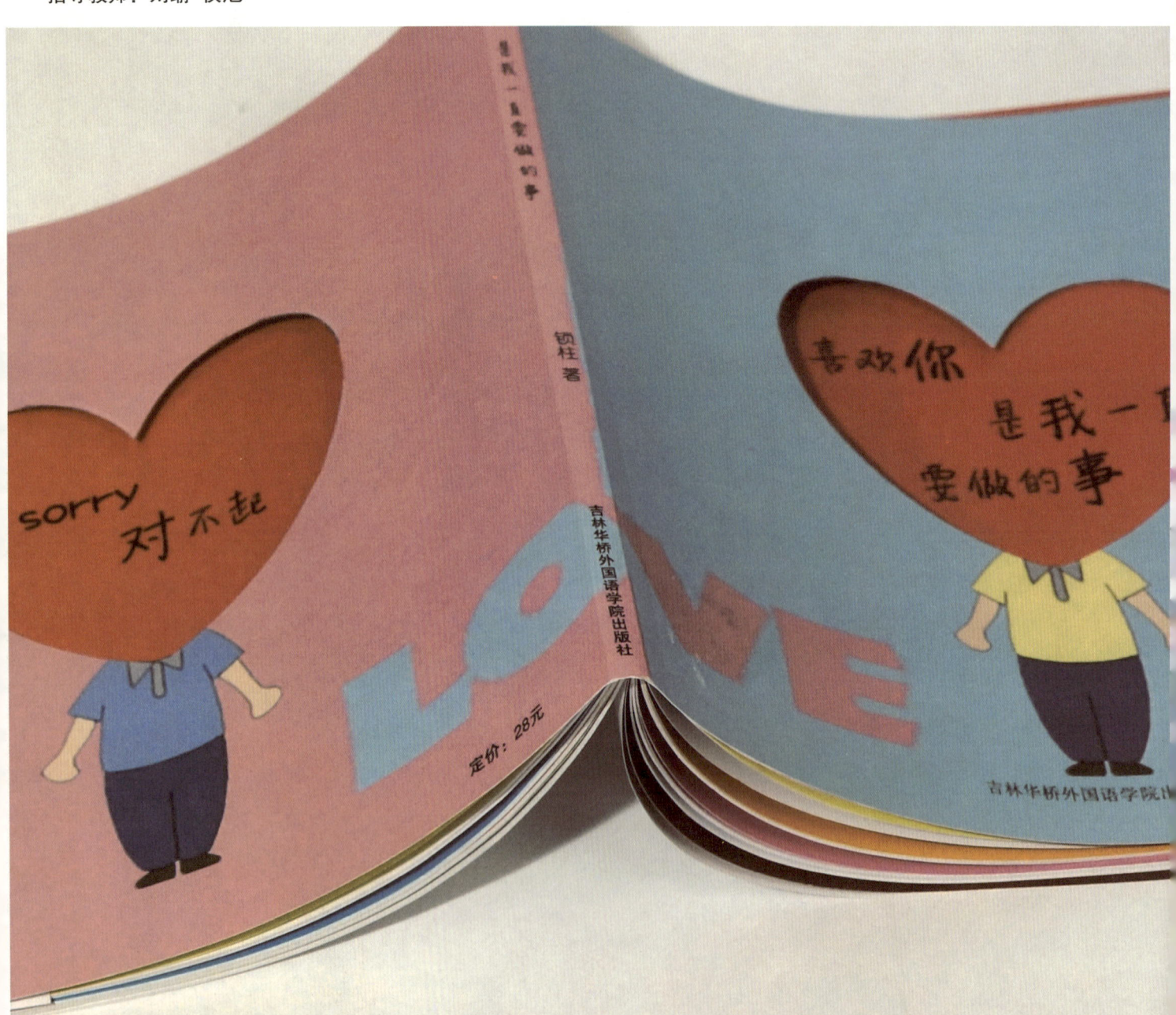

作品创意

本书以学生时代女生的恋爱为选题。学生时代的爱情很纯粹，不包含复杂的社会关系和经济利益，往往是真情实意的投入。正是因为这样，校园恋情才显得最为美好，记忆更为深刻，令人向往。本书从小处着手，摒弃大幅的渲染，让读者慢慢回忆起属于自己学生时代的那份感情记忆，引导读者找回自己曾经单纯的心，并告诫正处在校园生活的学生们珍惜现在的美好时光。

主要内容

本书主要以一个少女的感情心理为主线，采用第一人称的方式，从开始暗恋到逐步了解对方，又从大胆的表白被拒绝到最后依然在心中默默留着对方的位置……描写了女孩儿在爱情中经历的片段。

本书采用绘本形式，以图片搭配两三句的文字来展现作品的意思。

图书的目录为："你会发光""一点点靠近""我的秘密""变成神秘人""我喜欢你""你是否会记得我""我要做的事""后记"。

创新点

1. 封面：正面为一卡通少女，背面为少年，头部均用镂空心型代替，带有护封。面封的书名恰好在心型处，暗含了少女心中所想；封底做法与面封大致相同，打开后为一个整体。

2. 内容：每一页用一张图配合两三句文字来表达作品的意思。字数很少，采用特殊字体，和文字一并将人的细腻情感相融合。

3. 插图：采用手绘形式，每一章节页都有创意，例如镂空等，吸引读者目光。

4. 切口：书中均匀地插入彩页，从侧面看像彩虹一样，不显得单薄。

优秀奖

作品名称：字的诗
参赛学生：仲世强　王嘉昀　潘佳惠
所在院校：武汉大学
指导教师：许洁

作品创意

字体对于出版物的设计发挥着重要的作用，字体的选择可谓是一项艰巨的工程。字体不仅给读者以赏心悦目之感，更在某些时候传达出作者的情感。但是，市面上以字体为体裁的图书和杂志却非常少。由此，作者萌生了对该书的创意。该书通过介绍不同类型的字体，且在排版过程中运用多种字体，展现字体魅力，让读者关注字体的发展，了解不同字体的形态以及感受不同字体在不同作品中所表达的情感。

主要内容

本书按照中西文字体及相关分类方法（衬线体和非衬线体）的分类方式，介绍各种字体的历史来源、分类。

全书主要内容如下：

1. 西文：
A. 衬线体（发展、分类、作品欣赏）
B. 非衬线体（发展、分类、作品欣赏）
C. 手写体（作品欣赏）
2. 中文：
A. 宋体（来源、分类、作品欣赏）
B. 黑体
C. 优秀中文字体及日本字体欣赏
3. 字体检索

本书还附带一本宣传册《字的诗——问字》，以作营销宣传之用。

《字的诗——问字》是为《字的诗》量身打造的宣传册，其中包含一些关于字体的小问题，且这些问题都能够在《字的诗》中找到答案。

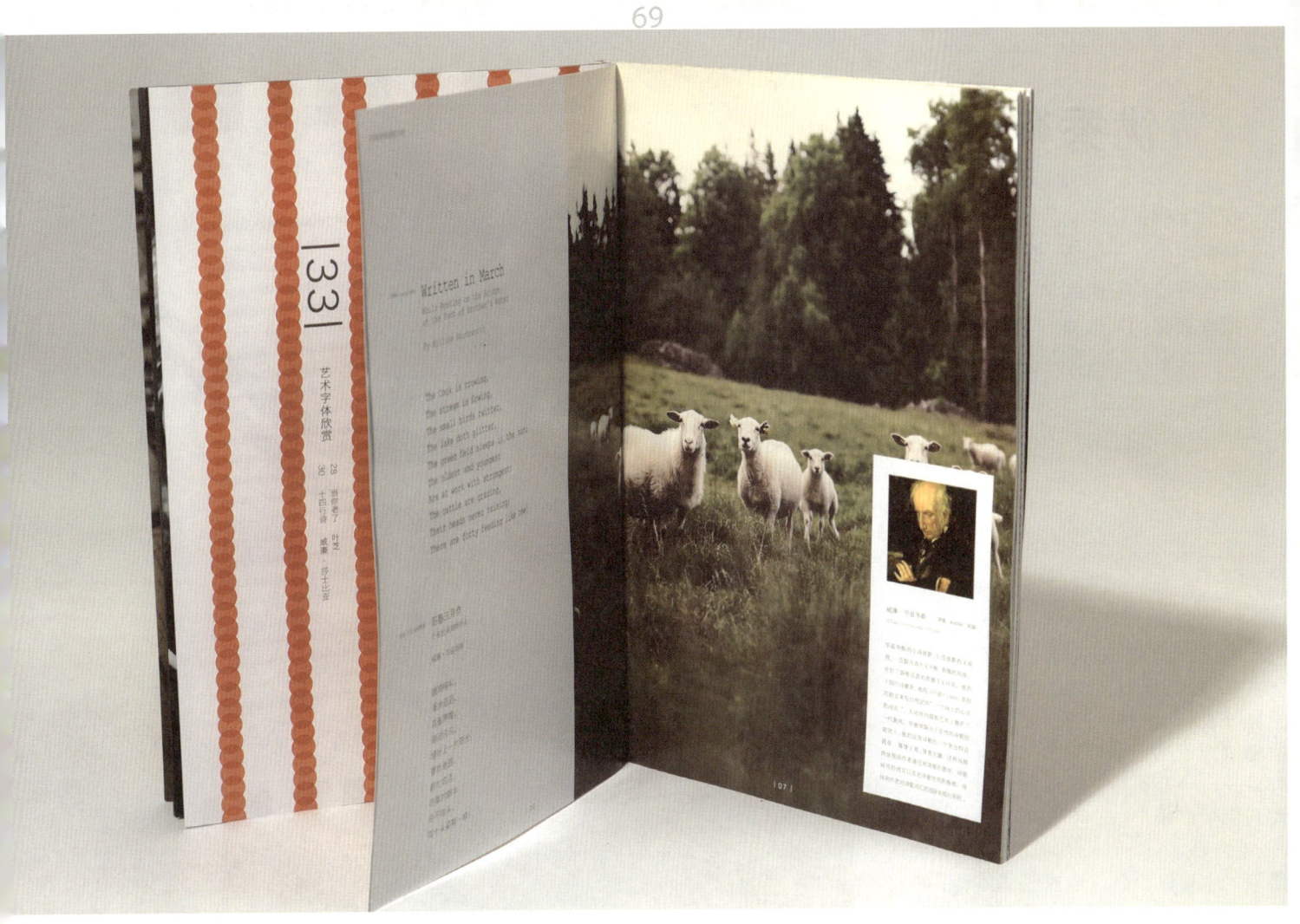

创新点

1. 选题新颖。本书选题独辟蹊径，具有新意。

2. 内容创新，设计精致。作品中的内容除了文字大师的采访、文章介绍外，最独特的是通过诗歌、海报来体现作品，通过使用不同的字体来体现不同的思想感情。

3. 分类独特。全书在两个大的框架下，分为五个小版块，层次清晰明了。

4. 宣传册设计独特，引人入胜。宣传册的设计大方美观，通过一个个小问题，可以把读者引入字体的世界，进而能对该书进行更好的宣传。

优秀奖

作品名称：让美食为健康加分
参赛学生：王金环　朱云云　杜月婷
所在院校：安徽大学
指导教师：刘洪叔

作品创意

民以食为天。近年来，食品安全问题频发，消费者陷入极度的不安之中。公众急需普及科学的食品安全知识，国内各出版单位应势推出了相关图书。但是，以家庭食品安全知识和科学饮食方案为内容的图书仍是市场空白。本书以家庭食品知识为内容核心，以推广食品营养与健康生活理念为宗旨，以此打造家庭常见食品的实用手册，在编排上图文并重，图像全彩印刷，让读者不仅能更好地了解日常食材，还能学会科学地挑选与食用食材。

主要内容

本书主要内容集中于引导读者如何挑选家庭常用食品和介绍简单易行却又健康养生的食用技巧两个方面，此外，全书还对家庭常用食品做了科学的分类。全书由主食类、蔬菜类、水果类、肉食类、水产品类、蛋奶类、豆制品调味品类和油类八大章构成。每一章内容具体分为三部分：(1) 了解市场上不安全食品真面目或黑心商贩惯用手法，教大家如何选购；(2) 推荐一款与该食材有关的健康养生食谱或方便操作的实用窍门；(3) 小常识或小妙招，方便读者更好地利用或保存食材。总之，本书是一本简明实用、易读易懂的家庭食品知识手册。

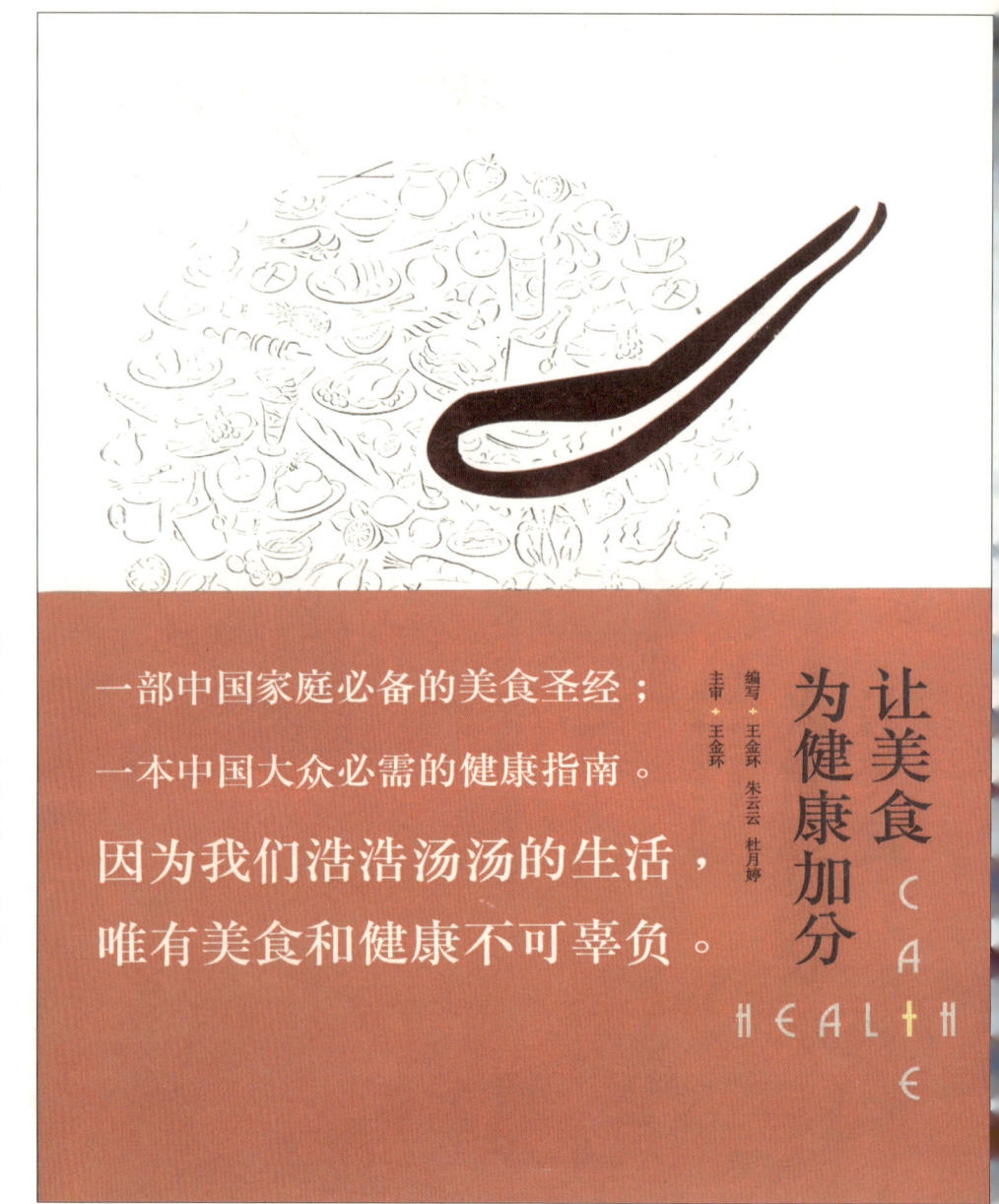

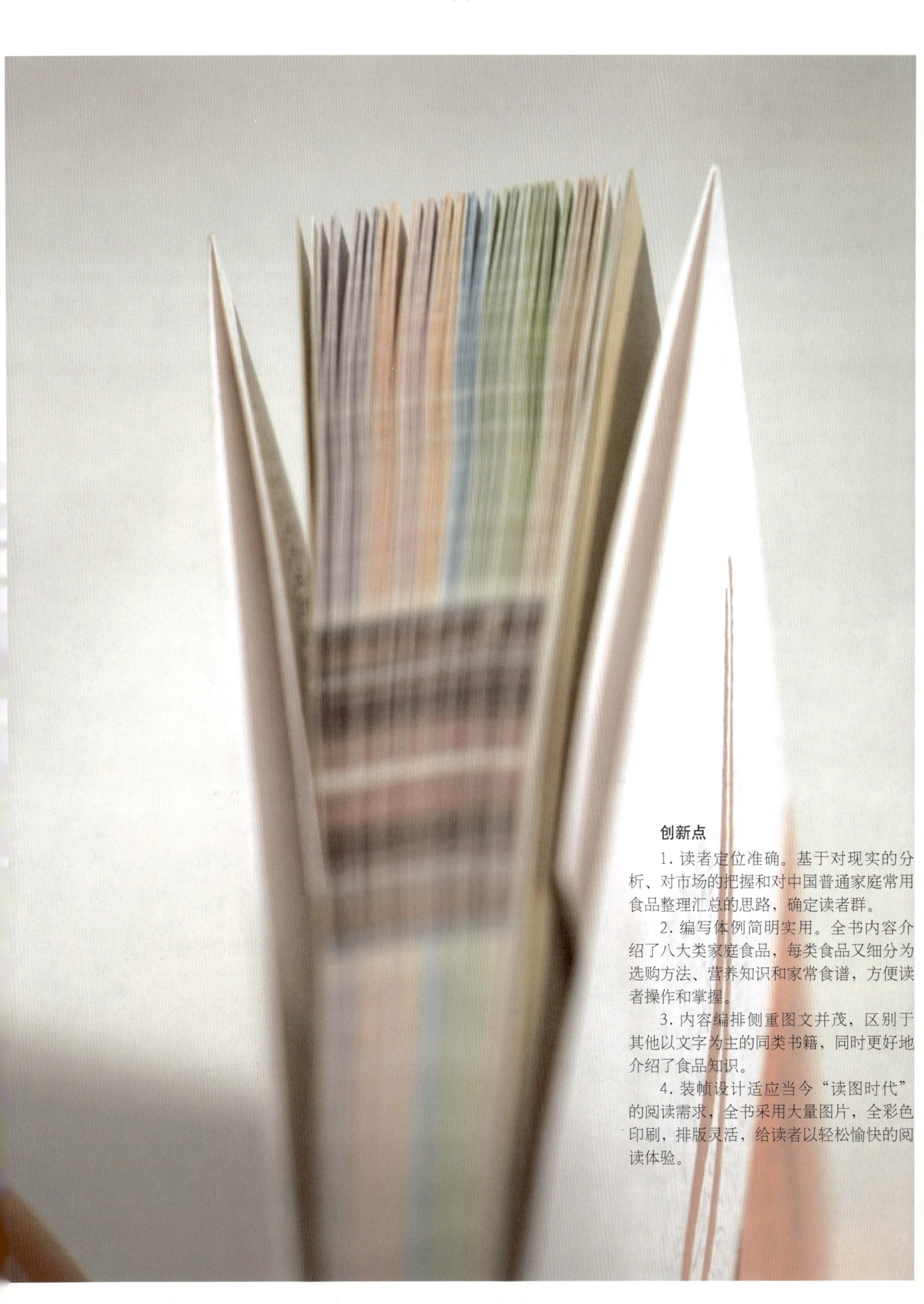

创新点

1. 读者定位准确。基于对现实的分析、对市场的把握和对中国普通家庭常用食品整理汇总的思路，确定读者群。

2. 编写体例简明实用。全书内容介绍了八大类家庭食品，每类食品又细分为选购方法、营养知识和家常食谱，方便读者操作和掌握。

3. 内容编排侧重图文并茂，区别于其他以文字为主的同类书籍，同时更好地介绍了食品知识。

4. 装帧设计适应当今"读图时代"的阅读需求，全书采用大量图片，全彩色印刷，排版灵活，给读者以轻松愉快的阅读体验。

优秀奖

作品名称：有一种基因叫生活——《罗辑思维》微信大讲堂里的生活法则
参赛学生：尹露
所在院校：浙江传媒学院
指导教师：李新祥

作品创意

"罗辑思维"微信公众号推送给大众的是一种在互联网时代下的全新互联网生活思维方式内容，其目前共拥有170万用户、2.5万会员。基于微信的流行和"罗辑思维"微信公众号的火爆，作者将其推送的语音内容和相关文字进行编辑加工，为读者献上了一本值得品味、可以从中汲取生活法则营养的图书。此书同时为读者传达了一种新时代的互联网思维模式。

主要内容

全书共十七个章节，每个章节按不同的主题进行分类，以一定的逻辑顺序进行编排。第一章为"强盗为什么苦恼"、第二章为"菜单也是有成本的"、第三章为"三思而行会不靠谱吗"、第四章为"你拥有自由吗"、第五章为"为什么真民主总是忘恩负义的"、第六章为"你的女神，你懂吗"、第七章为"男人的世界你不懂"、第八章为"来，透露给你爱情的秘密"、第九章为"互联网大时代"、第十章为"打游戏所带来的关于教育的思考"、第十一章为"给年轻人点建议"、第十二章为"世外桃源你愿意去吗"、第十七章为"你赠物心灵鸡汤吗"。

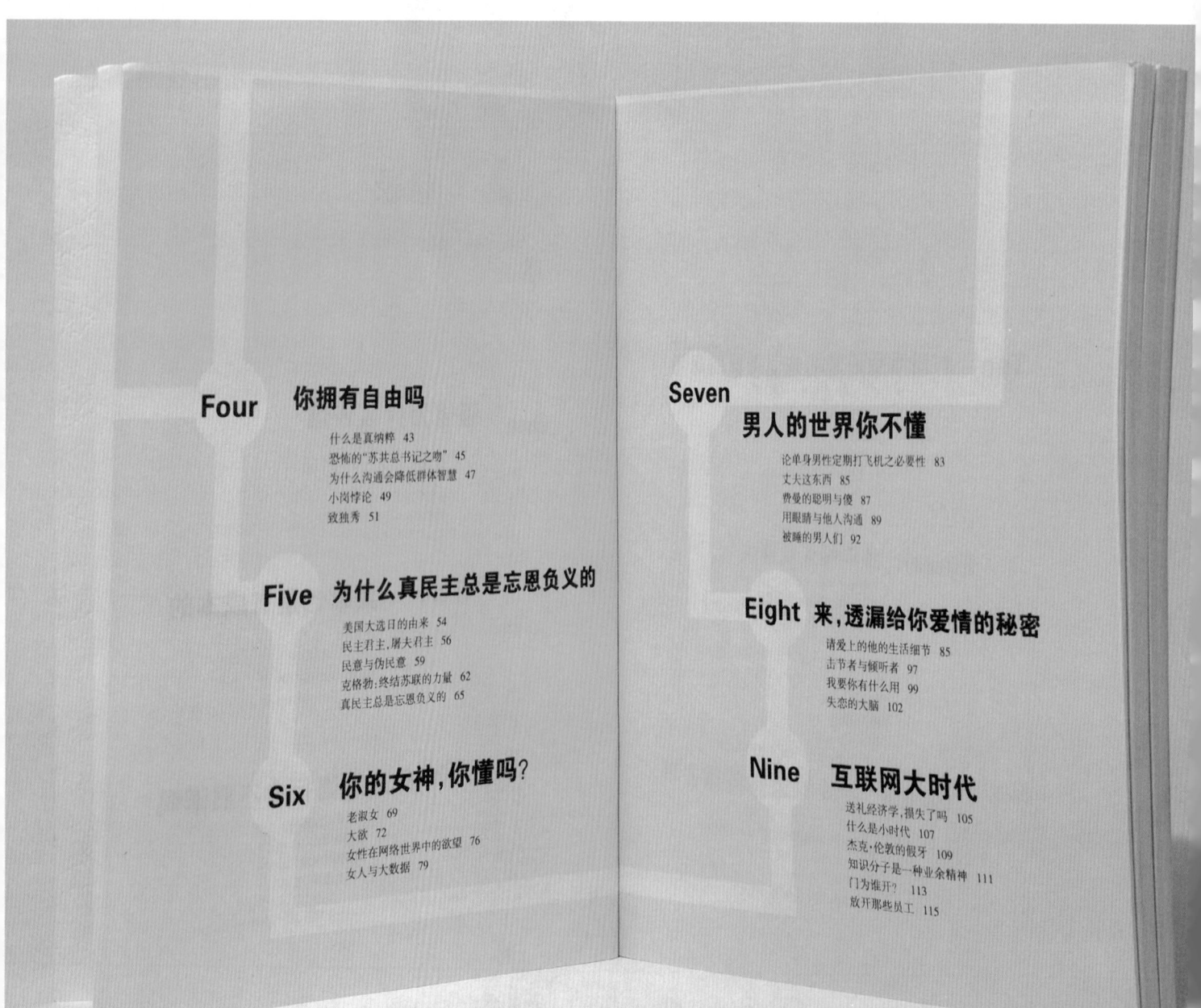

Four 你拥有自由吗
什么是真纳粹 43
恐怖的"苏共总书记之吻" 45
为什么沟通会降低群体智慧 47
小岗悖论 49
致独秀 51

Five 为什么真民主总是忘恩负义的
美国大选日的由来 54
民主君主，屠夫君主 56
民意与伪民意 59
克格勃：终结苏联的力量 62
真民主总是忘恩负义的 65

Six 你的女神，你懂吗？
老淑女 69
大欲 72
女性在网络世界中的欲望 76
女人与大数据 79

Seven 男人的世界你不懂
论单身男性定期打飞机之必要性 83
丈夫这东西 85
费曼的聪明与傻 87
用眼睛与他人沟通 89
被睡的男人们 92

Eight 来，透漏给你爱情的秘密
请爱上的他的生活细节 85
击节者与倾听者 97
我要你有什么用 99
失恋的大脑 102

Nine 互联网大时代
送礼经济学，损失了吗 105
什么是小时代 107
杰克·伦敦的假牙 109
知识分子是一种业余精神 111
门为谁开？ 113
放开那些员工 115

《罗辑思维》微信公众号内容大全集
微信里内容最丰富的公众号
170万微信用户，2.5万会员伴随成长

有一种
基因叫生活
《罗辑思维》
微信大讲堂里的
生活法则

尹露 编

浙江传媒学院出版社

创新点

1. 首次将微信公众号的内容进行整合、编辑加工，以图书的形式展现在读者面前，目前国内无此案例。

2. 每个章节的话题以某一话题如"成本""不确定性""选择"等极具互联网思维的问题为主题，为读者讲述互联网时期读者应如何革新自己的思维模式。

3. "互联网思维"贯穿全书。

优秀奖

作品名称：婚·理儿
参赛学生：周璇　石悦　闫宝
所在院校：北京印刷学院
指导教师：朱宇　张丽

作品创意

　　婚姻和爱情一直是人类世界永恒的主题，随着社会的进步和全球化的发展，中国传统的婚姻习俗蕴含着丰富的文化内涵，但在西方文化的渗透中，中国传统的婚姻习俗已渐渐销声匿迹，被中西合璧的现代婚礼所取代。许多年轻人，包括已婚中年人都对我国婚嫁习俗了解甚少，更有人将其当作封建糟粕，嗤之以鼻。

　　作者以中华民族各地区传统婚嫁习俗介绍为内容，以轻松幽默的语言文字为形式，出版关于中国婚嫁习俗的社会文化类书籍《婚·理儿》，目的在于向年轻一代传播中华传统文化。

主要内容

　　全书共分五章，分别详细介绍了中国传统习俗中相亲、订婚、嫁娶、洞房和回门的习俗，各章按地区细分，阐述了我国各个省份不同特色的婚庆习俗。每一章以原创的小故事开头，各个章节的故事人物环环相扣，息息相关，增加了全书的趣味性。同时在相应文字的旁边也增加了很多手绘图片，增加了图书的可读性。

创新点

　　1．封面：封面采用工艺特种纸，本书以卡通人物作为封面人物，并印有书名、作者、出版社名称，给人感觉轻松、活泼、可爱。

　　2．扉页：本书扉页有两页特别设计，第一页采用红色，并伴有卡通字镂空"双喜"，第二页金色为第一页衬底，突显喜庆之感。每一章的章节页上有卡通人物和章节名称，风格幽默活泼可爱。

　　3．版权页：上半部分印书名、出版社的名称和地址，下半页印版次、印刷年月、印张数、字数、开本、印数及定价等。

　　4．书芯：使用无光铜版纸印刷，包括目次、前言、正文。目次字体为宋体，字号为小四号字。正文字体为宋体，字号为小四号，横排本，正文内容配有卡通形象，且正文部分以及目录的每章标题字体选用较为可爱的字体。

　　5．函套：为了方便保存和阅读，本书用特种工艺纸制作函套。

　　6．装订方式：本书采用精装；正文装订方式为胶背订和骑马订，在每一章的章节页有彩色插图。

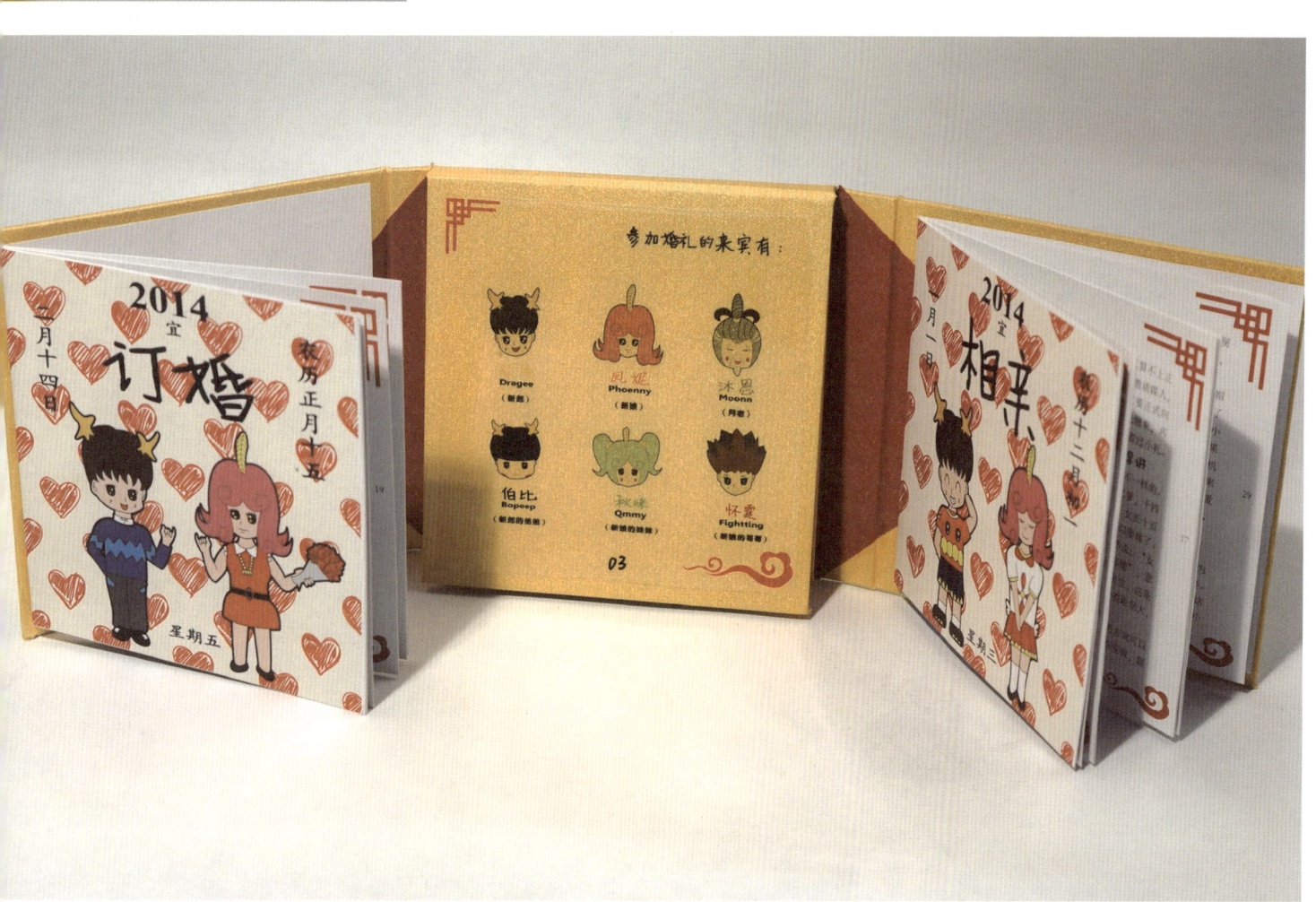

优秀奖

作品名称：MISS COFFEE
参赛学生：韩岳良 严梦雨
所在院校：北京印刷学院
指导教师：朱宇 张丽

作品创意

忙碌的都市节奏、巨大的精神生活压力，使得人们越来越向往一种慢生活，从而远离塞车的马路、9点的打卡与绩效评估，还有成堆的电邮和瞌睡的会议。作者希望在一个慵懒的午后，伴随着音乐，人们一手拿着一杯咖啡，另一手中捧的读物是《MISS COFFEE》。

主要内容

本书以一个咖啡店为背景，通过咖啡店老板的视角，讲述了发生在9位女孩身上的9个故事，包括浓缩咖啡、玛奇朵咖啡、康宝蓝咖啡、拿铁咖啡、白咖啡、布雷卫咖啡、卡布奇诺咖啡、摩卡咖啡、美式咖啡9种。每一种咖啡代表一位女孩，9位咖啡女孩，总有一个是你。书中按照9种咖啡分为9个章节，每个章节配有手绘插图、照片和一首音乐。让读者身临其境，从听觉、视觉和触觉多方位感受阅读的乐趣，达到感官与精神的双重享受。

创新点

1. 咖啡同故事融为一体，以咖啡的特点描述故事中女孩的特质，让读者既能感受到咖啡的情调，又能在故事中释放出自我。

2. 本书不仅配有符合主题的9幅手绘插图女孩儿，同时还配有9张手工相片和9首音乐（以CD形式呈现）。

3. 装帧设计和纸张选择上融入了咖啡元素。

4. 书的最后有9张空白牛皮纸，供读者随意涂鸦记录。

5. 营销方面，本书附赠了咖啡店VIP优惠券，可以体验故事里9种咖啡的一种，从此吸引读者。

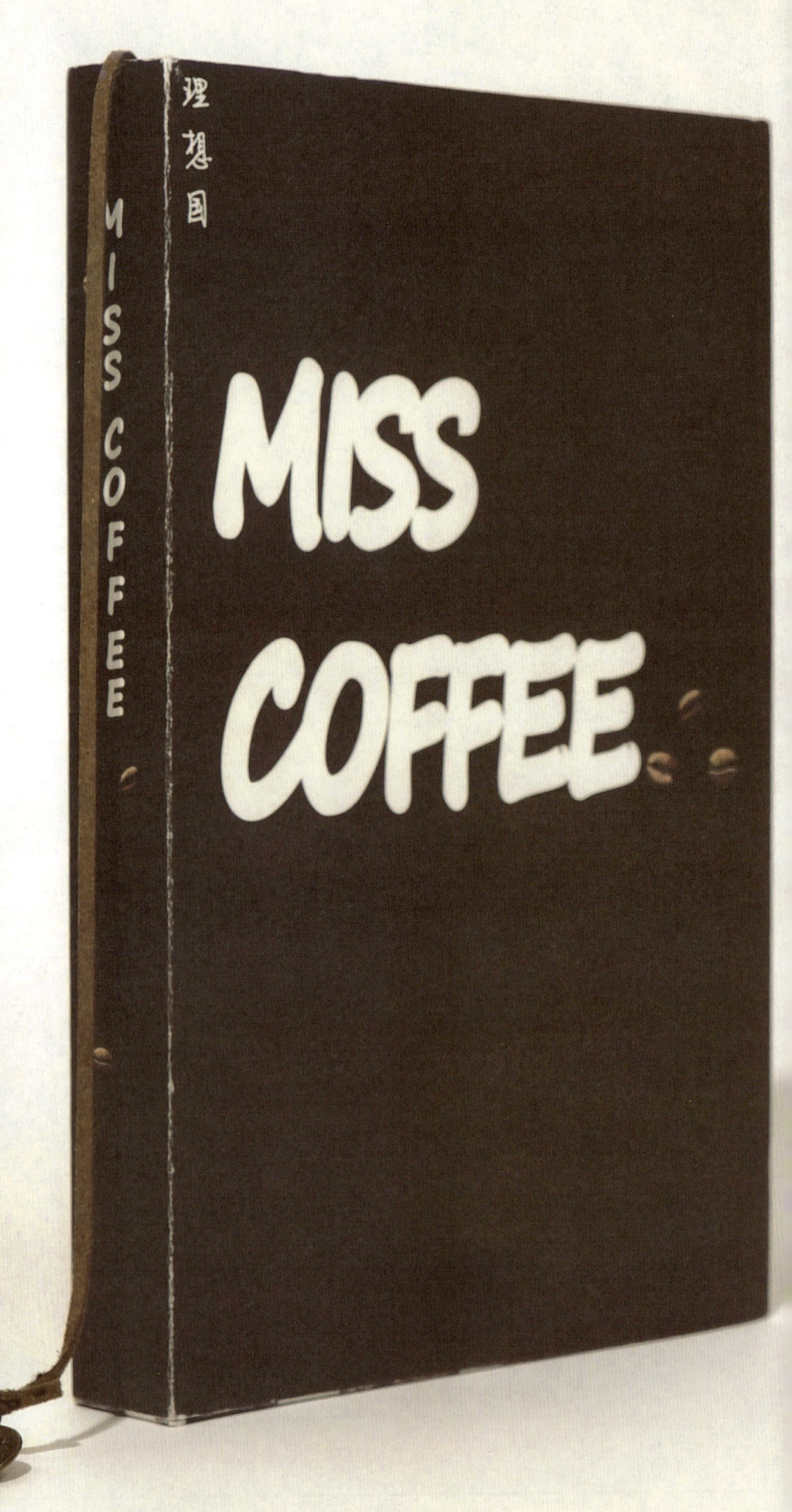

MISS COFFEE
MISS COFFEE

MISS COFFEE

MISS COFFEE

32
今天来的姑娘，短发
在她讲究故事以后

coffee

优秀奖
荐
唐双连 李欣蔚 刘金陈

优秀奖
《新传播》毕业生特刊
俞世翔

优秀奖
《南音集》之荷花节特刊
许程程 王媛 董雪

优秀奖
木兰周刊
黄杭

优秀奖
食物与城市
李欣玲

优秀奖
知云
张秋旸 梅雪健 李康凌

优秀奖
农友
李倩倩 夏孟琦 潘书婷

优秀奖
All Money Baby Home
林姿廷 廖敏君 张庭瑄

优秀奖
锐读周刊
邱美令 王宇诗 苗飞飞 欧阳娣 万佳

"韬奋杯"
首届
全国大学生
出版创意大赛

报刊创意奖

一等奖
深处　类晓冉　王一鸣　闫维嘉

二等奖
北外零点后　王垚　胡冠红　李金蔓

二等奖
失·依　董丽丽　李晶伟　高伟

二等奖
味觉　高佳　李雯　郑亚萍

三等奖
记念邮差　杨云　满雅琴

三等奖
C2Y青年商业观察　徐鑫　李仪

三等奖
花样年华　沈迎春　李秋艳　李艳双

三等奖
乐跑　丁海伦　褚俊杰

三等奖
时刻关注　杨春雨　吕宜岭　王金腾

一等奖

作品名称：深处
参赛学生：类晓冉　王一鸣　闫维嘉
所在院校：烟台大学
指导教师：谭成训

作品创意

《深处》杂志的创刊目的是展现人的内心思想、地域、事件、世界等多方面最深处的东西。这些易被忽视的东西却有可能是最重要的。即不仅看表面，更看重实质所在，看到不一样的事物。

此外，挖掘少为人知的地点等，拓宽展望世界的新视野。挖掘深度，拉近人与人、人与世界的新关系。挖掘不同的观点，打开一个思考人生的新思路。

81

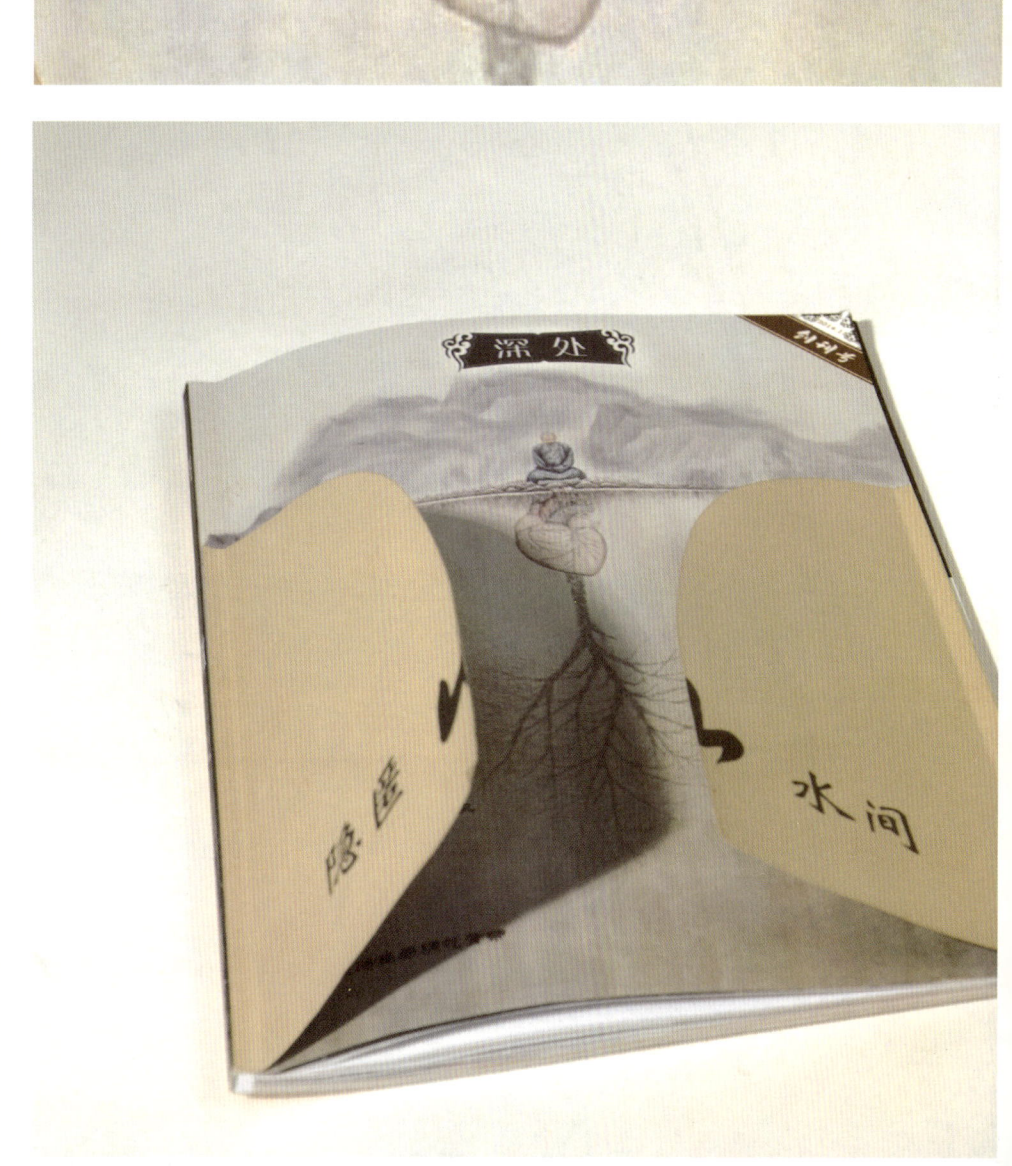

深处

樂活
LOHAS

方式／饮食

乐活倡导健康、可持续的生活方式。乐活是一种环保理念、一种文化内涵、一种时代产物。它是一种贴近生活本源，自然、健康、精致的生活态度。发掘生活本质。

PAGE 056

Claire Basler 是一位专攻花卉的法国女油画家。她不仅仅把花卉植物画在油画布上，还画在墙壁上瓷器上。她将巴黎郊区一座旧工厂改造成自己的工作室并居住于此，图片曾流传了英妆真亲，与Claire Basler 的画作相映成趣，甚不雅收。很多迷恋自然风景的摄影师Kirsty Mitchell 这样形容她的工作室："很难让人专注不清是在画室里还是在玩家中。多她那般风的吸引把尽让报亲表吧。它美得令人窒息！"

若有丹青色，愿做花仙人

来源 / 乐居杂志

Claire Basler 的艺术生涯自 1970 年代开始，当时的艺术主流是以抽象派和概念性为主导的现代艺术，但 Claire Basler 却反其道而行。独钟情于 18 世纪欧洲的古典静物画。在巴黎求学期间，她频繁独自到罗浮宫·朵欧是夫毕夫，以此来研究学习古典名作的表现手法。但真正给予 Claire Basler 灵感的是来自大自然的一草一木，在她位于蒙特勒伊(Montreuil) 的花园里，她看到花朵的极力抵抗风吹雨打及猛烈阳光的侵袭受到了极大的震撼。同是爱花之人，东方有黛玉葬花，向 Claire Basler 则把从大自然呈现感受到的一切，不论是风声、日光、植物那柔美及刚风的一面，都融入到画作上。她力求揭开花朵生命的神秘面纱，让大自然的艺术气息跃然天透。Claire Basler 艺术作品深具哲学意味。她的作品使她的人类与大自然的根本关系，再透过揭露了生命的周期性本质，并通过植物在四季中的变化，显示生命的短暂脆弱和惊人的顽强能力。

PAGE 057

古雲
HISTORY

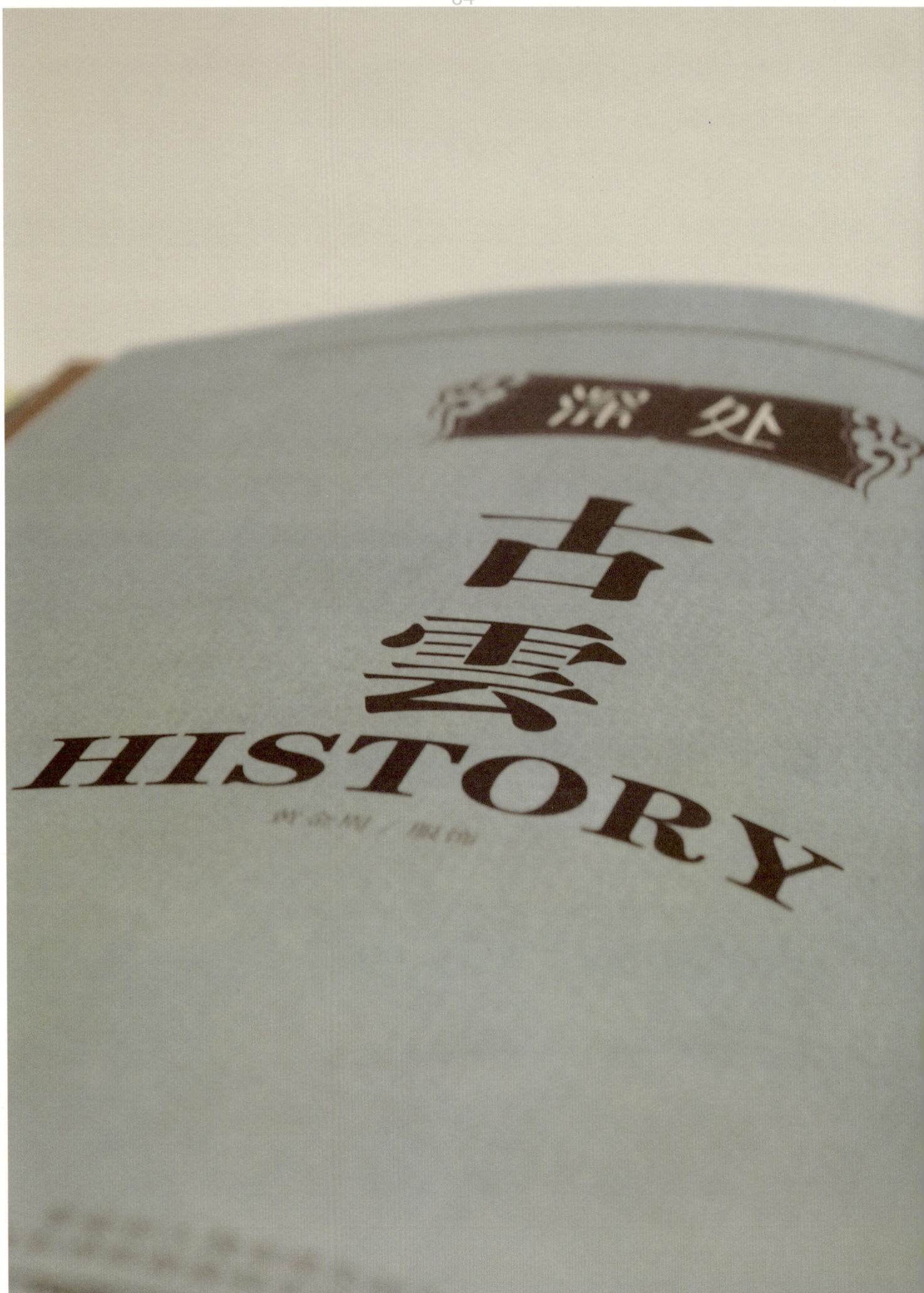

主要内容

1. 封面封底：立体设计结合选题。
2. 封三封四：公益广告与下期预告。
3. 事记：最新最热并体现深度或备受关注的时事、新闻、事件等。
4. 封面故事：隐匿山水之间。挖掘9个不为人知或未受关注的地点，在风土人情中来一次修身之旅。
5. 他者：《我们没有资格评论莫迪亚诺》等文化热点与新观点。
6. 古云：《宋朝也有黄金周》等有趣且有深度的历史变化与现象。
7. 思潮：《为何洗澡时会灵感乍现》等前沿大胆的思想观点。
8. 乐活：《文学家的乐活时尚》等新生代健康、自由、绿色的生活方式。
9. 艺赏：《齐长城"复活"记》等中国民间或国外艺术欣赏。
10. 影像志：《黑白凤凰》邀请摄影家或旅行家分享行走心得与影像。

创新点

1. 封面的立体设计：
（1）封面结合选题"隐匿山水之间"做出两扇大门，打开大门会看到完整的封面图片与策划的重点内容。
（2）封面日期采用凹凸手感，为使封面看起来不呆板，将日期重新设计为雕花造型，在杂志的右角另附一层。
2. 摒弃传统刊眉设计：为使版面看起来简洁活泼，不设刊眉，用版面替代，配以各版块的专属背景色。
3. 版面中西合璧：版块中设置中英对照，并且页码设置为英文设计。比如，封面猜中国禅画，翻转便是西方公益广告。卷首中英双译。

二等奖

作品名称：北外零点后
参赛学生：王垚　胡冠红　李金蔓
所在院校：北京外国语大学
指导教师：王士宇

作品创意

昼夜的交替就像一个古老的仪式，象征着活力的流转。在充满革新、永不停歇的人类社会中，白日里，穿梭于各栋教学楼和各间教室的师生们，早已把北京外国语大学的里里外外看得清清楚楚、真真切切。但当夜幕深沉，各座寝室楼的大门落了锁，零点之后的北外却鲜少有人探寻她的一呼一吸。

在北外这个小小的社会体里，我们依旧需要一些如保安、后勤、餐饮人员等这样一群人，他们的身影往往融在夜色之中，看得不太真切，人们只能在清晨来临后，从诸多痕迹中一窥他们的辛劳，以此来确保我们赖以生存的社会系统不会停止呼吸。

通过《107调查》记者拿起的相机和纸笔，并在午夜后观察和记录下这群人在北外的"夜生活"，以及为读者呈现一幅零点后的北外图景。

深度决定影响力

7调查

...rnal Journalism and Communication

TED×BFSU 事件
调查始末

第四版

主要内容

1. 标题：《北外零点后》
2. 选题带题人/作者：王垚
3. 文编：胡冠红 陈怡
4. 记者：王垚 李金蔓 胡冠红 罗阳 印成思 张芮
5. 导语：

日出而作、日落而息。白昼和黑夜的交替就像一个古老的仪式，象征着活力的流转。在充满革新、永不停歇的人类社会中，我们需要一些违背这种规律的职业，来确保我们赖以生存的社会系统不会停止呼吸。

在北外这个小小的社会体系里，他们的身影往往融在夜色之中，看不太真切，人们只能在清晨来临后，从诸多痕迹中一窥他们的辛劳。

6. 内容设计：

以零点后的时间为线索，串联起北京外国语大学深夜校园内的安保、清洁、餐饮、医疗、登门的工作。

创新点

本篇报道与一般的人物通讯不同，并未追求将来龙去脉一一道来，也非囿于传统群像式报道歌颂和赞美的形式，而是着重于选取和主题最相关的精致细节来深度刻画北外"深夜工种"的群体肖像，通过动人的情节和最有张力的场景展现出北外校园零点后一幅不为人知的图景、一群不为人知的人。

记者们坚持以"人"为核心的新闻理念，将报道视角不断下移，较之传统的校园新闻更加注重人文关怀，呈现出北外最深入人心的平民心声。

与此同时，《107调查》采用了传统纸媒和新媒体平台相结合的宣传方法，在发报道前通过《107调查》的微信平台发布本篇报道带题人的手札和北外"深夜食堂"工作人员的图片故事来吸引读者，为报道预热。

二等奖

作品名称：失·依
参赛学生：董丽丽　李晶伟　高伟
所在院校：辽宁大学
指导教师：张建哲　石姝莉

失·依

关于失独者的真实记录

那些失去孩子的父母,还有那些失去父母的孩子

作品创意

生活中有很多失去至亲的人，但是却常常被人忽略。本着人道主义精神，本杂志的初衷是发掘这些被忽略的群体，让每一位尊重生命的读者去了解失依人群其生命的卑微与韧性，去关爱他们、尊重他们、帮助他们。

失依人群失去的是生命的至亲，他们不仅仅失去了物质生活的依靠，更失去了生命的脊梁。彷徨迷惘，煎熬迷离，他们不仅需要宏观上的帮助，更需要有人深入他们的心灵，陪他们一起感受内心的痛苦，同时他们还需要发出自己的声音。而在现实中，却缺少这样的平台。

失依人群作为弱势群体的一部分，让他们更有尊严有幸福感地活着，对于民生建设、构建和谐社会都有不可忽略的意义。

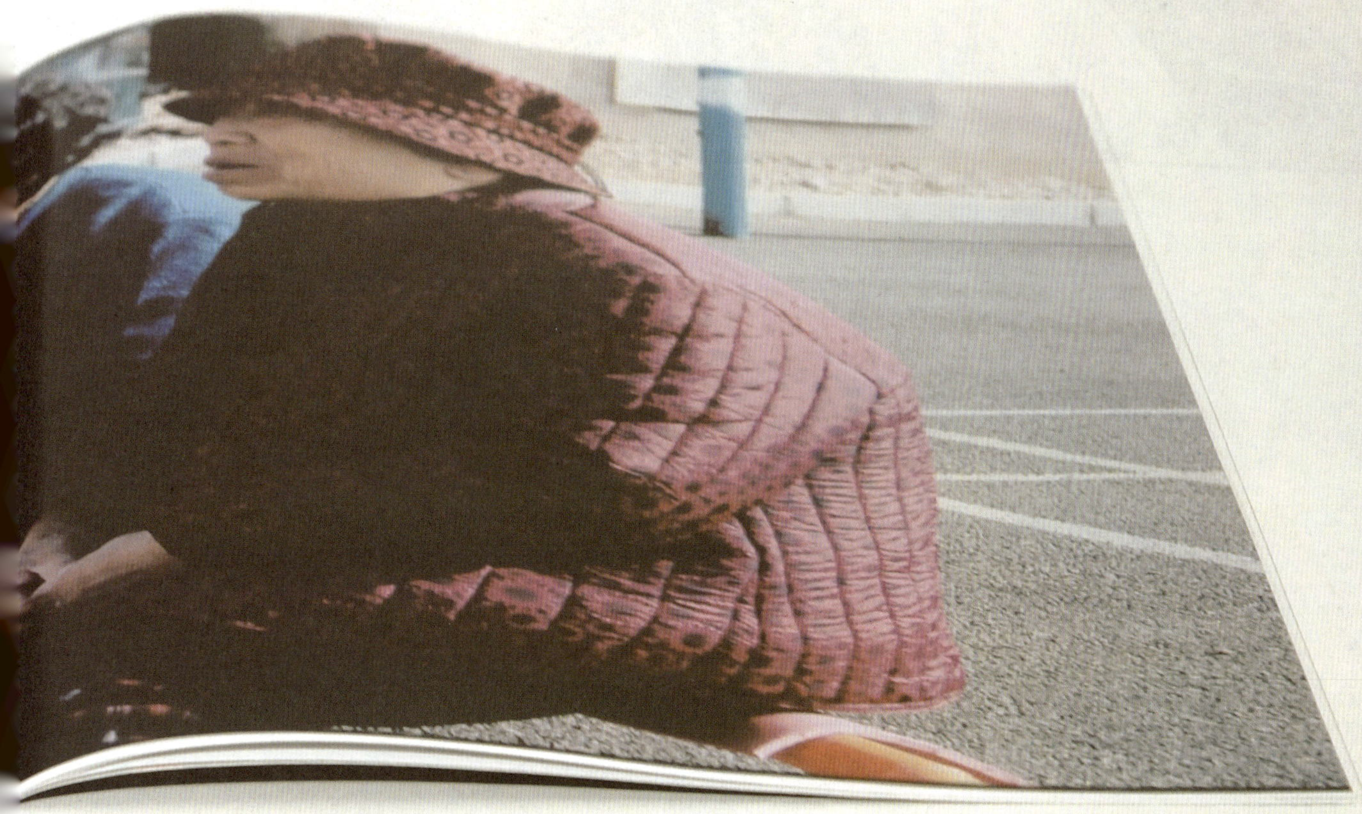

创新点

1. 杂志类型与选题的创新：目前国内市面上纪实类杂志数量很少，而其中关注失依人群情感的就更少了，本选题与杂志类型都具有创新性。

2. 素材创新：所运用的素材均来自实地考察与文献资料的真实统计，可信度高。对于失依人群现状进行统计，目标清晰。

3. 立意创新：本杂志的初衷以公益的形式传递关注与希望，以墨绿色的基础色调为读者介绍失依人群，在黑暗里透出明亮的绿意，为大家展示人间真情。

4. 推广方式创新：杂志的推广实现线上线下结合，微信、微博等自媒体账号同时运营，全方位打造失依公益平台。并以电子版、纸质版两种形态出版。

5. 发行方式创新：通过妇联、民政局、计生委、公安、社会公益组织等进行免费发放。

6. 资金来源创新：除了正常的广告收入，还有来自家长的自筹，以及公益组织的支持。

主要内容

本杂志将失依人群定义为失去孩子的父母和失去父母的孩子两种。通过纪实的手法，对两种人群进行关注报道，让更多的人了解他们的生存状态。杂志主要包含七个栏目：生命之声、直击心灵、家国之义、真情互动、舆说人生、实事资讯、统计链接。

1. 生命之声：两种失依人群的声音（主要是失独者的声音）。

2. 直击心灵：面对亲人的离去，失依人群又是以怎样的精神状态、生命韧度去面对惨淡的人生呢？

3. 家国之义：人间有真情，大爱无声。主要为大家介绍国家和社会为失依人群所做的一切。

4. 真情互动：聆听他们内心的独白。

5. 舆说人生：有了现实就会发出舆论的声音，听大家对此现象的讨论与思考。

6. 实事资讯：相关的真实新闻消息，各种相关资料的及时播报。

7. 统计链接：心灵与成长的影响因素数据统计。

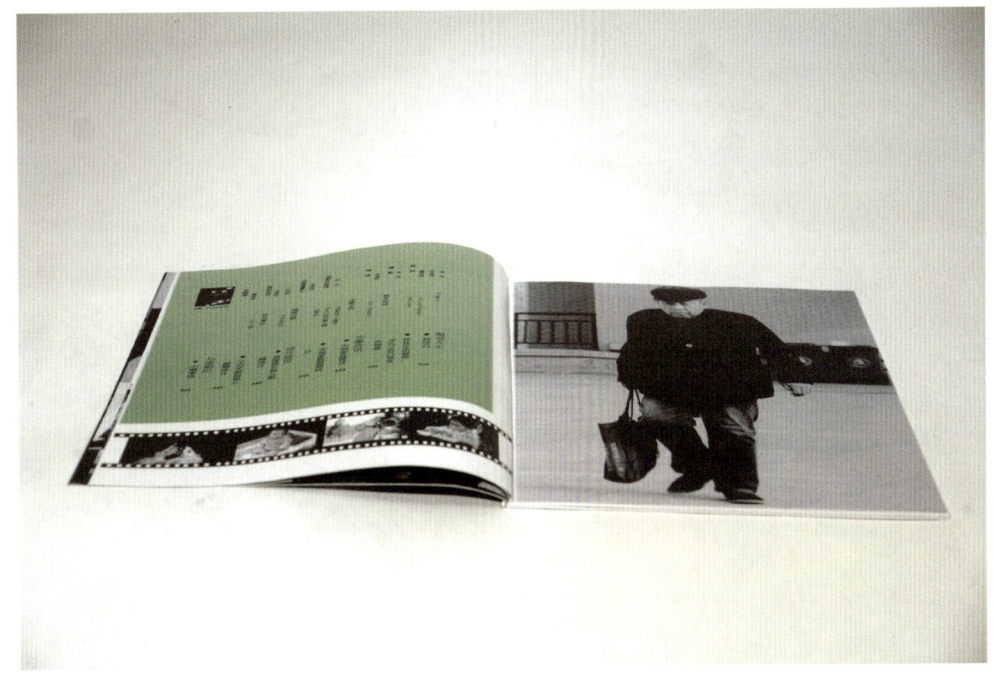

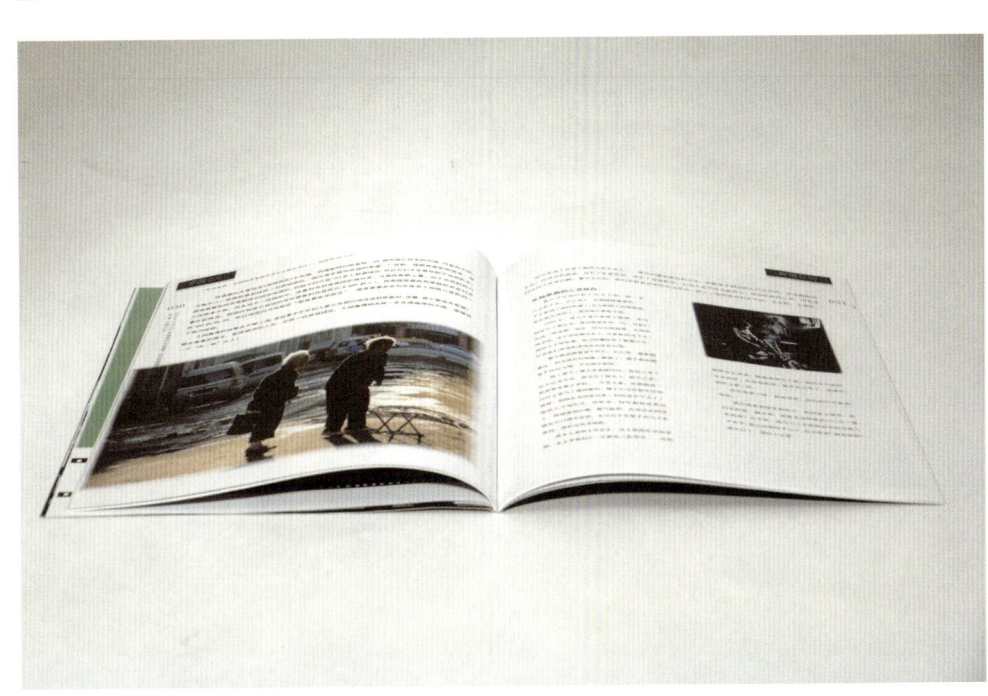

二等奖

作品名称：味觉
参赛学生：高佳　李雯　郑亚萍
所在院校：西南交通大学
指导教师：梅红

作品创意

不知你初看"味觉"这两个字时浮现在脑海里的是什么？是热气腾腾的成都火锅，是西餐厅滋滋煎着的牛排，是奶茶飘出的浓浓奶香，还是醇香弥漫的咖啡？

诗有味觉精湛者："梅子流酸溅牙齿，芭蕉分呈尚窗纱。日长睡起无情思，闲看儿童捉柳花。——宋·杨万里《闲居初夏午睡起·其一》"，该诗字里行间将五感觉调动，这就是文字的力量。

本杂志取名"味觉"是因为五感觉（味觉、嗅觉、听觉、视觉、触觉）中最快为人体验的即味觉，引申本刊定位即希望刚刚步入社会的新新人类面对社会中纷繁复杂的信息、阅读与时间碎片化的趋势，树立正确的人生观、世界观。在《味觉》新锐的思想引导与传播下辨识与选择，提升个人正能量，为自己与社会创造价值。

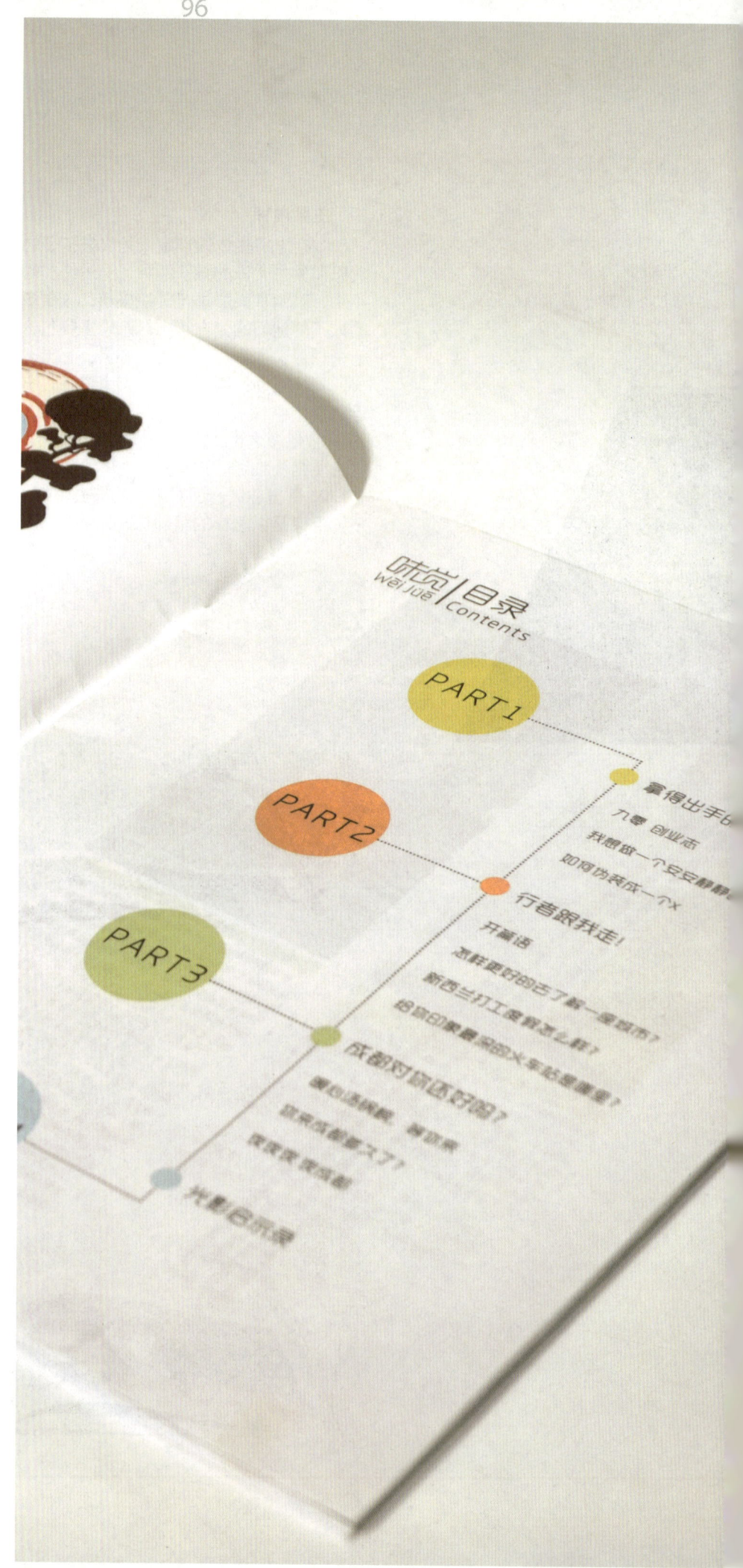

如何伪装成一个X? 》P11　　新西兰打工度假怎么样? 》P25　　你来成都多久了? 》P47

味觉 月刊
wèi jué
让你的世界有味道

2014年10月1日(逢每月1日出版)
2014年第1期(总第1期)
人民币定价 RMB 20元
港币定价 HKD 40元

10月

梅子流酸溅齿牙，芭蕉分绿上窗纱。
日长睡起无情思，闲看儿童捉柳花。
——杨万里《闲居初夏午睡起·其二》

味觉·出品
ISSN 8758-9361

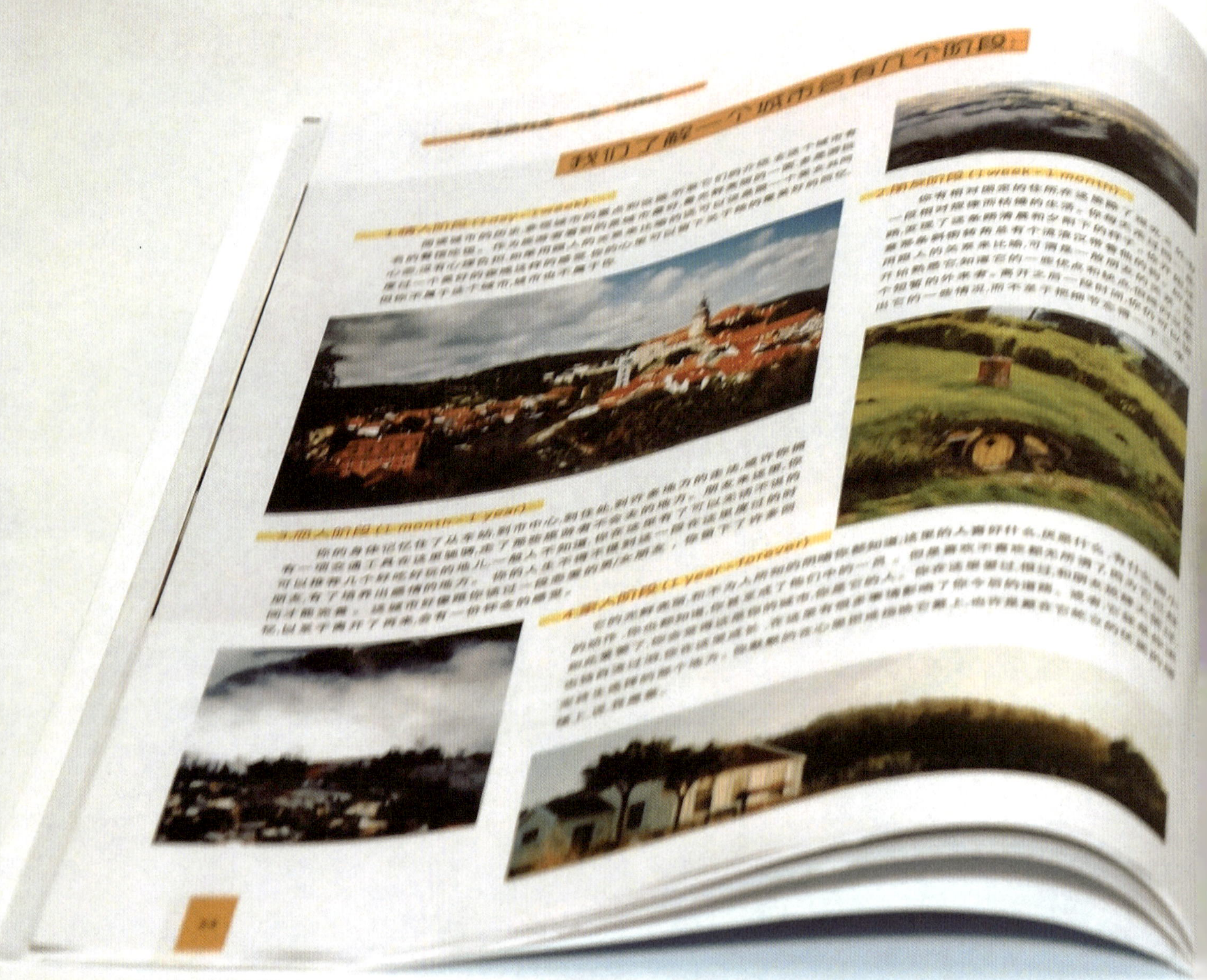
我们了解一个城市会有几个阶段：

主要内容

1. 内容定位：为中国刚刚步入社会的成年人、新新人类量身定制的首本以启蒙与正能量为核心内容的杂志，其宗旨为启蒙、互动、反哺，理念是"让你的世界更有味道"。

2. 受众定位：以90后读者为切入点，同时吸引更大年龄层分布的读者加入。

3. 服务定位：为目标读者提供前沿分类资讯，并在信息碎片化的时代中走精品路线，借用韩寒提出的"One is enough"标语。

4. 形象定位：设计形象大胆，整体颜色鲜明，通过新锐、互动、话题等内容的融合期待为读者带来一场视觉盛宴。

创新点

1. 采用细分定位的营销方法和视觉盛宴的宣传销售模式，不仅细分受众，更依托受众特点进行个性化营销。

2. 填补目前市场关于精准受众相关正能量传播、塑造三观的杂志市场的空白。

3. 已经开发与之相关的新媒体运营微博平台（"味觉|让你的世界更有味道"）、微信平台（"三分钟"），可与读者更好地互动。

4. 初步建立完善的《味觉》团队，包含编辑部、新媒体运营部、外联部、广告创意部等部门，打造权责分明的核心团队。

101

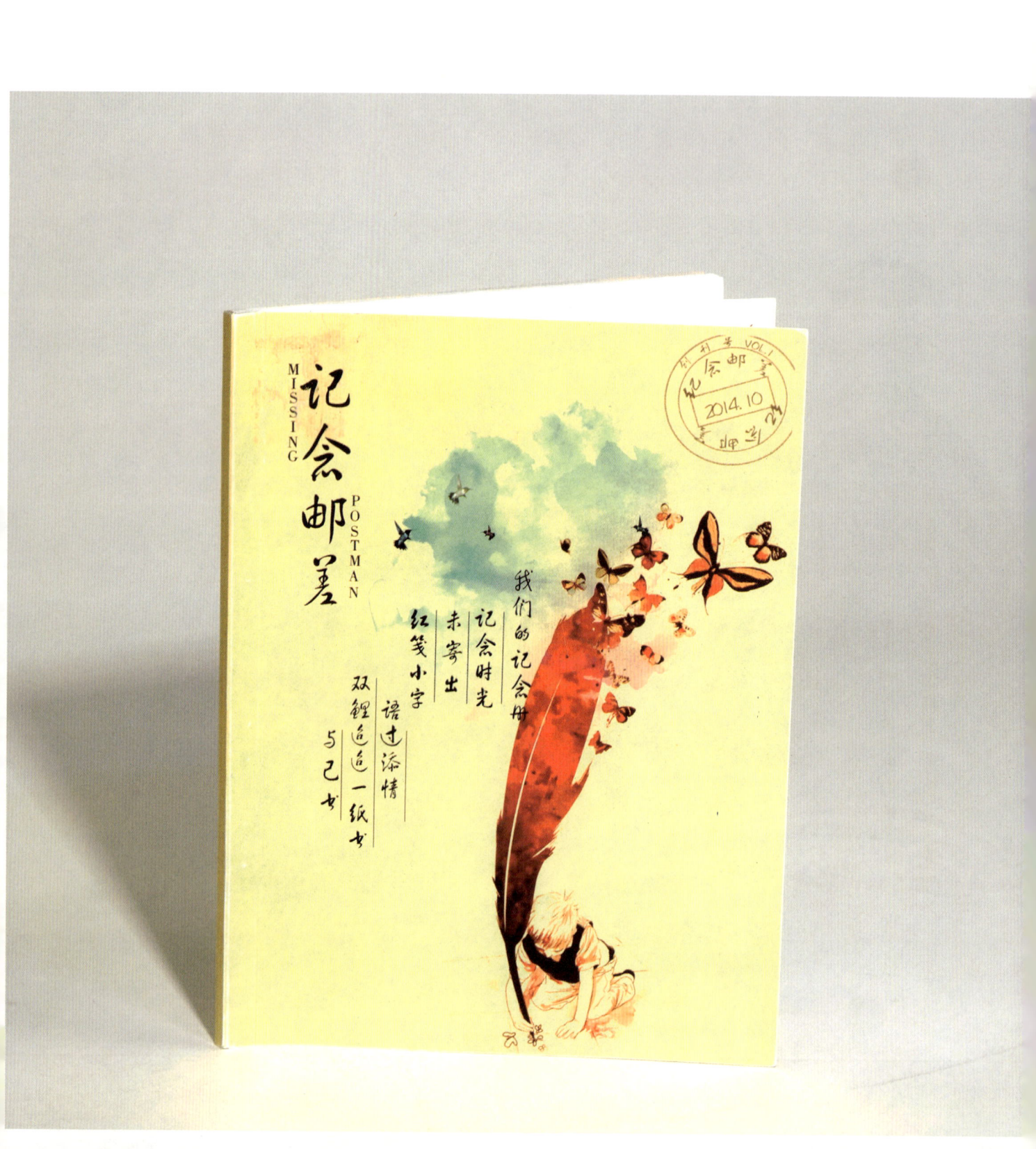

三等奖

作品名称： 记念邮差
参赛学生： 杨云　满雅琴
所在院校： 西北大学
指导教师： 韩隽

作品创意

在网络发展如此迅速的今天，人们已经渐渐地放弃了邮递手写的信件。但正是处于工业化、网络化鼎盛的社会中，人们才会产生更多的情感诉求，而写信这种表达方式更利于人们抒发情感，由此《记念邮差》应运而生。

杂志通过信件的方式表达自己的情感，是分享彼此故事的一个桥梁，也是沟通彼此、传递信息的"邮差"。而"记念"之所以不是"纪念"，是因为作者想更多地表达记述和惦念的意味。作者相信，不论技术如何发展变化，人心不会改变，真挚沟通的需求不变，寻找共鸣的需求不变，纪念生活的需求不变。作者主张在快时代中保持适宜自己情绪的速度，于是决定搭建《记念邮差》这样一个平台，满足人们在网络时代被忽略了的情感需求。

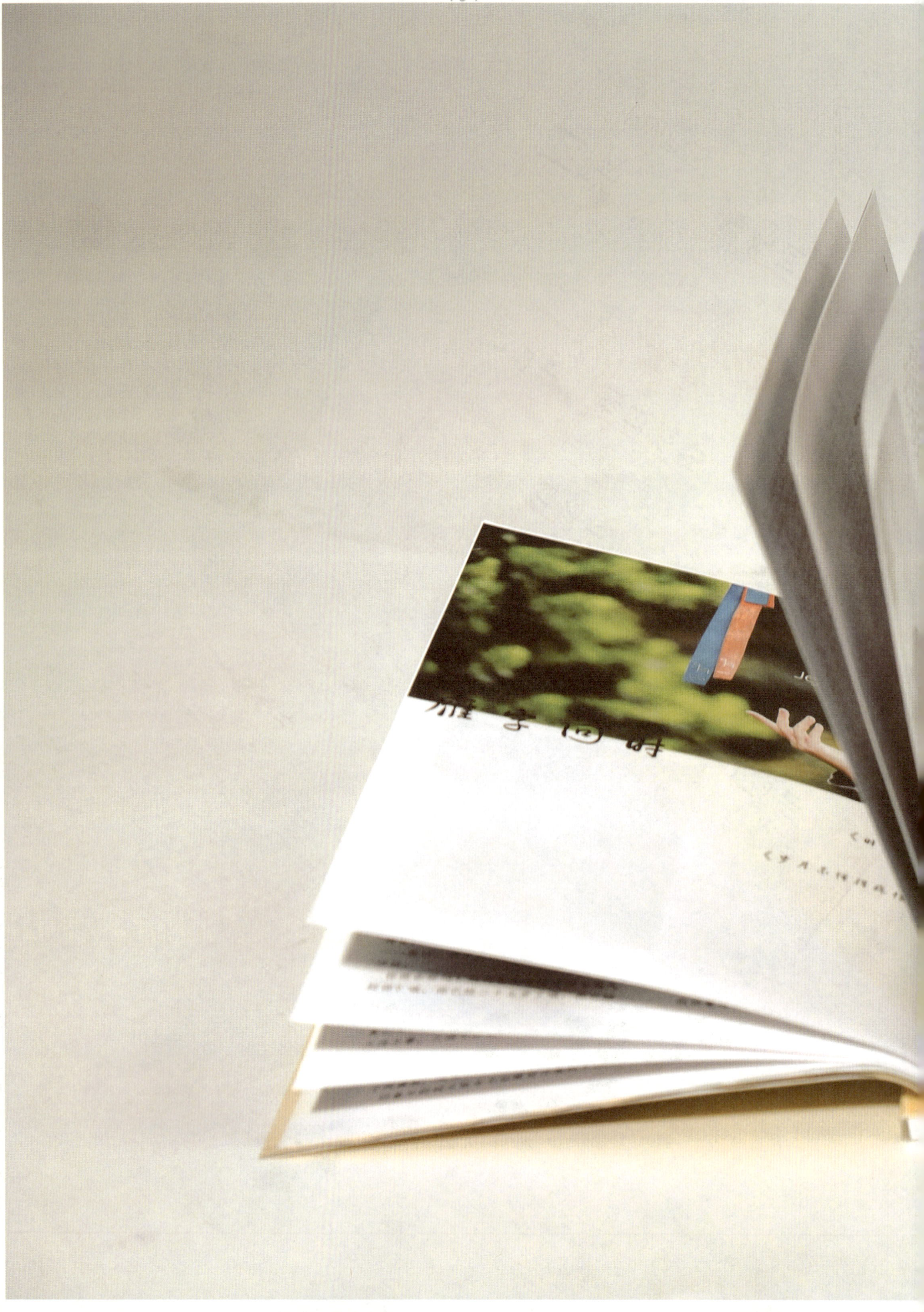

语过添情

本期互动话题并我和我的邮戳

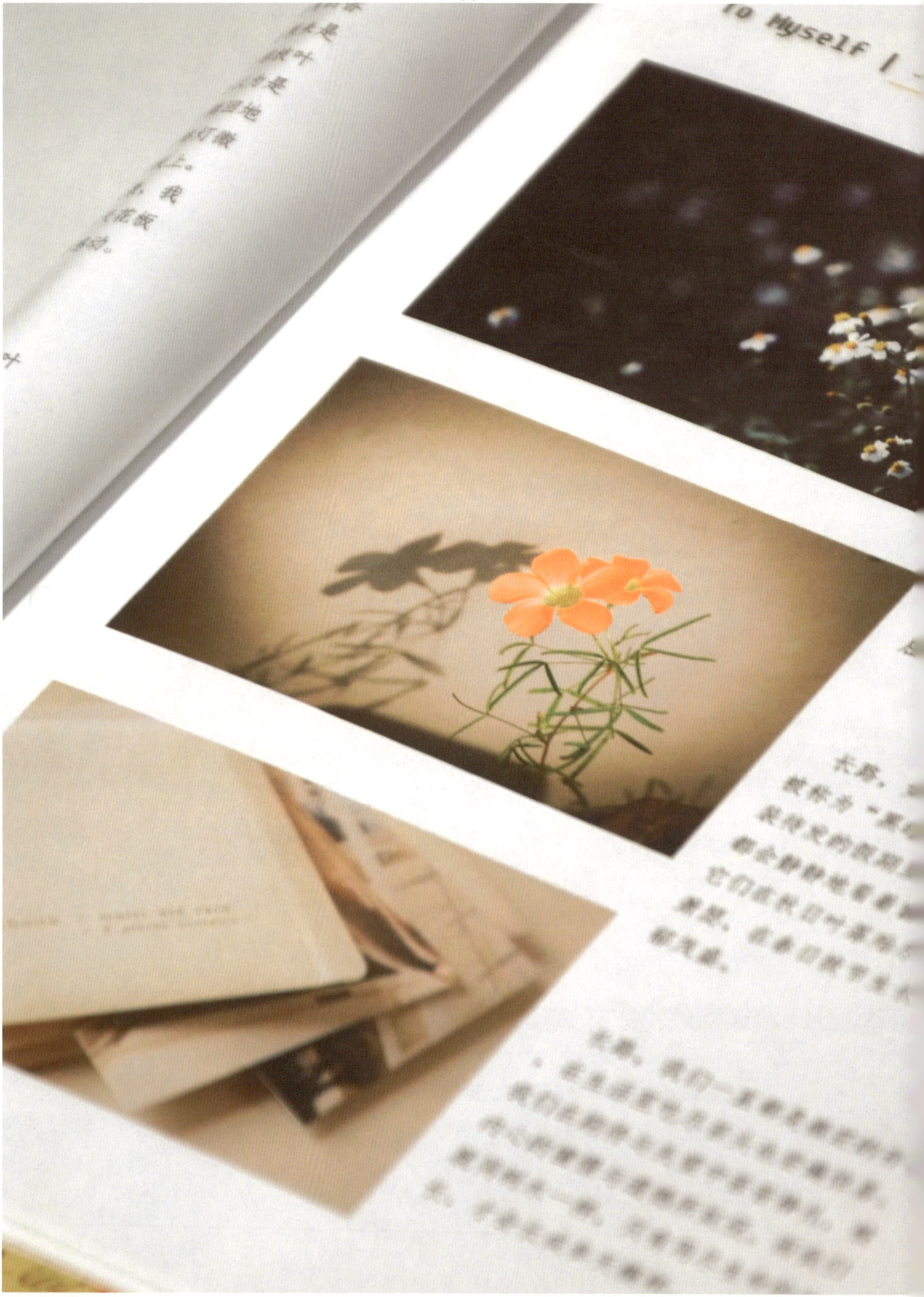
To Myself

创新点

1. 所有征稿文章都要求以信件形式呈现，包括收信人的称呼、文末的祝愿和结尾的落款等。表达方式以第二人称为主，其能更适合抒发感情。

2. 高度的互动性。杂志中的语过添情、记念时光、我们的纪念册栏目等都侧重和读者的互动。每期四个征稿栏目中会由读者评选出最喜爱的一篇文章，并在下一期对文章进行专访。我们运用 UGC 模式，即用户生产内容的方式，更加注重与读者进行互动，并致力于将读者分享的内容更多地呈现在杂志上。

3. 线上线下的通力合作。在豆瓣、微博、微信等社交平台上开展具有特色的小栏目，如微信平台的心事垃圾桶、记念收发室等与杂志内容进行很好的对接，并在日常中维护与读者的黏性。

三等奖

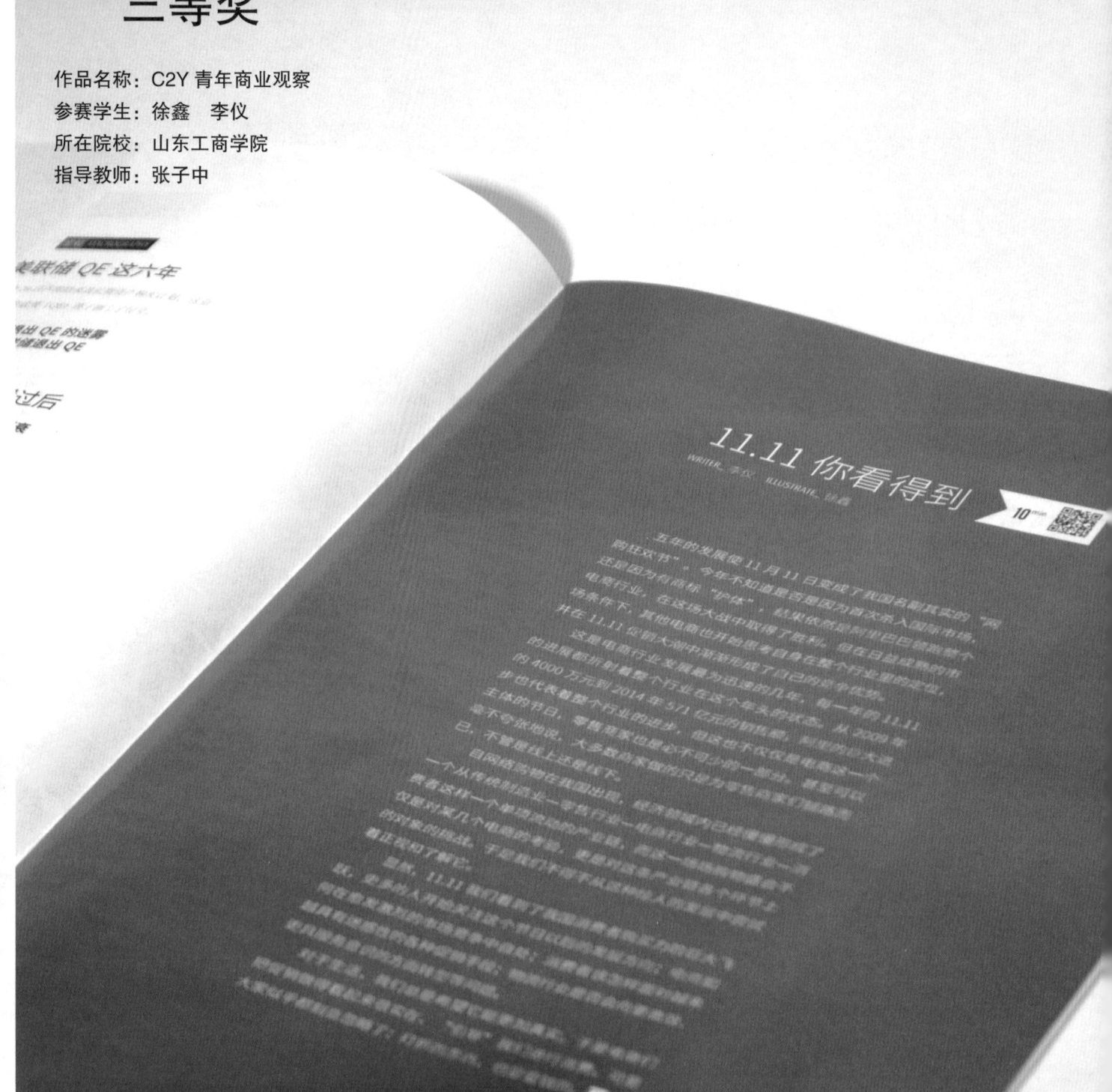

作品名称：C2Y 青年商业观察
参赛学生：徐鑫　李仪
所在院校：山东工商学院
指导教师：张子中

作品创意

经济和金融，早已是人类生活的重要部分，在经济活动史无前例地与现代科技相融合且有愈演愈烈之势的当下，青年人应更有意识地把注意力放在经济问题上，适当培养一定的经济眼光和理性思维，有助于把握行业动态和经济的发展方向。

作者作为财经类院校的编辑出版专业学生，经济学是其必修课，且作者有极大的热忱通过一本杂志让更多同龄人更加自主地参与到现代经济生活之中。考虑当代青年人在电子阅读影响下形成的碎片化阅读和浅阅读的阅读习惯，作者致力于创办一本能够通过独到的观察角度和生动易懂的表达，将短期内国内外重要的财经事件、在半小时内传达给读者的有活力的财经类杂志。

"双十一"不仅仅是天猫的一个商标

WRITER_李仪 EDIT_李仪 PHOTO_Alibaba Inc.

五年的发展历程使得"双十一"的到来俨然成为各大电商提前了一个多月的就开始针对"双十一"进行大量宣传，希望借此机会吸引消费者，拉动消费。

在各大电商都在为双十一做宣传和准备时，有媒体对外公布了一份由浙江天猫网络有限公司独家发布的通告函：经阿里巴巴集团授权，天猫就"双十一"商标享有专用权，受法律保护，此他他任何人的使用行为都是商标侵权行为。此举让在打算和其他商家竞争购物节的创造者今年平打算和其他各大电商自身的影响力和竞争力，"双十一"来袭任何活动，这使得他们不得不作出这对措施，将把"双十一"也电商节作出这对措施。

...（文本模糊不清，无法完整辨认）

"双十一"、"双11狂欢节"、"双11购物狂欢节"等商标已经由阿里巴巴集团注册的商标，但愿京东本身使用"双十一"、注册成功后在法律保护的范围内，也是合法的，并不会侵犯阿里巴巴的权利。同时，使用例如"11月11日"等字样，也是合法的。因为"双十一"可以成为商标的文字展开，但这种行为可手段构成侵权。

但是任何企业都需要遵守诚实信用原则，知识产权就体现了充分尊重、保护、运用知识产权的精神；但是对当事人任意、不同程权的保护。

表示，"我们欢迎任何人来使用的，其实今年我们花了很多心思让很多的商家来参与，包括线下的百货公司的，但是我们坚持一样事情，在双十一节的时候，思要竞争，把自己搞得很累，伤害消费者利益和伤害其他商家，采即一个狂欢日，不要搞成不舒服，这是我们的出发点。"

使得诺基亚在美国和欧盟地区拥有的数专利，每年仅授权就收数亿美元。其后了卖给微软的lumia等外，现在拥有的包括声音在内的商标也都价值不菲。

不过像"双十一"此类有日期含义的商标，果过于宣传造势，难得同行业争相模仿，可未必是好事。一个标志在注册时虽然不是通用名称，但在标志的使用中却可能因为各种原失去商标应有的显著性从而成为一个商业标通步变成普通名词乃至通用名称，一旦发生这种情况商标就要重要被撤销的情况。

虽然，像阿里的口号一样，他们一直强调，"让天下没有难做的生意"，虽然阿里集团用一个商标来保护自己，但是阿里集团CEO张勇也作出了回应，"双十一"永远都

是一个开放的节日，属于一起努力的全体参与者，作为双十一发起者和倡导者，阿里注册双十一商标是自然也是必需的事情，主要是为了"保护好这个节日，难免被恶意滥用。"

思管阿里在获得"双十一"商标权的同时，并没有同时宣布都只用于保护，不用来发起诉讼，但是从张托槿的回应中也可以看出阿里巴巴的态度，他们的"让天下没有难做的生意"的口号也变得更加真实了。

其实，仅仅凭注册一个"双十一"商标，也不可能阻止其他电商或者竞争者，并让他们还是会想出跑出不同的法规来。毕竟当代的商业及其环境是无止境的和开放的。如此消费者就不担心"双十一"商品价优廉物美，自然，他们注册，落实上强化电商的服务。做生好，他们的做生意。

创新点

1. 杂志始终贯彻"半小时阅读"理念，通过控制图片和文字的比例、文章内新名词的使用频率以及各个栏目的内容深度做到让大众读者能在半小时内把握一期杂志的关键内容。

2. 设置"SmartMark"，在每个系列文章标题处标明"推荐阅读时长"，以便读者更加精确地支配阅读时间。受版面容量限制，许多优秀的文章不能完全呈现，因此"SmartMark"还包含二维码，读者只需使用移动设备扫描即可阅读当篇文章及更多同一主题文章。

3. 在为便于阅读而优化设计的版面上，读者可以专注于文字内容，无须为广告和其他项目分心，享受如同纸质杂志同样的愉悦体验，同时方便的书签功能让读者在设备间无缝畅游，也可轻松推送到社交网站与朋友一起分享。

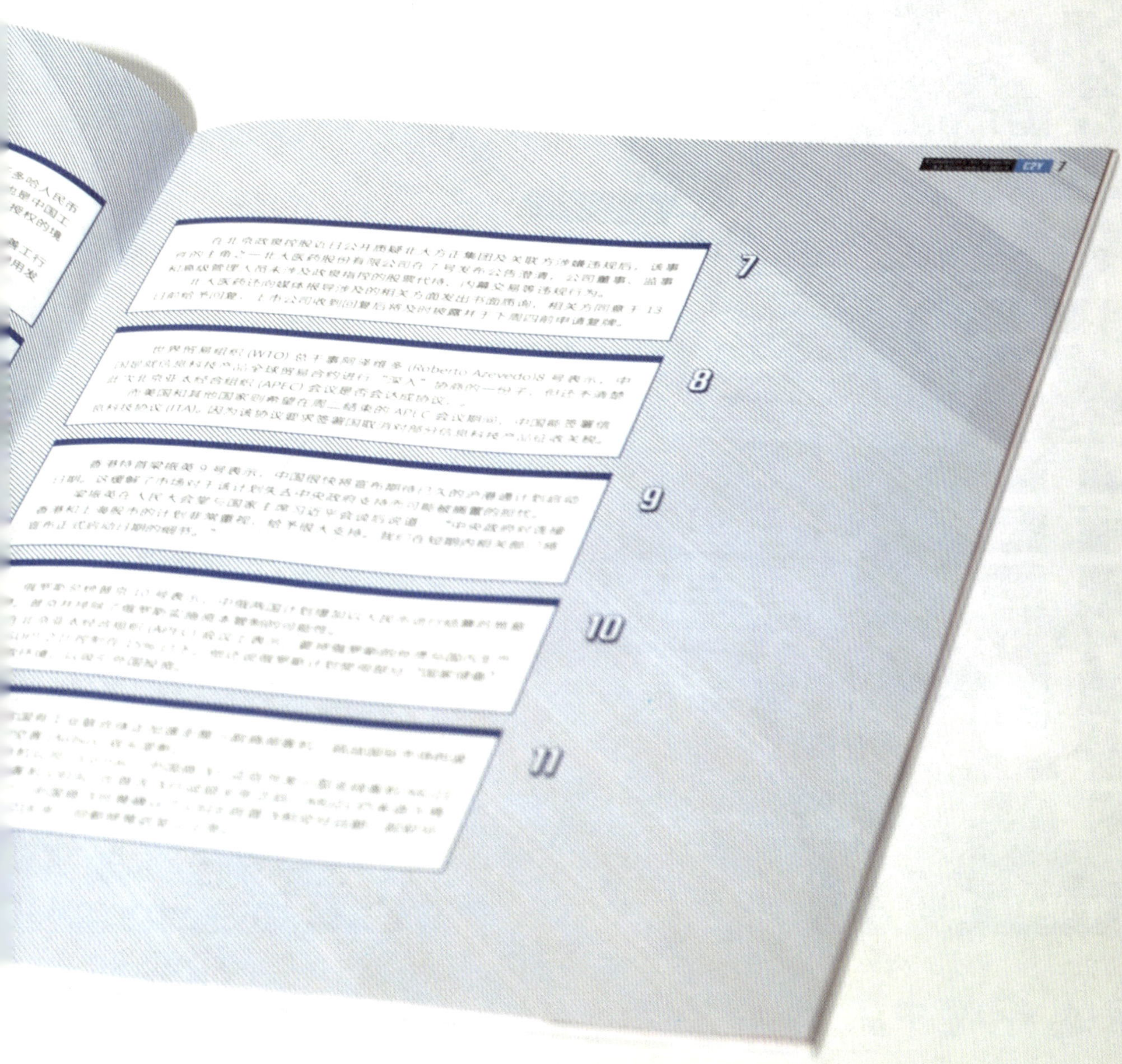
7
8
9
10
11

河北经贸大学团总支主管　河北经贸大学主办

花样年华

2014年第十二期

旗装雅韵

时光深处　记忆中人

淡淡的旗袍　浓浓的中国美

2014年新娘旗袍造型

窈窕淑女　灼灼其华

遇见.庄容

河北经贸大学出版社

窈窕淑女 灼灼其华

《午夜蝴蝶》

内地青年演员王若涵一改往日清新纯美形象，在剧中饰演一个周旋于男人之间的舞女角色——黑玫瑰。

首穿旗袍展示其好身材的她，在旗袍衬托下，温婉惊艳，尽显东方女性之美。

《黄金时代》

此图为黄金时代觉醒系海报中萧红（汤唯饰）穿着旗袍吸烟的画面，灰黑色系的基调更凸显了旗袍加身的汤唯那一股子清冷不羁的气质。

危险关系

张柏芝在危险关系的造型上堪称完美，复古旗袍勾勒出曼妙身姿。光与影的交错中，情感的阴谋也阻止不了美人倾城。

在世人惊艳的目光中完美再现了民国时候老上海的风情万种。

三等奖

作品名称：花样年华
参赛学生：沈迎春 李秋艳 李艳双
所在院校：河北经贸大学
指导教师：刘玉清

作品创意

在当今世界交融的时代潮流下，中国的传统文化受到了很大冲击，其中包括中华民族的传统服饰。而旗袍作为中国的传统服饰之一，从清朝入关开始历经百年，其本身蕴含着丰富的历史文化和中华风情。

基于此，作者期望通过《花样年华》杂志向大家展示中国传统服饰的韵味，并将其与中国博大精深的传统文化结合起来，有诗有文，有时尚有潮流，更有古典传统的人文气息，跟随历史的脉络将服饰本身所蕴含的精髓挖掘出来，让人们在穿衣的同时能与衣服本身更加契合，内外兼修。

活色生香

摇一把檀香扇
着一袭雪青色旗袍
傲然独立在世人惊艳的目光里
她却不在意
窈窕如画
兀自绽放着阵阵芬华
流年里的暗香浮动
几经波折
战乱纷飞声色犬马的年代里
生活的苦涩淡淡散开
氤氲了眉眼
她依旧不在意
只在岁月倾城的烟雨里款款而来
步步生花

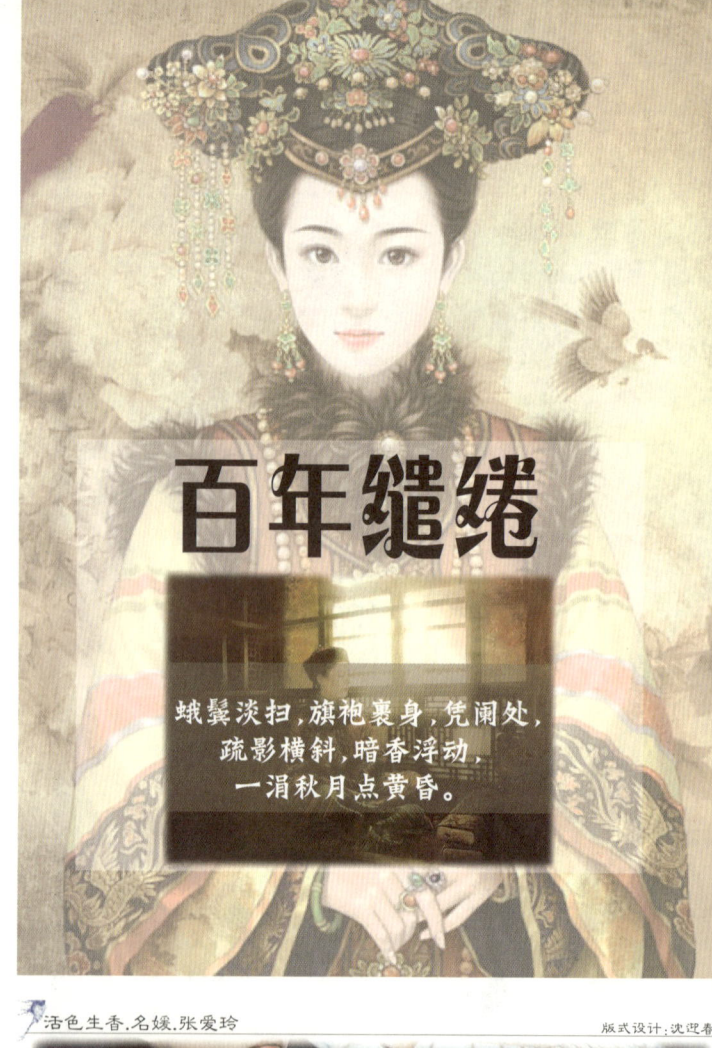

百年缱绻

蛾鬓淡扫，旗袍裹身，凭阑处，
疏影横斜，暗香浮动，
一涓秋月点黄昏。

时光深处，记忆中人

导语：在那样一个纷乱如麻的年代里，有么一群貌美如花的女子。她们踏着清风而来伴着落日而去，巧笑嫣然，倾国倾城。如今的我们已然无法窥见她们的全貌，只能在些许老旧照片中去找寻那个时代记忆中不朽的芬芳，那些如烟花绽放的姑娘。

[以下图片皆来自网络]

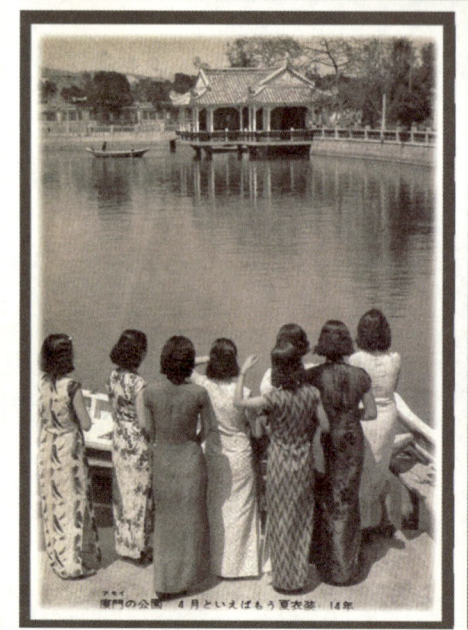

活色生香·名媛·张爱玲

版式设计：沈迎春

旗袍下的花样年华

文／杜者之泉
图／倾城网

对于穿旗袍的女人形容其以优雅，来自于张爱玲对于她的印象，我这么多年只有一个。在人潮茂密的上海滩街头，一个身穿旗袍的女人站在车水马龙里，不如附和，可一个鸦鸿一瞥般的回首，那张不经岁月洗礼妙曼般的脸庞，给这个后来的尘世留下太多的华丽与遗憾。

那一段岁月叫做民国，中原遍地的战火掩盖了上海滩日日夜夜纸醉金迷的声色犬马。在这个小小的一隅，有一个名字，她不会去关注民生与政治，她只会关注最简单的日常生活。她也顾影自怜，她也天马行空，她更是沉溺在自己的想象里，去感觉所谓的生活。

昨日华美不能再现，我们只能一次次在荧幕上各体会那段生活所给予我们每个人的印象。我看过了《花样年华》，方知那种岁月的基调，在扭长了胶调的音乐里，每个人演奏自己的那出戏。此时此刻，在上海某一栋公寓里，年轻的张爱玲用着眼睛，把自己当成是笔下的女主角，沉溺在油墨的生活遐想里。她是那种疆的家变生活的人，也是那种会创造有趣生活的人。后人看她那些小说，《十八春》或者是《倾城之恋》，所能跃然纸上的都是她建基在华丽的火华下，一颗颗跳跃的灵活的心脏。那些有意思的对白，源自于张爱玲某一次和女友的聊天或者是看过的书里的一段描白，就往往，那便是生活。她把那所有生命的浓烈与光华，付诸笔下，五光十色地描绘着关于那些生命未来的蓝景。

我们之所以能够跨越时间和空间去读懂张爱玲，因为我们每个人的内心都有一个对于"小资"的渴求。温她之后，想泡咖啡馆，看着窗户外面的人流，听着温暖的音乐，隐着香浓的咖啡。所谓的小资情调，简单一些，就是如此不依附华顺地存在。那是一种生活，而张爱玲，已经用她的眼睛，带着我们各打量着她的生活的追求。一本本她的散文集摆在我的案头，偶尔翻阅几句总是不乏惊手，因为对生活理解得过于彻底，我总是会和她的文字相视而笑。张爱玲谈女人，她说女人真害密，外科医生无法解剖她们的良心。张爱玲谈爱情，她期望的遗是是"于千万人之中，遇见你要遇见的人。于千万人之中，时间无涯的荒野里，没有早一步，

也没有迟一步，遇上了也只能轻轻地说一句，你也在这里吗？"张爱玲对于生活，是是带着女人特有的尖锐的感性，然后加以理性普通地去认识，她说，因为懂得，所以慈悲。

于是千千万万的言语倾自其笔端。那一袭优雅的袍子上是开着绚丽的牡丹花。在上海滩、黄浦江水夜夜日日奔走，剩下的为数不多的传奇里那一个便是关于张爱玲的夺目芳年。这是于遇见胡志成，不知道是悲是喜。鲁也是遇见能领懂自己的人，还爱着自己。爱玲写下，世界上最幸福的事，便是遇到自己爱的那个人他刚好在爱着自己。胡兰成，胡兰成是爱过她的，至于爱到什么程度，有没有低到尘埃里开出花来，那些已不重要。可是想的是张爱玲千里追送地去寻觅他，并且找到了他，我想，那次被拒绝，她底话吞了多少眼泪才能够强颜笑走出她的生活，并且从此断绝来往。人生中最悲哀的事情莫过于爱着却不能在一起，比之更悲哀的是，开始怀疑那个男人之前究竟有没有爱过自己，还是，那只是他的场场作戏而已。

生命是一袭华美的袍子，上面都爬满了虱子。《天才梦》里有点预言式的倾想都成了张爱玲一生真实的写照。那一袭旗袍如今依旧鲜艳亮丽。那些文字还是继续在这个汉字的国度被无数喜爱得得人读着，并与她达成心灵上的沟通。只是她那孤乳子的遗憾是得得下半生的颠沛流离，感情的游离，生活该不能亲密。一个人在他乡故国孤单地死去，一个传奇却永生不能改变。

复古风

2014年的旗袍新娘造型

（图文来自网络）

主要内容

本期向大家展现的是一本专刊，名为旗袍风情，主要是向大家介绍中国的特有服饰——旗袍，带读者走进旗袍的世界，了解旗袍的历史和发展演变，领略旗袍这一经过了几百年的沧桑巨变至今仍让无数女性着迷的东方古典服饰，让更多的人体会到旗袍作为中国服饰的名片所代表的传统文化和民族自信。第一部分为"百年缱绻"，带读者回溯到旗袍自清朝产生时期的历史，讲述与旗袍百年的爱恨纠葛。第二部分为"活色生香"，这个温馨暧昧的词语囊括了旗袍最关键的发展演变时期民国时期的所有特点，在那个战乱纷飞风云巨变的年代，旗袍自有暗香浮动，点缀了无数倾城佳人。第三部分为"倾城佳人"，这一部分主要是讲现代的旗袍，也是本杂志的重点内容。第四部分为"东方古典新娘"，这一部分主要是讲新娘旗袍装，可以说是旗袍发展的延生，新娘旗袍装是时代发展的产物，是顺应时尚潮流的结果，越来越多的婚纱设计师把旗袍中的中国元素融入到新娘嫁衣中，新娘旗袍装已然成为时尚的宠儿。

创新点

1. 本刊不仅仅富有时尚元素，也不单单只介绍传统文化，而是将两者有机结合起来，使之相互交融，兼收并蓄。

2. 在版面设计上根据旗袍发展的不同时期安排了与之相对应的风格，总体来说是介于文艺风格与时尚风格之间，图文并茂，有诗有文有故事，赋予服饰本身更多的人文气息。

三等奖

作品名称：乐跑
参赛学生：丁海伦　褚俊杰
所在院校：上海师范大学
指导教师：王月琴

作品创意

消费主义的时代，超越一般实用性并达到人文关怀高度的数字出版物是一种稀缺资源。《乐跑》作为一本致力于推广跑步文化的生活类电子交互杂志，其选题的意义在于从数字出版物中体现人文理念的诉求。"创意为王，人文为先"是立身之根本，"信息搭台，交互唱戏"是数字出版物活力的源泉。读者消费的并非是电子书本身，而是在这个平台上，展现出来的社会群像，以及在人文情怀的诱导下所实现的自我价值。《乐跑》正是要以这样一种形式，去探索数字出版物的发展途径。

这是一本以跑步为主题的交互式电子杂志。作者想通过这本杂志让更多的人了解某件事情的本质内涵，不仅看表面，更看重实质所在，看到不一样的事物。挖掘少为人知的地点等，拓宽展望世界的新视野；挖掘深度，拉近人与人、人与世界的新关系；挖掘不同的观点，打开一个思考人生的新思路。

01 乐跑&编辑理念：

一本好的跑步杂志，首先一定是实用的。消费主义的时代，超越一般实用性并达到人文关怀高度的新媒体是一种稀缺资源。
"创意为王，人文为先"是立身之根本，"信息搭台，交互唱戏"是电子书活力的源泉。读者消费的并非是电子书的本身，而是在这个平台上，展现出来的社会群像，以及在人文情怀的诱导下所实现的自我价值。

02 乐跑&内容规划：

倡导"快乐奔跑"，内容涉及**跑步路线、跑步健康知识、跑步文化、跑步装备**等方面，以大众且不乏生动的交互设计来展现，帮助跑者达到瘦身和追求个人最好成绩等目标。是一款致力于推广跑步文化的生活类电子交互杂志。

03 乐跑&实用性体现：

· 最科学的跑步指南
· 最人文的跑步哲学
· 最in的跑步时尚
· 最期待的赛事组织

《乐跑》交互式电子杂志创意方案

编辑理念 ⇨

内容规划 ⇨

实用性 ⇨

创意设计 ⇨

平面视觉表现 ⇨

05

乐跑&平面视觉表现：

版式风格采用的是轻松的矢量图形纹样，纹样的加入作为一种固定图案，借此丰富视觉效果。设计方法上大量留白，在黄金分割点上突出主题物。

04

乐跑&创意设计：

实现文字、图片、声音、图像、视频的有机结合。
表现方式：Indesign CS6 交互面板

1 与国内其他杂志的比较

传统出版物方面，国内的跑步类杂志非常少，除了《跑步者世界》之外几乎没有在圈内树立口碑的杂志。而大部分针对跑步爱好者的杂志，多半都是以引导专业健身为目的，或是在膳食搭配、服饰装备有着一定侧重和策略。

传统跑步类杂志的核心概念，始终局限在健身的理念。

2 内容规划

1. 文章实用短小

文章主打实用以及短小文章，且注重版面设计。

1　创意设计

1. 多重表现形式

针对如何定位翻阅形式和动画播放风格进行了分析验证，最终确定以鼠标触及感应区域进行自动翻页的形式来模仿生活中的真实感。每页动画表现形式都不同，避免同一种形式太多运用，会产生视觉疲劳。

主要内容

主要分为跑步路线、跑步装备、跑步文化、大型赛事回顾、跑步类 APP 分析等版块。

1. 跑步路线以北京、上海两大城市为主。选取有代表性的适合跑步的地点，配以图片和路线指示。

2. 跑步装备针对的主要是一定程度上缺乏专业运动基础和肌肉力量的非专业跑步爱好者，可以保护他们尽可能地减少运动伤害，并得到更好的运动指导

3. 跑步文化主要从书籍和影视两方面，介绍由跑步引申出的文化。无论是村上春树在跑步时的感悟，还是汤姆·汉克斯演绎的励志故事，这些与跑步相关的文化都能与每一个跑步的个体，即"奔跑着的读者"发生共鸣和互动。

4. 跑步赛事回顾，这一部分回顾了上海和北京的马拉松大赛，从马拉松精神出发，倡导健康的生活方式，提高人们的锻炼意识。

四大版块的内容力求简单明了，符合精明大众群体快节奏生活、注重实用性和数字出版物的阅读习惯。

2　创意设计

2. 智能按钮

书中出现的相关动画和视频都设置了智能按钮，让用户根据所需进行点击，控制动画及影片的播放停止及其它功能。控制运用脚本语言编辑好的互动设置，体验电子书带给人的娱乐性。

3　创意设计

3. 探索型设置

《乐跑》的每一处都经过精心的交互设计。"点开就有惊喜"，让读者充分享受到阅读电子书的乐趣。

创新点

1. 整体排版上概念鲜明、风格一致，色彩、文字、图片的搭配合理，简洁明朗，信息传递准确，容易让读者抓取核心的内容，提升阅读趣味。

2. 内容安排上精挑细选，注重实用性。文章短小，风格亲切睿智。

3. 设计上以 Indesign 为主，实现文字、图片、声音、图像、视频的有机结合。

4. 版式风格采用的是轻松的矢量图形纹样，纹样的加入作为一种固定图案，借此丰富视觉效果。设计方法上大量留白，在黄金分割点上突出主题物。

三等奖

作品名称：时刻关注
参赛学生：杨春雨　吕宜岭　王金腾
所在院校：济南大学泉城学院
指导教师：张子中

作品创意

在国内有许多我们不知道的事情正在发生，不一样的人做着不一样的事情。跟随"热点在线"，读者可以接触到新近发生的或最值得人们去关注的热点话题；通过追随"专家评论"，读者可以收到最权威的时事评论；尾随"镜头"我们可以感触到最振奋人心的现实事物。

作者将这些事情真实地记录，深度报道剖析，还原事情的本质，关注大众对此的态度，传递社会的正能量，关爱各大群体。此外，该杂志为广大读者提供了一个了解不同人生的平台，使读者从中感悟，体验不一样的精彩人生，感受不一样的人性美，了解大千世界值得关注的人与事。

目录 contents

卷首语		在时间的旷野里
热点在线	01	失独者笛妈
	07	一位空巢老人守望的幸福
专家说事	09	空巢老人：不该如此死去！
	11	排开忧郁　别让老人孤独
镜头	13	脆弱的空巢
学生视角	17	我的三下乡印象
	19	温情暖夕阳　我们在路上
观世界	20	关注老人：各国放大招
	22	不服老的美国老人都在忙啥
杂文	23	回忆母亲的爱
	26	长寿之谜，百岁老人养生秘诀盘点
	29	四对孤寡老人喜结良缘

时刻 关注

2014年11月
总第1期

"温情暖夕阳,
　　我们在路上"

海滨西路出版社

一位空巢老人的幸福守望

望着全家福的这位老人叫耿爱民。照片中的两个年轻人是他的儿子和儿媳，两个人都拿到了美国公司的OFFER，年前去了美国工作，这成为了耿大爷最大的骄傲；大爷接到儿子的越洋电话，得知儿媳妇已经怀孕，儿子兴奋的声音感染了他。家里有两张存折：一张是他多年的积蓄；另一张是儿子出国前给他留下的10万元生活费，因为觉得这是儿子的辛苦钱，他一分也没有舍得花。

下午出门散步，邻居苏大妈告诉耿大爷，她在银行买了一个理财产品，利息要比普通存款高。这让从来没有想过理财耿大爷动了心。就这样他一刻也没耽误，带着存折到了银行。经过咨询，耿大爷对自己设定的理财规划很满意，办理了这辈子第一个理财帐户。耿大爷很高兴，他说，等小孙子要生的时候，他要拿这里的钱，自己买飞机票去美国，不给儿子增加压力。一年后，耿大爷如愿同远在美国的儿子一家团聚……

一年前，耿大爷守望的是一张全家福的照片，现在他守望着的是幸福。

对于儿子和儿媳妇都在国外的耿爱民来说，两张存折，一张全家福几乎就是他枯燥晚年生活的全部。似乎只有每天多看几眼墙上的那张全家福，耿大爷才能感受到儿子儿媳妇还在自己的身边

2013年1月22日，张金菊举着女儿段添明的照片。女儿今年30岁，毕业于湖南中医药大学。因为爱情，女儿在两年前离家出走至今毫无音讯。出走时，女儿还是有病在身的，爱情的失败使女儿大脑受了刺激，已不能像正常人一样，女儿可能就是因为这个所以才找不到回来家的路。

58岁的张金菊，湖南郴州人。老人捶着胸口哽咽道："丈夫1979年才回到长沙，之前被下乡18年，在下乡的时间里丈夫因劳累过度，再加上生活条件又不好，回来后一直生病，在2008年的时候不幸离世"。现在老人自己一个人，每当提起丈夫和女儿的事，张金菊总是泣不成声。

电脑是女儿在读大学的时候爸爸给买的，之前女儿在身边的时候，教过自己一些怎么使用电脑，只是不知道是因为年纪大了，女儿教的都忘记的差不多了，现在也只会使用最基本的。张金菊说，每天看着电脑就像是女儿在自己身边。

老人住的地方离自己的小商品店面大概有一里路左右，每天早上，下午3点钟左右回去吃中饭和晚饭，晚上再回去住房睡觉。

老人住的地方是别人阳台下面修建的一房间，每个月的租金是200元。张金菊说，前自己有吃过低保，后来他们说做生意不能底保"。为了省钱她蜗居在这个既潮湿又黑的小房子里。

老人一天只吃两顿饭，早上出门吃一顿午3点回来吃一顿，晚上回来便就直接睡觉了当说起为什么一天只吃两顿饭，张金菊邓振默了片刻，"没有其它的收入"。

2013年1月22日，湘江边上，一个不到平方的小门面，张金菊开始着一天的"生意

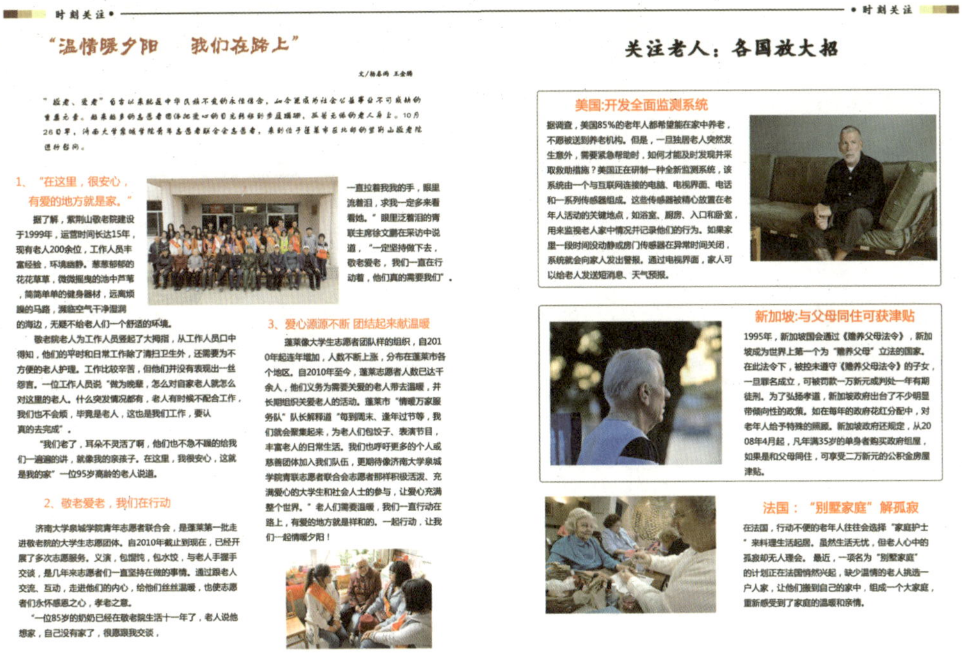

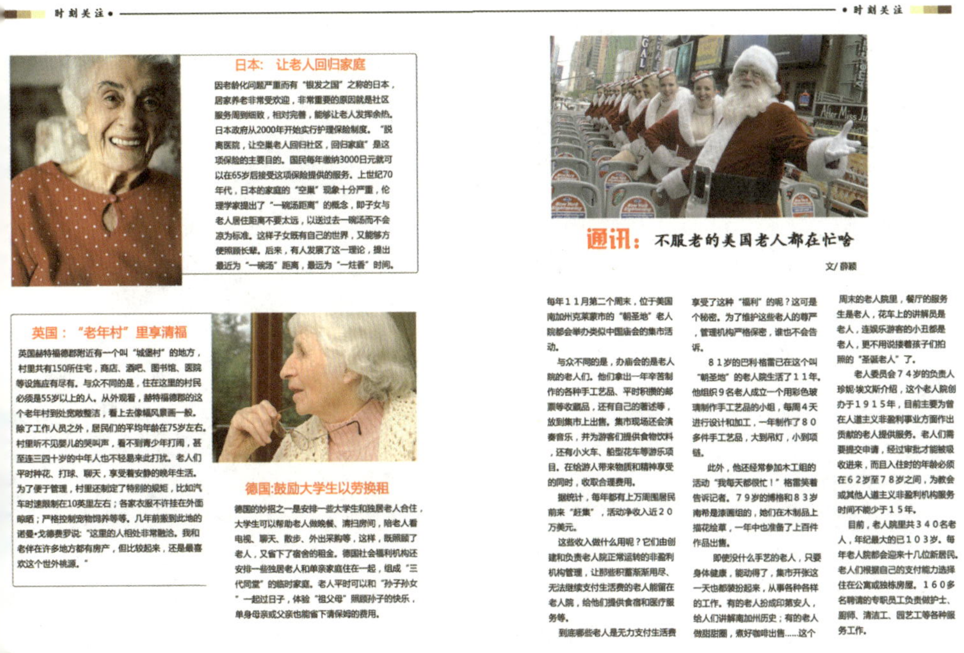

主要内容

《时刻关注》是由三位在校大学生，于2014年11月创办的一个集真实性、知识性、趣味性、故事性、科学性为一体的、具有教育意义的连续出版刊物。

1. 读者分析：以学历高中以上，社会中的大多数白领或者大学生，或对本刊的内容感兴趣的读者为主要受众群体。这些读者关注生活，对世界上的种种人或事抱有好奇心与求知心。根据最新的数据，全国有51%的人对社会的发展和别国的社会是有关注的，作者通过努力抓住这一点，使得读者认可，热爱本刊。

2. 在体裁上，以散文式的评论为主，少通讯；在题材上，以社会新闻、传奇人生和需要我们呵护的弱势群体为主做纵深报道。坚持客观公正的立场对时事进行应有的评价，坚持关注社会现实和社会公正，这是本刊的核心所在。

3. 在题材继续关注弱势群体的同时，也更多地关注市民阶层，加强关注市民阶层关心的话题，比如教育、保障、福利、环保等；还关注北漂的人、大学生等这一类的群体，从而提高本刊的受众范围。

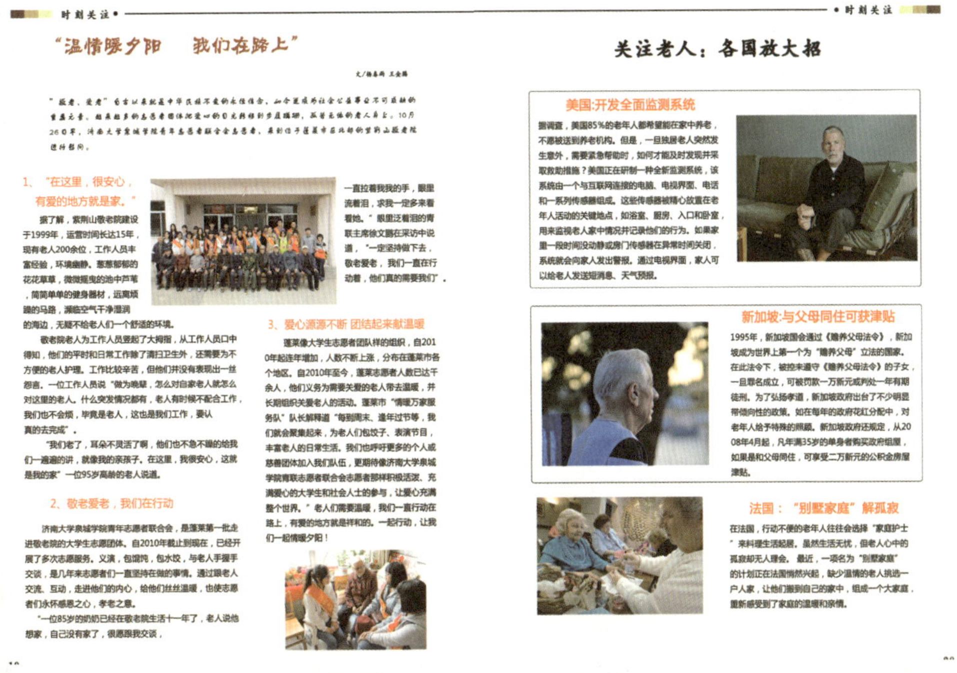

创新点

1."关注最新最热事实的根源与发展"是期刊的口号。响亮的品牌口号是媒体市场定位的宣言，是迅速建立品牌认知的有效工具。此期刊创办的开始就有自己的品牌口号，当然随着时间的推移和市场的竞争，期刊的口号也会跟着变动。

2.《时刻关注》以大胆、锐利的视角对事态进行犀利分析；大胆运用图片，以视觉冲击震撼读者的心灵；以快速度、多角度、准确的选题撞击读者的心灵。

3. 在"传播消息，关注生活，服务社会，传递正能量"方面吸引读者。

4."做一份成熟又不失年轻活力的期刊"是此刊在众多市场竞争中的优势。

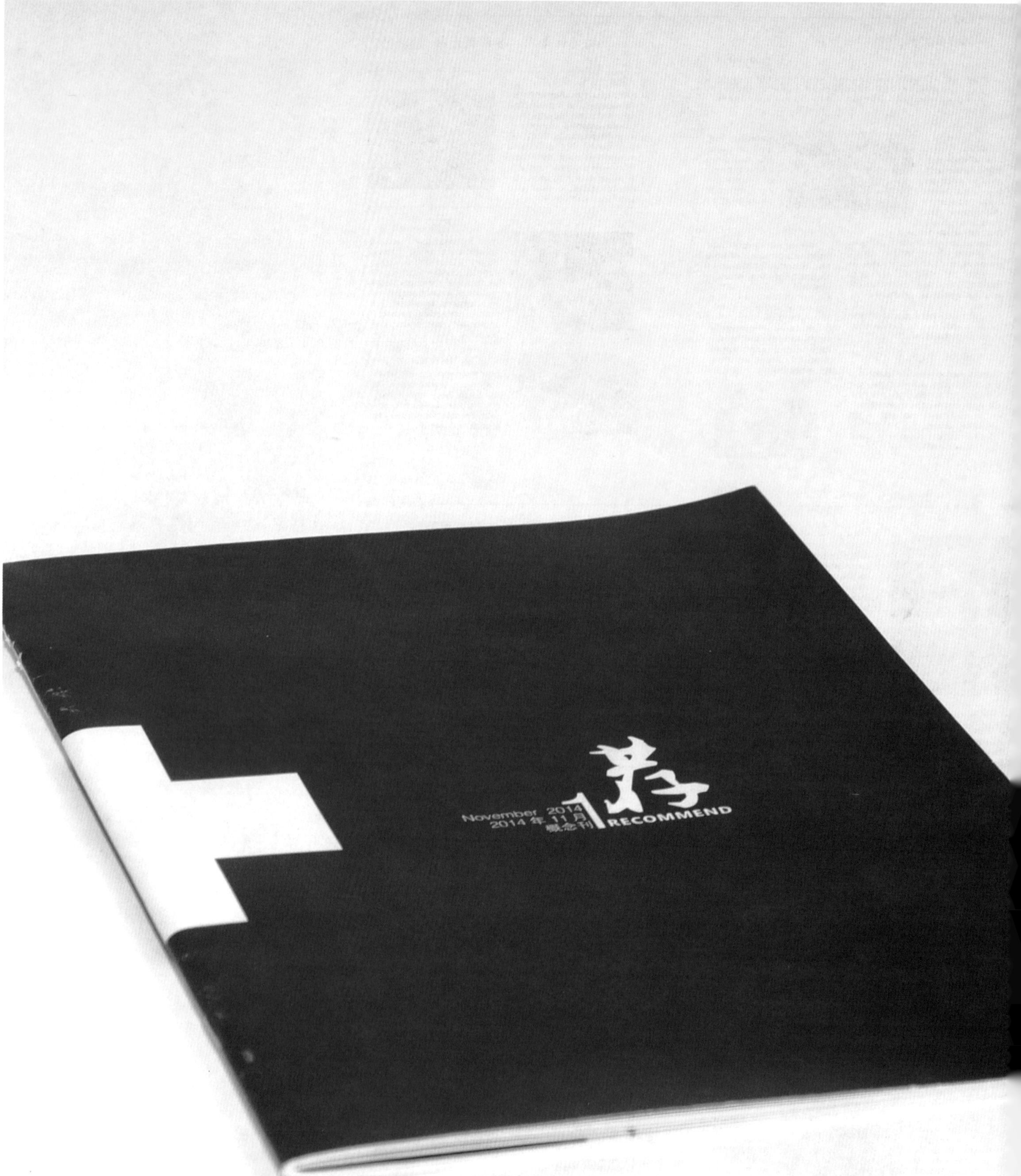
November 2014
2014年11月
概念刊
荐
RECOMMEND

优秀奖

作品名称：荐
参赛学生：唐双连　李欣蔚　刘金陈
所在院校：四川大学
指导教师：白冰

作品创意

人对于书的需求，自古便极为强盛。"书中自有黄金屋，书中自有颜如玉"也一直被奉为信条，影响一代又一代的人。而时至今日，中国每年图书出版数量超40万种，种类庞杂、书目繁多，图书质量也良莠不齐。到底"应该看什么书、看什么类型的书"就成为了一直困扰大众读者的问题。《荐》杂志的策划和设计正是出于这样一种考量，作者希望通过杂志这样一种更具思想和内涵的小众传播媒介来与读者交流关于书、关于文化的故事与见解，从而给读者的阅读提供选择和参考。

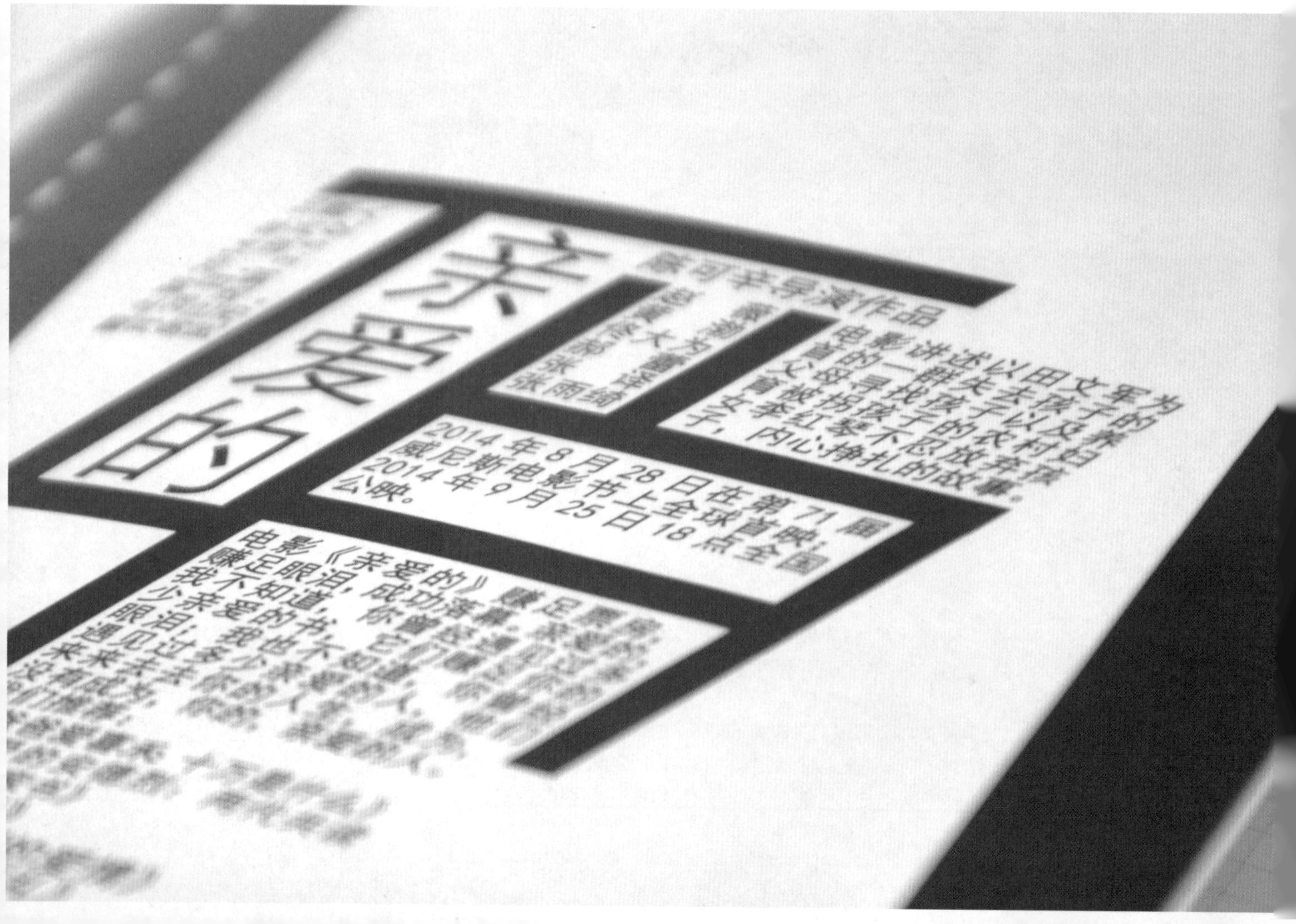
亲爱的
陈可辛导演作品
2014年8月28日在第71届
威尼斯电影节上全球首映;
2014年9月25日18点全国
公映。

主要内容

杂志宗旨：读书好，好读书，读好书

杂志栏目："驻足""路过""静坐""漫谈""拓荒""交游"

1. 驻足：在书的世界里，让时光停驻。
2. 路过：路过这十个故事，愿有所得。
3. 静坐：（一个书店）。
4. 漫谈：（一个作者）。
5. 拓荒：对时下文学作品中较为流行和普遍的文化元素做出介绍和解读。
6. 交游：刊载读者来信、读者相关读书笔记以及本杂志的征稿启事等。

创新点

1. 选题创新：市面上目前尚未出现专注于推荐书籍的杂志，但市场上却有较大需求。
2. 风格创新：摆脱百科式枯燥的书籍介绍和推荐模式，力求以事感人、以情动人。
3. 设计创新：本杂志区别于市面流行杂志的多色彩、多版面的设计，以简约为宗旨，黑白为主色调，时尚而富有底蕴。

优秀奖

作品名称：《新传播》毕业生特刊
参赛学生：俞世翔
所在院校：浙江传媒学院
指导教师：王武林

作品创意

由于毕业季的到来，出于对优秀毕业生的鼓励并满足用人单位了解优秀毕业生的需要，以及鼓励其他年级的非毕业生这三个目的，作为校园内部刊物的《新传播》特创作毕业生特刊。

新传播

罗盘：多看书，多拍照。

马梦媛：你要面对它，然后解决它。

南桥：人无远虑，必有近忧。

倪婷：不要饿着自己。

甄博宇：活在当下。

钟杨申正：吃好喝好睡好。

王良玉：活得开心。

王润琦：不怕做不到就怕想不到。

王雪欢：明年北京见！

王毓：随梦所愿，随遇而安。

吴雅雯：志存高远，脚踏实地。

夏露：还年轻，还有很多时间可以继续自我开发，还想再试试看自己有多少种可能，还想再多看看这个世界。毕业了也要继续Fighting！

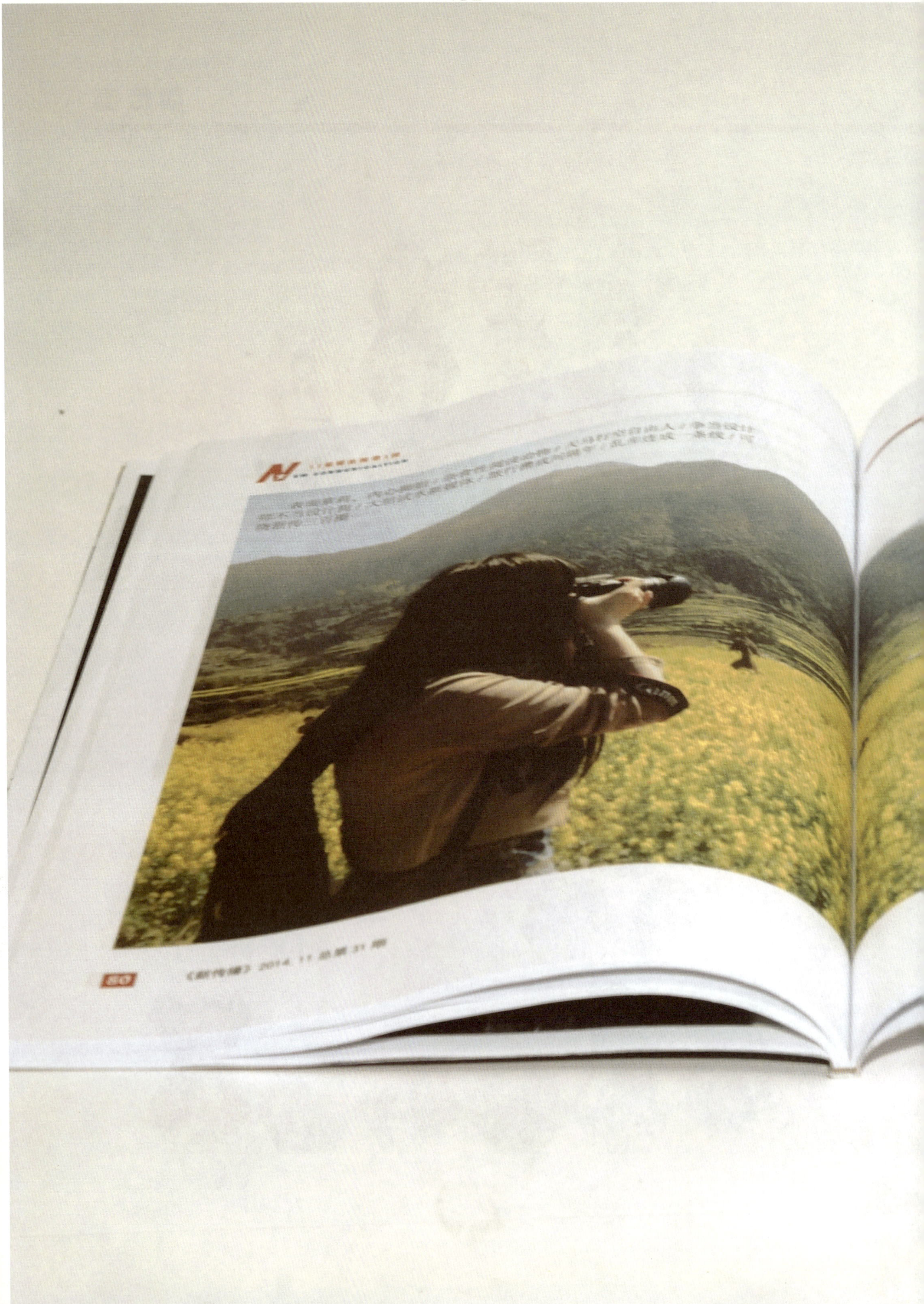

主要内容

本书主要有三个版块内容：

1. 毕业生推荐。由个人简介、感想阐述、他人评价和记者手记构成，目的在于清晰明确地向用人单位展示那些优秀毕业生，方便学生就业，此栏目占全书栏目比重的90%。

2. 班主任约稿。通过推心置腹的话语让毕业生更加明确自己未来的方向。

3. 毕业班级照片和留言。展现班级风貌，提高班级凝聚力，并且留下毕业生风采。

创新点

1. 毕业生推荐版块内容涵盖较广，可全方位立体地展示学生形象。

2. 班主任约稿、毕业班级照片和留言的版块，可提高毕业班级凝聚力和对学校的情感，带给毕业生美好的回忆。

3. 全文版式大方简洁，内容一目了然，风格清新。

优秀奖

作品名称：《南音集》之荷花节特刊
参赛学生：许程程　王媛　董雪
所在院校：南开大学
指导教师：梁小建

一、本期创新点：

1、封面的立体设计：

①封面结合选题"隐匿山水间"做出两扇大门，打开大门会看到完整的封面图片与大策划重点内容。

②封面日期采用凹凸手感，为使封面看起来不呆板，将日期重新设计为雕花造型，在杂志的右角另附一层。

2、摒弃传统刊眉设计：

为使版面看起来简洁活泼，不设刊眉，用版面替代，配以各版块的专属背景色。并且

3、版面中西合璧：

我们的板块设置中英对照，并且页码为英文设计。比如，封面采用中国禅画，翻转便是西方公益广告。卷首中英双译。

4、首页与尾页相呼应：

仅用两色深蓝与米色搭配，给人以低调奢华的感受。配以简单的英文：即将开启与即将到来。

二、创意来源：

市面上的杂志多以折页或者普通封面示人，并未有太多其他的样式，因此我们想办一个从方面开始就具有吸引力的杂志。

三、创意目的：

使奔波在都市的人们停下繁忙的脚步，深度内容，享受风格。

四、未实施的创意方案：

将立体设计用于大策划，比如凯里以酸汤鱼出名，可做绣花立体

作品创意

《南音集》的创立是为了将南开大学里发生的有价值的事情记录下来,也是南开精神的一种记载和传承的形式。本期选择荷花节这一颇具南开特色的主题,是因为荷花历来是南开校园里亮丽的风景,且荷花节是南开大学一年一度的盛事。

荷花所代表的内敛而不事张扬、奉献而不求索取、出淤泥而不染的精神与南开所倡导的功能精神以及南开人身上的内敛气质高度契合,荷花已成为南开文化的象征和代表。荷花节是代表南开精神与文化气质的重要活动,本期选取这一主题,旨在将荷花的高雅品质和南开的历史文化有机结合,并记录了春夏秋每一个重要活动阶段,向大家展示为期一年的荷花节成果。

创新点

1. 装帧设计是本刊的一大亮点,简洁的版式和清新的文字相得益彰,充满了青春气息。一些特意的留白更能衬托出内容的多彩。

2. 选题新颖。该杂志将长期记载南开园里最有价值的新闻点,以此促进更多的同学参与其中,同时传承和发扬南开精神。

主要内容

本期特刊除封面封底外共计28页，内文以季节更迭为序，分为"荷风春色""夏荷雅色""荷颂秋色"三个版块。每个版块包含当季荷花节系列活动简介、活动详细报道以及相关图片。

"荷风春色"主要介绍了荷花节前期筹备的相关活动，包括明信片文化创意大赛、荷花节logo征集大赛、微电影剧本创意大赛、荷花掠影主题摄影作品征集以及南开大学荷花节启动仪式。

"夏荷雅色"以荷花节启动仪式后的校园开放日为主题，介绍荷花节校园开放日系列活动，包括荷花节主题寄语活动、文艺主题展演以及公能名人大讲堂系列活动。

"荷颂秋色"为荷花花期结束后的后续活动，主要包括书法长卷征集活动、主题微小说创作大赛、"中国梦·南开梦·我的梦"诗词朗诵会以及荷花节纪念手册的发放。

优秀奖

作品名称：木兰周刊
参赛学生：黄杭
所在院校：江西新闻出版职业技术学院
指导教师：陈洁茹

作品创意

数千年来，中国女性一直处于男权社会的附庸地位，其无独立人格，无主体意识，政治经济地位卑微的状况一直延续。直到新中国成立后，女性地位才大幅提高，中国女性得以与男性同胞一起携手担负起建设社会主义中国的重任。

古语有言，"木兰行，巾帼不让须眉"，这句话体现了女性在不同领域的优良品格，而本报纸正是以此为切入点，集中展示了是女性在不同领域的成就和事迹，呼应此古语，故为《木兰周刊》。

主要内容

1. 报刊尺寸 390mm×540mm，出血 3mm（上下、左右）。
2. 报刊正文由政治、经济、体娱、时事部分组成。
3. 每个大版块中，小版块 1～3 个，便于读者阅读和详细了解每个版块的主要的内容。
4. 版 1 遵循少图少文字的宗旨，简单介绍当日的时事热点。
5. 1-2 与 1-3 两大版块没有采用跨页连接点的方式，而是采用单独版块设计，这样减少了读者因第一眼阅读信息量过多而带来的排斥心理。且 1-2 版集中介绍一位女性政治人物，形象突出、集中。
6. 1-4 体娱版块加入了较为动感的底纹，使得版块与其前两者有风格上的跳跃性。
7. 运用以 C=15、M=100、Y=90、K=10 的红做主色调，每个版块在文字或者图形上的运用，符合了女性报刊的特点。
8. 页眉用手绘女性轮廓做点缀，别出心裁、呼应主题。
9. 整个报刊遵循简单的点、线、面的方式，突出女性大气、简洁的特点。

创新点

1. 报刊出售形式不同于以往报刊，以花束的形式摆放报亭前出售，更具亮点、吸引眼球。
2. 每份报纸上有纸折的象征女性的花，报纸可以是撑起花的花杆，读者拿在手上更像捧着一束花而非一张报纸。
3. 报纸打开，象征性的花朵也随之出现，带给读者愉悦的阅读心情。
4. 读者可以把每期附赠的花用于其他用途，如可以装饰自己的房间等。

木兰周刊
MuLan's Newspaper

2014.10.26
星期日
九月初三

女性周刊 2014年10月26号第一期（总36期） 投稿邮箱：MLzkhh2014@123.com 订购热线：111-12312311

米歇尔中国行

根据白宫公布的行程，米歇尔访华期间将到访北京、西安和成都三座城市。

第一站:北京
20日，抵达北京。
21日，习近平主席夫人彭丽媛陪同参观北京一所师范学校和故宫；两位夫人还会共进私人晚餐并观看演出。
22日，在北京大学斯坦福中心发表演讲；游览颐和园；与美国驻华使馆工作人员及家属会面。
23日，主持教育圆桌会议；游览长城。

第二站:西安
24日，启程前往西安；参观秦始皇陵兵马俑和西安城墙；晚间赴成都。

第三站:成都
25日，参观成都第七中学；与美国驻成都总领馆工作人员及家属会面。
26日，参观成都大熊猫繁殖基地，与"国宝"亲密互动，离开成都返美。

米歇尔中国行"巧妙"吸引眼球

据《参考消息》29日报道，【美国《华盛顿邮报》网站3月27日报道】据美国驻华使馆的统计数据称，有关米歇尔中国行的照片、视频和报道的网页浏览量超过10亿次。
布鲁金斯学会约翰·桑顿中国中心主任李成说："中国的确出现了米歇尔热。"美驻华使馆没有回复他们是如何统计出这个数字的。现在尚不清楚，这个数字是来自使馆网站的浏览量还是来自其他的渠道，也不清楚访问这些网页的人是来自中国还是其他国家。中国人口达13.5亿。李成说，米歇尔和她的母亲及两个女儿同行体现了对中国传统的尊重，巧妙地在外交活动中融入了较为轻松的时刻，所采取的方式使中国人希望看到她在做什么，了解这些活动都发生在哪里。 在中国获得蓬勃发展的社交媒体对米歇尔此行获得如此庞大的网页浏览量起到了推波助澜的作用。

【美国《华盛顿邮报》网站3月27日报道】题：第一夫人的礼貌方式使其得以在中国提出问题(记者克里萨·汤普森发自北京)
米歇尔的团队将她此次偕女儿与母亲同行的中国之旅宣传为善意之行，与目前使这两个全球超级大国关系复杂化的政治紧张局势无关。结果证明，此行的实质性多少超出预期，从而展现了米歇尔将外交与个人经历糅合起来的灵活能力。在周三傍晚启程回国前，她通过与中学生跳绳、打太极，并宣称自己为中国的历史名胜所倾倒来取悦中国的公众。白宫一位高级官员在要求不透露姓名的情况下解释米歇尔的圆通做法时说，她的方式比说教"更有效"。中国的广播、电视以及报纸对米歇尔此行进行了大量报道。高盛公司前总裁、现为北京清华大学"全球领导力"项目负责人的约翰·桑顿说，他并非总是对奥巴马政府给出积极的评价，但是发现第一夫人的演讲对中国而言是"完美音调"。此外，对中国官员而言，米歇尔此行在第一夫人外交中是开天辟地的。由一位中国领导人的夫人邀请美国的第一夫人来访，这是第一次。彭丽媛花了一整天的时间，陪来此访故宫、演艺书法，并拍下了大量照片。 中国记者文森特·李说："第一夫人外交似乎像是软实力的一种表述，它给中美两国关系增添了新的味道。这可能会成为发展未来中美关系的重要渠道。"

【日本《外交学者》杂志网站3月28日文章】题：米歇尔的中国之行
米歇尔·奥巴马周三结束了一周的中国之行，之前她走访了中国最著名的一些地方。没有人认为她此行有重要的政治影响，它显然是美国向中国作出的一种外交姿态。在涉及领导人及其家庭时，象征意义在外交上很重要。美国第一夫人撰写有关中国历史文化的充满感情的博客为白宫争取中国善意的努力而言是方便的途径。

这位第一夫人基本做到了让行程愉快和不谈政治。正如《纽约时报》写的那样，相比较美国第一夫人以往的中国之行，米歇尔的中国之行就没打算在政治上出彩。

中国国际问题研究所所副所长阮宗泽认为，中美元首夫人外交对两国来说都很新鲜，将调动两国民众加深彼此了解与互动的热情。元首夫人外交与元首外交并行不悖、相得益彰，"第一夫人"会面意义"不亚于"元首会晤，选择人文和教育等受众广泛的"柔性"话题，将产生很强的社会效应。

这是米歇尔第一次来中国，也是美国第一夫人首次单独正式访华，被外界视为"继去年中美元首庄园会晤后中美交往的又一次创新"。美国第一夫人首次访华无疑向世界传达出了美国对中国的重视。美国和中国，一个是世界上的超级大国，一个是新兴大国中最突出的一个，在应对全球经济危机方面以及国际和地区事务中都扮演着重要角色。双方有意淡化、消除分歧和矛盾，寻求共同合作是符合两国利益、有利于世界的和平与繁荣。其是在两国高层推动下，人们由相信中美关系将会变得越来越稳定、越来越成熟。

政治 1-2

中国第一夫人彭丽媛

从"一代歌后"到"第一夫人"

彭丽媛，女，1962年11月20日生，山东菏泽郓城人。现任中国人民解放军总政歌舞团团长。中国著名女高音歌唱家，中国当代民族声乐代表人，中国第一位民族声乐硕士，中国人民解放军最年轻的文职将军（少将军衔），也是深受军内外观众喜爱的军旅歌唱家。第八届、九届、十届全国政协委员，中华全国青联常委会副主席，总政歌舞团第一批"国家一级演员"，享受国务院颁发的第一批"政府津贴"，中国音乐家协会理事，中国歌剧研究会副主席，全国妇联执委，中国音乐学院客座教授，上海师范大学音乐学院兼职教授，总政歌舞团艺术指导。曾先后三次荣立二、三等功。她多次担纲重大晚会的压轴演出，她的歌声也成为中国歌坛的一座高峰。因其端庄、高贵、大气的舞台形象，从"牡丹之乡"——山东菏泽走出的她，常常被誉为"牡丹仙子"。

最刻苦的学生

2013年8月16日，为时一周的2013南国书香节暨广州书展在广州琶洲展馆开幕。开幕首日，中国著名歌唱家、声乐教育家金铁霖的自传《金声玉振——金铁霖传》举行首发仪式。新书发布之前，金铁霖接受了记者采访，直言"彭丽媛是我培养得最好的学生"。金铁霖说，在书中回忆，自己刚借调到中国音乐学院不久，当时的院长李凌就向他推荐彭丽媛。"第一次见面，感觉她特别纯朴，但一听她唱歌，又觉得她表演很自信，声音也很自然。"彭丽媛不但悟性极高，还十分刻苦，"特别用功，爱动脑子而且善于融会贯通，所以进步得很快，学习不到一年后，1982年中央电视台举办的春节联欢晚会上，她和众多老艺术家同台演出，以《在希望的田野上》和《我爱你，塞北的雪》给广大电视观众留下了深刻印象。"

金铁霖说，在所有的学生中，彭丽媛是最刻苦的一个，而且是琢磨，那几年她几乎把所有能用的时间都利用起来去琢磨自己的演唱方法。"记得在她研究生毕业音乐会设计唱曲目时，我们有意识地将她的演唱分成四组：第一组是中国民歌，这是她的老本，是根；第二组是中外艺术歌曲及歌剧选段，是用西洋美声唱法来演唱的；第三组是中国民族歌剧，真正展现了她的水平和实力；第四组是中国现代创作歌曲，主要是她那几年所演唱的为老百姓喜闻乐见的新时代创作歌曲。"

金铁霖一直致力于把中国声乐推向世界，向世界展示中国声乐。在他看来，彭丽媛是这一目标的践行者。"早在1993年，彭丽媛就在新加坡举办过个人演唱会，向世界展示了中国声乐的风采。"回

对地出现在公众的视野中，但他们相濡以沫、比翼双飞，谱写了爱情佳话。

彭丽媛、习近平两人见面那天，彭丽媛故意穿了条肥大的军裤，有意考验一下对方是否只看重外貌。没想到，习近平穿得跟自己一样朴素，而且一开口就吸引了她。他不问当前流行什么歌，"出场费多少，而是问：""声乐分几种唱法？""彭丽媛一下子觉得跟眼前这个陌生人有了默契。彭丽媛后来回忆起这次一见钟情，说："当时我心里一动——这不就是我心目中理想的丈夫吗？人纯朴又很有思想。"后来近平也告诉我："和你相见不到40分钟，我就认定你是我的妻子了。""

但是，彭丽媛的家里出现了一些阻力。原因是彭丽媛的父母不愿女儿嫁给高干子弟担心攀高结贵会让女儿受委屈习近平安慰彭丽媛说我父亲也是农民的儿子，很平易近人。我家的孩子我的对象都是平民的孩子。我会向你父母解释清楚，他们会接受我的。终于，在1987年9月彭丽媛、习近平喜结良缘。当时身在京城的彭丽媛接到习近平的电话，几句话确定后，到单位开了介绍信，就坐上飞机直飞厦门。一下飞机，习近平拉着她到照相馆去拍结婚照，办理结婚证，简单举办了婚礼。

婚后，两人一直过着牛郎织女般的生活。有一次，习近平有空来了趟北京看望彭丽媛但彭丽媛突然接到通知，要去演出，她挂了电话半天没开口，怕伤了丈夫的心。可习近平知道后，反而宽慰她："没关系，你尽管走，我们总有团聚的时候。我不能让你为了我离开舞台，那样也太自私了。""我爱人是最优秀的人。"每当谈及习近平，彭丽媛总是一脸幸福。她说："我认为他是所有女人心目中最称职的丈夫。"彭丽媛在生活上也给予丈夫无微不至的关心和体贴。

一年冬天，彭丽媛去福建看望习近平，发现南方过冬没有暖气。回到北京，她就一直惦记给丈夫做床棉被，因为"街上卖的尺寸小，近平个儿高搭不住脚丫"。她特地托母亲用新棉花弹了一床6斤重的大棉絮，又去布店扯了被面被里，自己一针一线缝起了一床新被子。正巧邮政时间彭丽媛要外出演出，先去东北，最后才能到福建。于是，她就背上鼓鼓囊囊的大被子上路了，途经沈阳、长春、鞍山等地，走一路唱一路。路上彭丽媛还遇到两个旅客，一个说："这人像彭丽媛。"
一路颠簸将新被子送到远在福建宁德的丈夫手中，习近平盖上了，连声说好，彭丽媛才放心了。

在家时，彭丽媛经常自己骑自行车去买菜，也跟别人讲价，"但他们不认识是认识我，我就不了，有的人会凑过去说，你长得跟一个人很像。我说跟谁像？'你长得像彭丽媛'好意思来得……"

相濡以沫、比翼双飞

众所周知，彭丽媛的爱人是中共中央政治局常委、中华人民共和国主席习近平。两位公众人物组成的家庭，注定要受到更多的关注。结婚20多年来，他们很少成双入

外媒评价

《联合早报》

彭丽媛虽然具备了胜任中国新时代第一夫人的实力。在30多年的演艺生涯中，彭丽媛见过无数大场面，靠自己的实力征服过无数观众。正因如此，彭丽媛的第一夫人之旅尚未开启，已引起万众期待。

《美联社》

中国富有魅力的新科第一夫人彭丽媛成为中国最新升起的外交明星。一位在国际上受到欢迎的第一夫人可能有助于软化中国有时显得粗糙的国际形象，并使中国在赢得全球公众舆论的支持方面获得成功。

《华尔街日报》

彭丽媛引发关注的同时，中国政府官员正努力地响应新领导人对节俭的呼吁，这也是习近平提出的厉行节俭的运动。但是，对彭丽媛的外套品牌以及她的手袋是否昂贵的讨论，都比不上她作为第一夫人所展示出的魅力的欢迎。

"丽媛Style"席卷的方方面面

"伯乐"说：她18岁参加全国民族民间唱法会演一鸣惊人，很多单位都看中了她。

同学说：她学习认真成绩好，老师们都很喜欢这个小姑娘。

同事说：她没有因为名声或者地位的改变而改变，还是当年的本色，非常平易近人。

时尚：媒体热捧 品牌走俏

从彭丽媛在机场的第一个亮相时的，反应最大的不是新闻界，而是最意想不到的时尚界。她优雅庄重的服装造型令人眼前一亮：时尚达人给予95分高分、大衣手袋被扒出品牌、淘宝开始售同款服饰、御用本土设计师一夜爆红……

经济："第一夫人"概念股

因为她穿了件国产品牌的大衣，纺织服装股立刻飙升；因为她戴了珍珠耳环，珍珠概念股也逆势飙升……因为她选用的都是国产品牌，国货立刻扬眉吐气，媒体称："彭丽媛给国货注强心针"。

外媒：世界的"丽媛Style"

《俄罗斯报》评论："彭丽媛的出现简直重新定义了'主席夫人'这个词"。日本媒体专门用一个镜头抓拍彭丽媛出镜的一举一动，认为她外事能力远超本国第一夫人。《纽约时报》也刊文说，彭丽媛形像姣好，绝对有实力打破中国历任第一夫人一贯默默无闻的传统。

民间：前所未有的追捧热潮

我们为什么爱彭丽媛？她的首次亮相，在民间引发的热潮不亚于她的丈夫。微博涌现无数粉丝团，相关新闻转发量惊人，网络、报纸持续报道，甚至有观众埋怨新闻联播彭丽媛镜头太少……"第一夫人热"是种文化，也是中国人真情实感的集体共鸣和流露。

APEC 会议亮点前瞻：将发布亚太自贸区路线图

主旋律——"后危机时代"的经贸合作

中国国际问题研究院副院长阮宗泽认为，最大的不同在于时代背景变了。他说："那次的上海APEC会议，是在'9·11'事件发生之后举行的。因此，在上海APEC会议上，各方都比较关注反恐问题。而今年北京APEC会议召开时的背景默然不同。目前，金融危机刚过去了，世界经济目前仍处于起伏不定的状态。因此，'后危机时代'世界经济应如何突围，将成为北京APEC会议上各方关注的焦点。"在"后危机时代"的大背景下，今年北京APEC会议的主题已确定为"共建面向未来的亚太伙伴关系"、"推动区域经济一体化"、"促进经济创新发展、改革与增长"、"加强全方位基础设施与互联互通建设"，则是北京APEC会议的三大重点议题。

中国外交部长王毅10月29日在外交部举办的第10届"蓝厅论坛"上发表主旨演讲时表示，今年的议题设计"顺应了亚太及世界经济发展的潮流，契合了亚太各国各地区的共同需求，得到了APEC各成员的欢迎和支持。"

最大亮点——将发布亚太自贸区路线图

中国外交部长王毅10月29日在北京还表示，此次北京APEC会议有望在十个方面取得突破，其中最重要的一项就是"启动亚太自由贸易区进程"。许多专家认为，亚太自贸区路线图的发布，或将成为此次北京APEC会议的最大亮点。阮宗泽分析说，亚太自贸区的概念，最早是在2006年的河内APEC会议上提出的，2010年的横滨APEC会议对此进行了进一步的讨论。但多年以来，这一议题一直没有得到实质性的推进。面对亚太地区近年来发展的新动向，这一概念有必要再被提上议程。他解释说："近几年来，亚太地区在经贸领域的机制层出不穷，已导致了一种你中有我、我中有你的'意大利面条碗'效应出现，区域一体化正面临重叠化、碎片化的风险。"阮宗泽认为，亚太自贸区路线图的发布，将有利于进一步整合亚太地区各种多边自贸安排，有利于改变既有机制碎片化的现状。

中国社会科学院学部委员张蕴岭认为，除了"开放"与"共享"，APEC还有一个重要的理念和功能，就是"包容"。APEC作为亚太区域内的重要合作平台，各经济体领导人原则上将出席在会议期间举行的领导人非正式会议。这些领导人之间将会有着怎样的互动，是外界普遍关注的问题之一。

对此，阮宗泽副院长分析认为，在他看来，此次北京APEC会议期间，两国首脑是否会举行一场以2013年"庄园会晤"式的轻松会谈，值得期待。

另外，由于历史争端问题而屡有摩擦的日韩、中日，以及中、日、韩三国之间，将会出现怎样的互动，也是外界关注的焦点。

美两国首脑的会晤，目前外界有猜想认为，两国首脑是否会举行一场以2013年"庄园会晤"式的轻松会谈，值得期待。

盘点中国女富豪

全球白手起家女企业家 一半来自中国

中国白手起家的女企业家在全球人数最多，22位全球白手起家女富豪中，有一半来自中国，"中国女企业家在全球的地位类似于中国乒乓球队，绝对的世界第一。"

而广东的女富豪人数最多，达到14名，因此被称为"最欢迎女企业家创业的地方"。浙江以8名排第二，北京以2名排第三，上海以6名位居第四，江苏则以5名列第五位。

在男性占绝对数量的富豪榜中，这些女富豪们不仅光彩和风采，反而愈加鲜亮夺目。她们朝着梦想前行，开创了企业天地，登上了财富之巅，成为新一代的中国富豪……这是胡润研究院连续第七年发布《胡润女富豪榜》，连续第三年发布《全球白手起家女富豪榜》。胡润富豪榜创始人胡润表示，之所以推出这两个榜单，是因为女性富豪已成为中国财富的重要组成部分，而中国女企业家在全球女企业家中的表现非常抢眼。

在今年上榜的女富豪中，龙湖地产的创始人吴亚军以380亿元人民币的财富再次成为中国第一女富豪，同时也是全球白手起家女首富。

与往年相比，女富豪的财富大多出现缩水

《2012胡润女富豪榜》的门槛为28亿元，共有60位女富豪，总财富4406亿元，比2011年减少7.7%；平均财富88亿元，比2011年下降9.3%；有14位女富豪的身家超过100亿元，与去年相同。

继吴亚军之后，富华集团的陈丽华以财富340亿排在第二位，第三位则是碧桂园的杨惠妍，财富330亿。榜单第四位的是雅居乐的陆倩芳，除林木玉以外，财富215亿元，曾连续13年占据胡润女富豪榜首位的张茵，今年以200亿的财富排在第五。

与去年相比，今年上榜的女富豪财富大多出现了缩水。吴亚军的财富由去年的420亿降至今年的380亿元，缩水将近10%，但仍然保住女首富的宝座。玖龙纸业的张茵去年排位第四，财富由去年的280亿降至今年的200亿，同比下降28.6%，下降幅度较大。

SOHO中国的张欣去年排名第五，财富由去年的210亿降至今年的170亿，同比下降19%。不过，在去年排名第三的富华集团的陈丽华，财富却由去年的330亿增长至今年的340亿，同比增长了3%。

从财富积累的过程来看，50位上榜女富豪中，有近50位是继承父亲事业或是与丈夫共同创业。

从年龄来看，女富豪呈现年轻化的趋势。前10名女企业家平均年龄48岁，比男女并列的《胡润百富榜》平均年龄年轻4岁。40岁以下的女富豪在榜单中有6位。

其中最年轻的是31岁的杨惠妍，另外还包括32岁的刘畅、34岁的赵亦蕊、35岁的戴雯约、38岁的邱艳芳和40岁的全国工商联副主席刘迎霞。

从地域来看，发达省份确实占先机。在广东的女富豪人数，在企业总部设在广东的女富豪人数最多，达到14名，广东也因此被称为"最欢迎女企业家创业的地方"。浙江以8名排第二，北京以2名排第三，上海以6名位居第四，江苏则以5名列第五位。

从当年的居里夫人 梦到今天的女首富

20岁大学毕业后，吴亚军被分到重庆前卫仪表厂做技术人员，因为能力出众，她还被安排在厂里的电大当兼职教师。1986年，厂里开始引进国外技术，要与德国合作谈判。

吴亚军毛遂自荐，主动要求当翻译，接待工作做得也很出色。她还继承了母亲的裁缝手艺，自己做了件旗袍穿着参加接待，让大家眼前一亮。

市场经济在渐行之中，人们开始有更多选择。1988年吴亚军去了《中国市容报》做记者和编辑。该报主办单位是建设部城建司及重庆市建委。作为记者，她逐渐熟悉房地产领域，并广交积攒人脉，为进军地产业奠定基础。

六年后，她借助报社平台，成立了重庆佳辰经济文化发展有限公司，正式"下海"经商，做建材生意。次年（1995年），公司的注册资本由200万增至1000万元，其中吴亚军和丈夫蔡奎再出资750万元，报社的股权相对稀释，几年后退出。

这一年，吴亚军正式涉足房地产业。重庆佳辰经济文化发展有限公司一边增加注册资本，一边与一家隶属建设部和国家科委、名叫中建科产业有限公司的国有企业合资创建重庆中建科建业有限公司。

不久，公司改名为重庆龙湖地产发展有限公司。吴亚军管理企业绝对同行不同，她邀请国内房产行业的策划人做战略规划，请国内一流的顾问公司做品牌规划，请国内一流的培训公司对员工进行系列培训，她自己也经常给员工授课。

吴亚军谋划的第一个项目是1997年4月动工的龙湖花园南花。这一建筑面积超过20万平方米的住宅项目进行了漂亮的一仗，项目品质、绿化及配套等均获好评，被评为重庆市"十佳住宅小区"第一名。

自那之后，龙湖的地产事业越做越好，而中建科却开始分步退出，先在股权上做了让步之后，最终于2003年10月将所剩股份全部转让给吴亚军。

吴亚军特别低调，被称为重庆地产圈的"三不人物"：不签名、不出镜、不接受采访。正所谓"十年磨一剑"，10年后的2005年龙湖才开始全国化发展，并于2009年11月19日在香港联交所主板挂牌上市。

房地产业以22%的比例列首位，成"造富工厂"

从女富豪们所从事的行业来看，房地产以22%的比例居第一，仍然是"造富工厂"，金融和投资行业以17%位居第二，制造业以14%位居第三。而且，胡润女富豪榜的前三甲均来自房地产业。

女富豪榜上的第二名陈丽华同样是自己一手打拼出商业王国。她出生于北京，因家境贫寒，读初高中便被迫辍学。后来，陈丽华做起了家具修理生意，由于她生意不错，很快成立了自己的家具厂。

1981年初，陈丽华从北京来到香港，从事房地产投资。但不到一年，她又回到北京寻觅商机。1982年，陈丽华移居香港。她成家的第一桶金也是在香港掘到的。在比华利买了12栋别墅后局价卖出，迅速完成了原始积累。

靠地产致富的陈丽华向以步步为营、稳健投资著称。现在，她的富华国际集团在北京已拥有数家房地产企业，包括长安俱乐部、丽苑公寓、金宝商业街等。

有意思的是，富有的陈丽华最爱紫檀，她把经营地产赚得的钱财大半投向了紫檀的收集和制作。

1999年国庆前夕，她斥资2亿元投资兴建了中国紫檀博物馆，除了她收藏的300余件明清家具外，其他2000余件都是20多年来在她自己的工厂生产出来的珍稀紫檀精品。

与吴亚军和陈丽华的艰苦创业相比，榜单第三名的杨惠妍则是80后和富二代。她是广东顺德人，是碧桂园集团创始人之一杨国强的女儿，毕业于美国俄亥俄州立大学。

杨惠妍是碧桂园集团最大股东，拥有集团公司70%的股权。上市之后，其持股比例为58.19%。2007年，在《福布斯》亚洲版中国富豪榜上，杨惠妍成为中国首富，吸引了很多人的眼球，但她低调得异乎寻常，从不接受媒体采访。

接触过杨惠妍的房地产业内人士评价，杨惠妍做事干练、机敏，有控制能力，她将使碧桂园完成从家族企业向现代企业的转变。现在的碧桂园在前期大量积累的前提下，开始由工厂模式逐渐向个性化生产转变。

全球白手起家的女企业家 有一半来自中国

《2012胡润全球白手起家女富豪榜》同样引人关注。不过，这份全球榜单的总人数有所下降，从去年28人下降到今年22人，上榜门槛保持在10亿美元。全球白手起家女富豪平均财富137亿元，同比下降6.8%。

从国家来看，中国白手起家女企业家在全球人数最多，22位全球白手起家女富豪中，有一半来自中国，占50%，而排名前10位中更是有7位来自中国。胡润表示："中国女企业家在全球的地位类似于中国乒乓球队，绝对的世界第一。"

榜单上，玖龙纸业的张茵排在第四，SOHO中国的张欣排第五，华宝国际的朱林瑶，嘉鑫控股的吕慧、陈宁宁女女，东方园林的何巧女也跻身全球十大白手起家女富豪之列。

如果分析世界各地女富豪的行业，房地产业行业的人数依然是最多的，达到30%，还有20%的女富豪从事制造业，14%从事服装业。

中国女富豪不仅人数多，身家也了得，全球榜单的前两名依然是吴亚军和陈丽华，SOHO中国的张欣排名第三，第三名则换成了西班牙女富豪罗撒丽亚·麦拉，财富280亿元。

排名 姓名 财富(亿元) 公司

1 吴亚军 380 （龙湖地产）
2 陈丽华 340 （富华）
3 杨惠妍 330 （碧桂园）
4 陆倩芳、陈卓林(丈夫) 215 （雅居乐）
5 张茵 200 （玖龙纸业）
6 张欣 170 （SOHO中国）
7 朱林瑶 150 （华宝国际）
8 李珊珊、徐宇(丈夫) 130 （赫基国际）
9 吕慧、陈宁宁母女 120 （嘉鑫控股）
9 张静、黄茂如(丈夫) 120 （茂业）

李克强主持召开国务院常务会部署推进消费扩大和升级

- 部署推进消费扩大和升级 促进经济提质增效
- 决定进一步放开和规范银行卡清算市场 提高金融对内对外开放水平
- 确定发展慈善事业措施 汇聚更多爱心扶贫济困

中国经济网北京10月29日讯 国务院总理李克强10月29日主持召开国务院常务会议，部署推进消费扩大和升级，促进经济提质增效；决定进一步放开和规范银行卡清算市场，提高金融对内对外开放水平；确定发展慈善事业措施，汇聚更多爱心扶贫济困。

会议指出，消费是经济增长重要"引擎"，是我国发展巨大潜力所在。在稳增长的动力中，消费需求规模最大、民生关系最直接。要瞄准多层次多样化需求，改革创新，调动市场力量破有效供给，促进消费扩大和升级，带动新产业、新业态发展，推动发展向中高端水平迈进，打造中国经济升级版。一要增加收入，让群众"能"消费。分批出台深化收入分配制度改革配套措施和实施细则，多渠道促进农民增收，努力实现城乡居民人均收入到2020年比2010年翻一番。要合理调整最低工资标准，提高低收入者收入，调节高收入。同时，要加大社会保障投入，更多用于民生保障。二要健全社保体系，让群众"敢"消费。提高医疗保障救助水平，全面推开大病保险。加强社会救助体系建设。三要改善消费环境，让群众"愿"消费。加强消费者权益保护。建立消费品安全立法，严惩"黑心"食品、旅游"零餐"等不法行为。

会议要求重点推进6大领域消费。

一、是扩大移动互联网、物联网等信息消费，提升宽带速度，支持网购发展和农村电商配送，加快健康医疗、企业监管等大数据应用。

二、是促进绿色消费，推广节能产品，对建设城市停车、新能源汽车充电设施较多的给予奖励。

三、是稳定住房消费，加强保障房建设，放宽提取公积金支付房租条件。

四、是提升旅游休闲消费，落实职工带薪休假制度，实施乡村旅游富民等工程，建设自驾车、房车营地。

五、是提升教育文体消费，完善民办学校收费政策，扩大中外合作办学。

六、是鼓励养老健康家政消费，探索建立产业基金等发展养老服务，制定支持民间资本投资养老服务的税收政策，推动医疗机构用水用电用热与公办机构同价。用更好的产品与服务，让人们勉心消费、享受生活。

为扩大金融开放，加快推动国内银行卡市场和发行市场创新发展，提升现代服务业，优化消费环境，会议决定，放开银行卡清算市场，符合条件的内外资企业，均可申请在我国境内设立银行卡清算机构。仍为跨境交易提供外币清算服务的境外机构原则上无需在境内设立清算机构。要完善管理，防范风险，维护持卡人合法权益，使开放的金融市场便利和惠及消费者。

发展慈善事业，引导社会力量开展慈善帮扶，是补上社会建设"短板"、弘扬社会道德、促进社会与国家风险救助能力补制衡，形成合力。一要落实和完善公益性捐赠减免税政策，推出更多鼓励慈善的政策。以扶贫济困为重点，引导公众捐款捐助、开展志愿服务，推进股权、慈善信托等试点。二要优先发展具有扶贫济困功能的慈善组织。地方政府和社会力量可通过公益创投等方式，支持、积极探索金融支持慈善发展的政策。三要强化行业自律和社会监督。引导慈善组织依法依规运作，严格规范使用捐赠款物，及时公开项目运作、款物募集及使用情况。加强监管，依法查处违规行为，无正当理由拒不兑现捐赠承诺等行为。增强慈善组织公信力，把慈善事业做成人人信任的"透明口袋"，让社会爱心的暖阳照耀困难群众，助力民生改善。

优秀奖

作品名称：食物与城市
参赛学生：李欣玲
所在院校：西安欧亚学院
指导教师：樊荣　王谦

FOOD AND CITY

食物与城市
food and city

FOOD AND CITY

它能充分说明社会的各个方面

FOOD AND CITY

The agriculture and the city is closely linked, they need each other.

FOOD AND CITY

它能充分说明社会的各个方面

作品创意

随着城市的诞生和不断发展，生活在城市中的人们距离土地越来越远，而人类生存必须依赖的食物要依靠各种途径在城市中流转。在人类生活和城市环境相互作用下，人们开始处在对食物的依赖和担忧之中。食物对于人类的重要性不言而喻，然而现代食品生产却破坏了人类生存的平衡。从城市中肥胖人群、超市数量的剧增，再到人类对自然的破坏，城市俨然成为食物的沙漠。本电子杂志希望能通过对食物与城市的探讨和思考，给予人们更多的力量和动力去关注食物，以便有助于塑造我们共同的命运。

FOOD AND CITY

食物与城市
The food and the city

Food into the city of the desert oasis how many we can wait until ?

FOOD AND CITY

食物与城市
food and city

FOOD AND CITY

人和粮食，一切都归复于此。

主要内容

本电子杂志主要内容为食物与城市。通过以城市为蓝本，一路追踪食物和城市发展的轨迹，来探讨食物、城市、土地和自然与人之间的关系，其中主要分为食物与城市的过去、现在与未来三个部分。此外，通过探讨食物、城市、人和自然关系的依存和变化，追踪食物和城市发展道路的轨迹，进而来阐述它的循环，挖掘其历史根源，以便了解我们的过去、反思我们的现在、考虑我们的未来。

创新点

1. 运用互动出版软件，制作基于IOS系统和安卓系统的互动出版物。

2. 使用能够与读者进行充分互动的特效，如图像扫视、图片对比、画廊（走马灯和一对一按钮）、自由拖拽、超链接、弹出内容、滚动内容、动画（退出渐隐）、视频、音频等。

优秀奖

作品名称：知云
参赛学生：张秋旸　梅雪健　李康凌
所在院校：昆明理工大学
指导教师：昌蕾

MAY 01 2014
知雲

旧城記　　KUN MING
微拍城市　WITNESS
昆明時間　PEOPLE
趕街吧　　CLUTURE
找樂　　　MUSIC PLAY

FEATURE | 专题

旧城事

―― 昆明老街变迁史 ――

作品创意

结合相关研究，作者发现当下流行的新媒体杂志都普遍存在缺陷。如何结合读者的阅读习惯和电子杂志的新特性，牢牢把握新媒体时代人们的需求，融合新技术和优秀设计成为了大家思考的问题。于是，作者想要制作一本基于新媒体的互动杂志。本互动杂志的初衷是融合阅读习惯和电子杂志的优势，大大增强互动性，不只是简单的纸媒延伸。设计过程中也特别注重了整体意识和节奏感，以满足目标受众的需求。

本杂志定位为"有深度的城市生活杂志"。刊名定为《知云》，取"知晓云南"之意。在内容选择上，选取了反映城市历史发展脉络、社会交往、文化生活的稿件和摄影作品。受众定位是有意愿了解昆明文化、探究生活方式、关心传承和发展的人群。

微拍
手机摄影师记录

城市生活 LIFE IN THE CITY
城市愈大，就愈感到孤独。摄影师@美味大肉树

多情彩云南 · 人文美术馆

看得见的美

聂耳故居

光绪二十八年（公元1902年），聂耳的父亲聂鸿仪去昆明行医，在昆明甬道街租用一间铺面开中药铺"成春堂"。当时，聂、杨（房东）两家合住一院，本属于用作商铺的清代官房，该房坐东朝西，临街有两层楼土木结构房三间。1912年2月15日，聂耳出生于此，他的童年也基本在这里度过。18岁时聂耳外出求学离开昆明，从此再也没有回来。

西起省博物馆附近的五一路,东接正义路。明代是城外沿南城墙通往小西门的石板小道,清代此道中段得名顺城街,后统称顺城街。

——吴光范《昆明地名博览辞典》

主要内容

本电子杂志主要以昆明这座城市为例来介绍云南的历史、文化、生活、人物等各方面的内容。以2015年第一期内容为例,主要内容包含四个版块。

1. 专题 旧城记:昆明老街变迁史,摄影师手记;旧房客·新房客——你是定居者,我是游牧族;去哪儿——细数那些陈旧的好地方。

2. 人物 昆明时间:我是外地人(以个案为例,介绍在昆明生活的不同职业不同年龄的外地人的生存现状)。

3. 文化 赶街吧:龙街上的集市江湖;呈贡人的集市江湖;龙街赶集风味小吃。

4. 找乐 奇怪的日子:那些无所事事的夜晚;麻园诗人,让我们的灵魂走进了藩篱。本版块以当地的独立乐团为视角,介绍相关音乐,为文艺风向标。

在每一版块结束的部分都配有相对应的植入广告。

创新点

1. 本电子杂志选题视角新颖,定位为"有深度的城市生活杂志",刊名为《知云》,取"知晓云南"之意。在内容的选取和编排上,包含历史、社会、文化、人物等多方面关于云南的风土人情,且多从小处着手,视角独特。

2. 本杂志多处采用交互设计,增加读者的互动性和参与性,设计形态为目前国际上最流行的APP电子杂志(即国内所称的ipad电子书),是电子杂志发展的新趋势,设计感十足,交互体验感较强。

3. 本电子杂志同时考虑了广告的植入,在封面、每一章节及全书中均有适当的广告植入,充分考虑了盈利模式的问题。

2014.11.01/第一期
国内统一刊号：CN22-2657/G
月刊/定价：RMB10.00

农友

关注 改变

城镇化到底好不好？

废止农业税条例 说明什么？

网络，给农民开辟一片
新天地

妥乐村独特的银杏果饮食文化

优秀奖

作品名称：农友
参赛学生：李倩倩　夏孟琦　潘书婷
所在院校：安徽大学
指导教师：刘洪权

作品创意

我国是一个农业大国，农村常住人口占全国总人数的46.27%，只有解决好"三农"问题，中国腾飞才能有坚实的基础。目前，国内农业杂志多过于专业，缺乏权威性的综合性农民品牌期刊，杂志内容不够贴近农民生活，难以表达农民问题的广度和深度，这一庞大读者市场有待开发。本杂志力图探讨农民问题相关的政治、经济、科技、教育、医疗、文化等全方位内容。因此，本杂志具有很好的社会意义和市场前景。

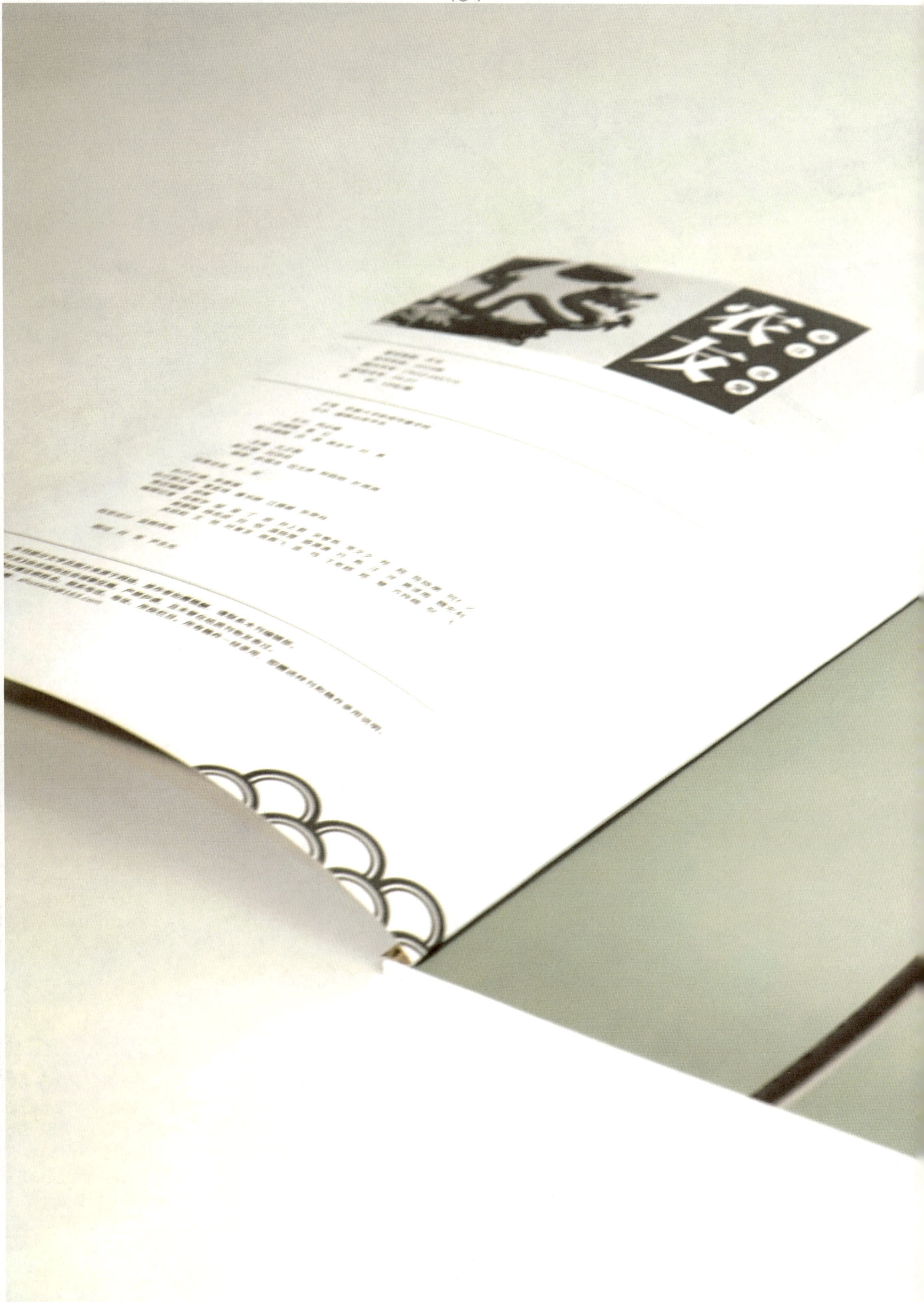
农友

主要内容

本杂志以"关注农民群体，探讨农村建设"为宗旨，力图探讨与农民问题相关的政治、经济、科技、教育、医疗、文化等全方位内容。《农友》杂志分为以下几个栏目：卷首语、本期焦点、政策早知道、富裕之路、科技之窗、教育医疗、文化的力量。通过这些栏目力图全方位透析农业问题，做农民的良师益友。

创新点

选题角度新颖独特，有别于目前出版的专业农业杂志，贴近农民生活，全方位多角度透析农业问题，具有良好的市场前景。

优秀奖

作品名称：All Money Baby Home
参赛学生：林姿廷　廖敏君　张庭瑄
所在院校：台湾世新大学
指导教师：林颂坚

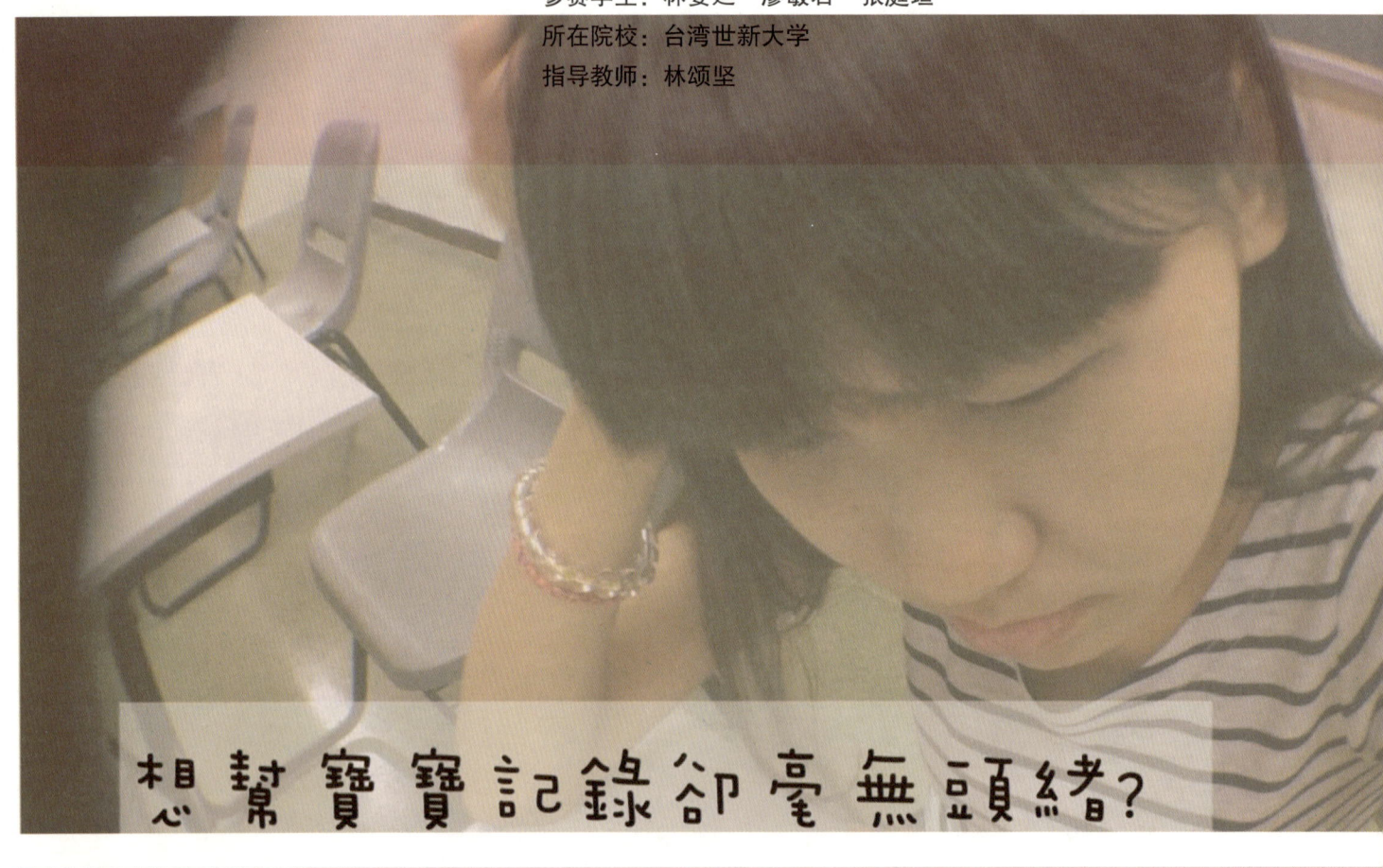

想幫寶寶記錄卻毫無頭緒？

5-12月寶寶副食品參考 輕鬆沒煩惱

總是要翻多書找寶寶資訊？

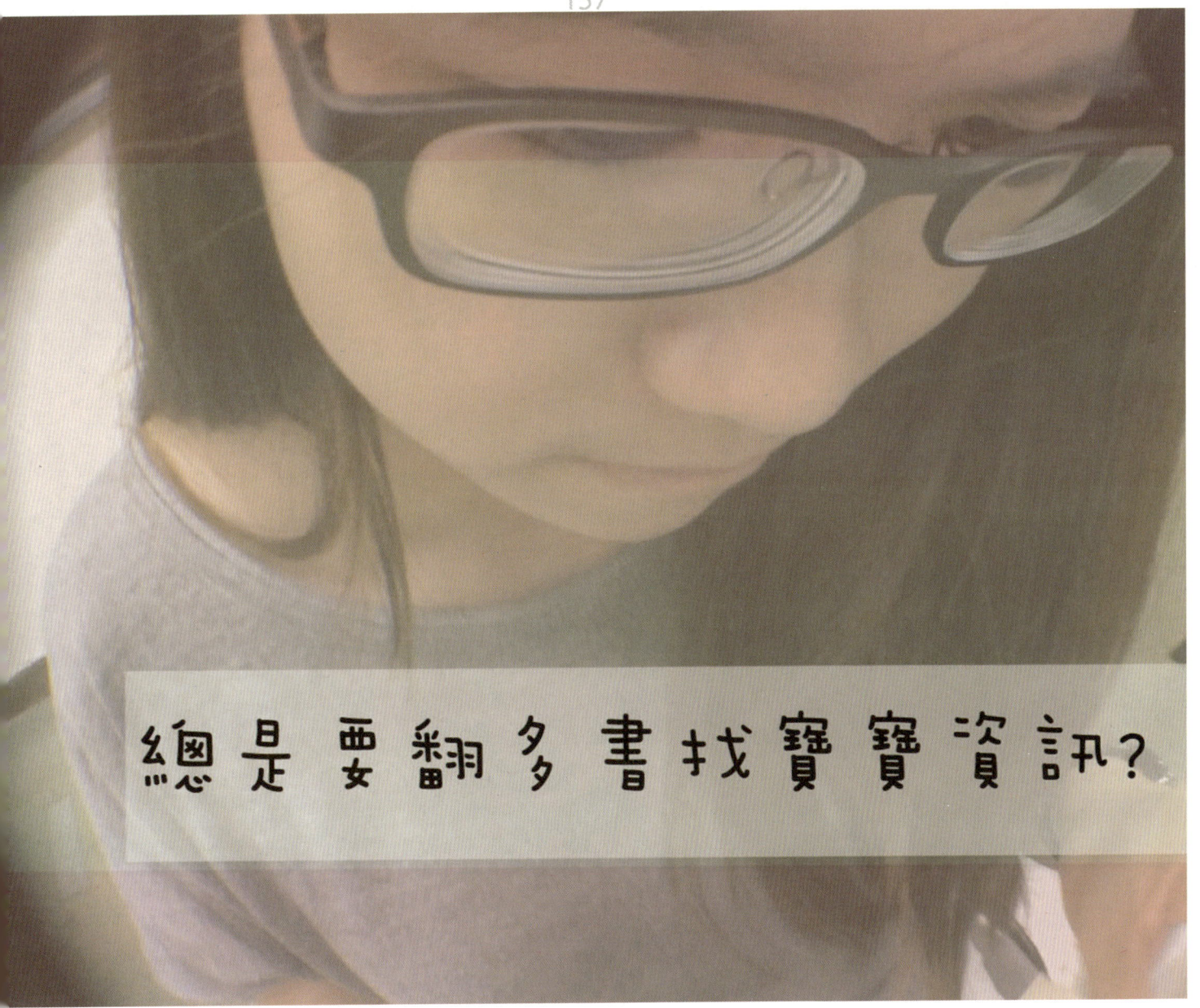

作品创意

在专题的构思过程中，我们从身旁的亲友发现照顾宝宝是一大挑战。经过仔细的访问与探讨后，我们决定设计一个网站来解决种种难题。而针对这些需求和烦恼，网站上提供了许多贴心功能与养育信息，帮助解决育婴路上的众多困难，让每个新手爸妈都可以是超级爸妈。

网站目标：

1. 定位明确：以新手爸妈为我们的 Target Audiences 所设计的网站。

2. 信息内容以图文并茂的方式呈现，增加了图片的呈现让用户在阅读文章时不会枯燥无味，也不会因过多的文字而造成阅读反感。

3. 确保数据源的可信度：网站内容都是参考政府以及医院医师所提供的数据，确保新手爸妈吸取正确的育婴经验。

新手爸妈困难 3

飲食排便睡眠
各種記錄提醒

创新点
　　用品清单是让爸妈准备待产前后用品，而我们网站加上了勾选清单然后导出成 Excel 文档的功能，让爸妈都可以按照所指示的步骤制作出属于自己宝宝的清单。

用品清單 不怕忘記買東西

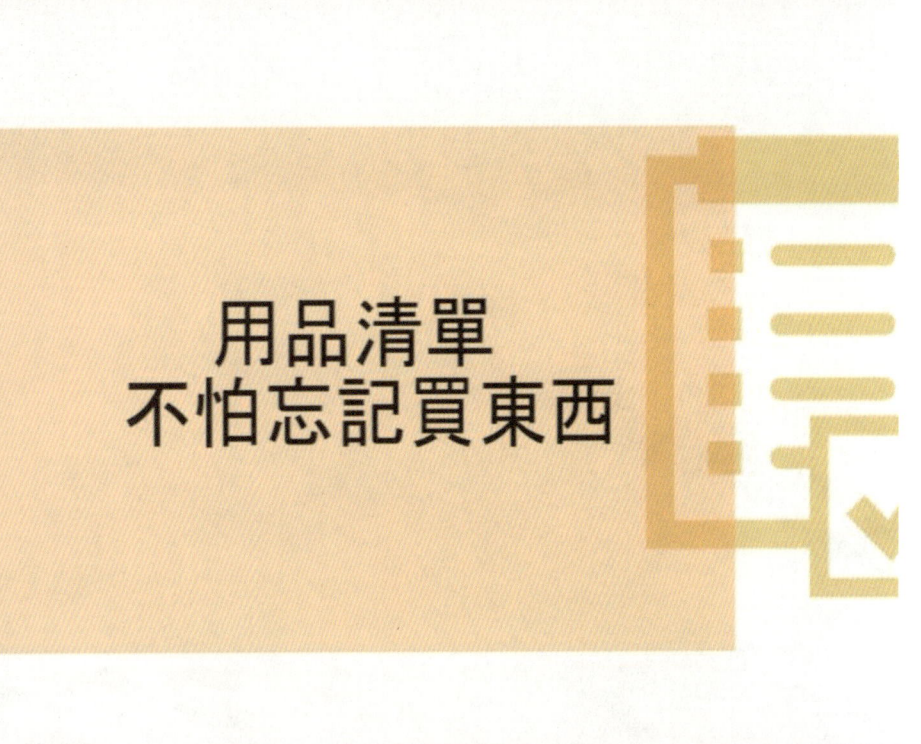

主要内容

网站五大功能：

1. 健康须知：内容区分为成长发展与儿童疾病，提供新手爸妈必备之常识，不仅可以实时关注孩子，宝宝身心也可以得到更好的照顾。
2. 疫苗信息：用户选择区域后，提供疫苗施打的地点信息与施打时程之参考，并列出诊所的相关地点和联络方式，轻松又方便。
3. 宝宝食谱：提供宝宝 5～12 个月的食谱参考，内容分为五谷，蛋豆鱼肉，蔬菜水果类，简单的食材与步骤，任何人都可以轻松上手。
4. 用品清单：提供宝宝衣、食、住、行和沐浴的用品清单，并区分为必备与建议之参考，也可以自制个人化的用品清单，迅速又实用。
5. 宝宝记录：加入会员的使用者可以在此输入宝宝的饮食、睡眠和排便状况，实时了解宝宝的健康状态。

為了做寶寶副食品而煩惱？

ALL MOMMY BABY

优秀奖

作品名称： 锐读周刊
参赛学生： 邱美令　王宇诗
　　　　　　苗飞飞　欧阳娣　万佳
所在院校： 山东工商学院
指导教师： 张子中

作品创意

　　面对互联网的冲击和新技术的普及，阅读正变得越来越难。"浅阅读""数字阅读"大行其道，人们越来越浮躁，整个社会的阅读状况令人担忧。参赛者希望创办一份有关图书和阅读的文化新锐杂志，让人们知道，阅读远不止人们所想象的那样。在这个日益浮躁的社会，希望本刊给人们打开一扇窗户，让他们去认识好书、崇尚阅读，勇敢地分享自己的阅读经历，在这个过程中不断发掘真实的自我，用阅读来引领思想，进行一次心灵的旅行。

锐读周刊

RUIDU WEEKLY

做有态度的导读杂志

创刊号
2014年10月20日
第1期 总第1期
网址：www.ruidu.com.cn

跟习大大读经典

ISSN 1005-8596
邮发代号：2—209　国内统一刊号/CN11-4176/Z0　定价10.00元

创新点

1. 平民化、通俗化却不失思想性和锐气。《读书》太深沉难懂、《书城》则混杂无主,而本刊年轻、通俗却不失锐气,有自己的见解和特点。

2. 本刊设计活泼,摒弃呆板,体现一种设计上的年轻和时尚。本刊分享最新的阅读信息,追寻阅读的前沿,推荐最新的杂志和图书,分享难得的读书人经历,以此期望做一本有态度的阅读杂志。

主要内容

本刊目前有 11 个栏目：卷首语（各个领域的知名人士分享其阅读经历或提供阅读建议，也有杂志主编和栏目编辑们的知心杂谈）；格子间（介绍一位作家的写作历程和他的新书推介）；杂志控（简要介绍近期比较有特点的杂志封面故事或者专题报道）；舶来品（介绍外国期刊、书籍各领域作家，拓宽读者视野）；专题（以近期阅读界最值得探讨的话题作为一个专题）；尚书房（介绍世界各地有趣的书店或书房）；亿像素（抓取近期阅读界比较有视觉冲击力效果的图片并附文字解读）；锐视角（刊登近期关于阅读的一切有讨论价值的主题，客观地展示各方的意见和讨论）；读角戏（介绍并分析由文学作品改编成影视作品的案例）；晒书单（旨在让各行各业的阅读大牛们分享他们的阅读经历，并且晒出他们的书单）；瞭望台（分为推荐和榜单两个平台：一部分是各类人士推荐的书籍，另一部分是分析和分享各大网站推出的热销和热读榜）。

整个杂志遵循简单的点、线、面的方式，突出大气、简洁的办刊特点。

优秀奖
中国传统节日
张柯欣

优秀奖
月之子
何钰琦

优秀奖
初老症
王星星

优秀奖
清华迹
贾煜洲

优秀奖
天子论
田博文

优秀奖
歌八百壮士
陈世豪

优秀奖
米立
周珊如

优秀奖
撕,撕着背——四级单词
卢忆

"韬奋杯"
首届
全国大学生
出版创意大赛

视觉创意奖

一等奖
左右
郭枳彤

二等奖
脸谱
孙媛媛

二等奖
男男女女
苏晓丹

二等奖
秘密伊甸园
罗溪溪 陈叶

三等奖
平仄
何珏琦

三等奖
蝶裳
梅紫婷

三等奖
吻
程昕

三等奖
众生相
靳宜霏

三等奖
自然·中国
李晶磊

一等奖

作品名称：左右
参赛学生：郭枳彤
所在院校：清华大学美术学院
指导教师：顾欣

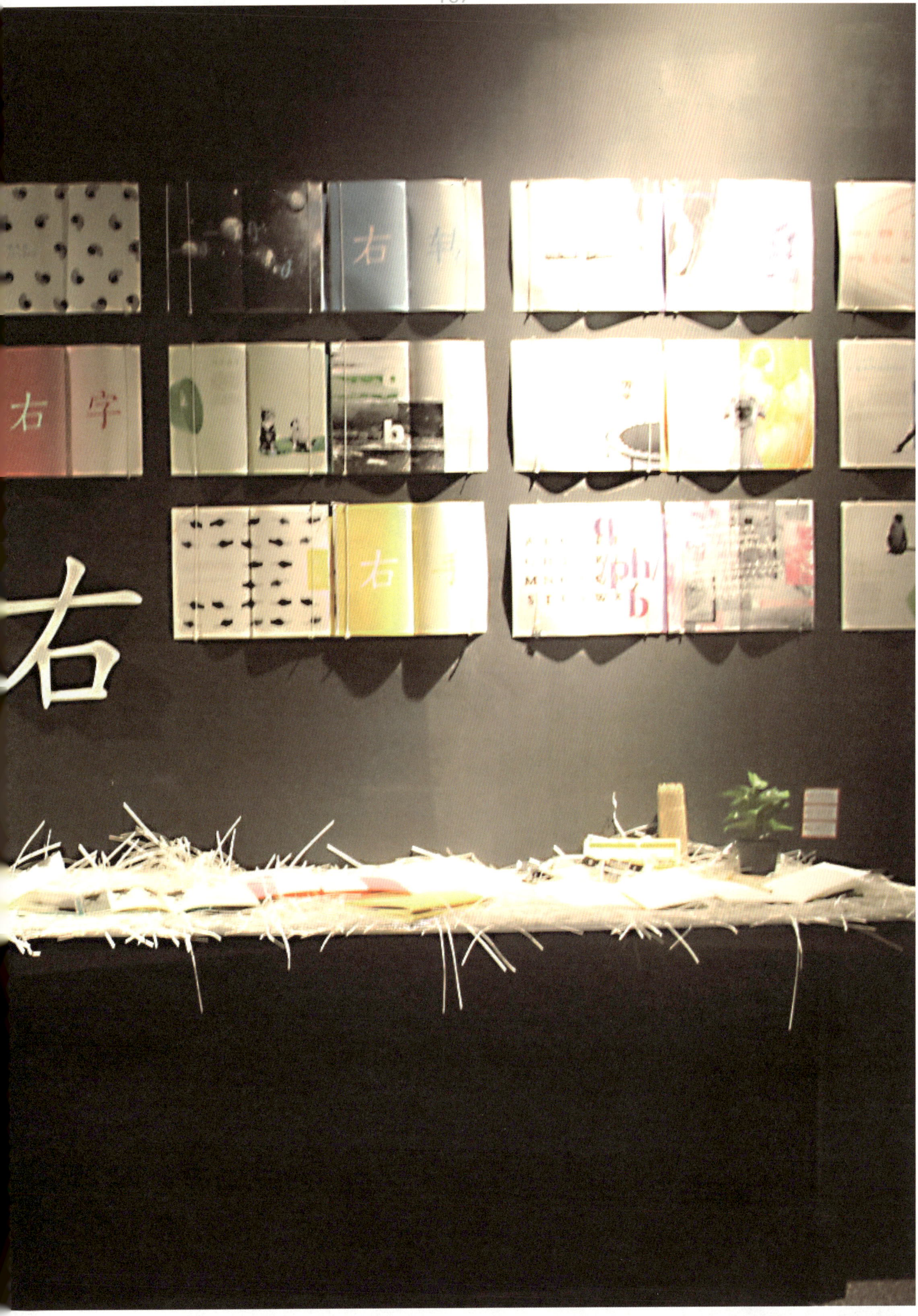
右

作品创意

生活中，我们不难遇到需要判定方位的时候，一般来说，小孩九岁以后才能明白和理解左右的空间关系。从认知角度上看，左右最常见的描述方式通常是以自身为参照物。左右符号，除了通常用于表明方位的箭头形式外，更多的是源于人体器官的对称性，以及我们生活中遇到的点滴细节，如人们看书时的阅读顺序是从左往右，马路上奔驰的车辆靠右行驶，等等。左右存在于社会生活中，其蕴含的深意也随着人类的发展不断地演化和具体。但当我们跳出符号系统去思考左右的时候，它又别有一番深意。

主要内容

作者从对自身的探究开始，由左撇子引发对左右符号的思考，追溯"左右"两个汉字最初的字义，"右"从口从又，又即右手，主力手。口意为吩咐。吩咐什么呢，吩咐左手，辅佐工作。作者所指的左右符号体系，这个世界总是向右倾斜，作为左右体系里最实用的参照物，左手右手，为何明明如此相同却有那么多不平等待遇。如果说生物学上存在相似的基因，惯用手的选择更多的是基于后天的训练，那么古代歧左尊右的思想又从何而来？

该书罗列了各种与左右符号相关的现象。结合视觉传达专业的优势，将道听途说、万象收罗的资料再次整理、书写、编排成《左右》系列丛书，内容包括"身体""行为""文化""语言""宗教""文化"。

创新点

该书的设计理念是倡导从书籍设计的最初整体体现文本内容和左右的客观平等态度，给阅读者最深刻的阅读体验和感受，故此，唯有左右两侧同时翻阅、对比阅读时才能了解本书内容的完整观点。利用左右这一主题，探究书籍结构与图文逻辑的关系，从书籍的内容开始设计，使其装帧形式和文本的阅读共生。

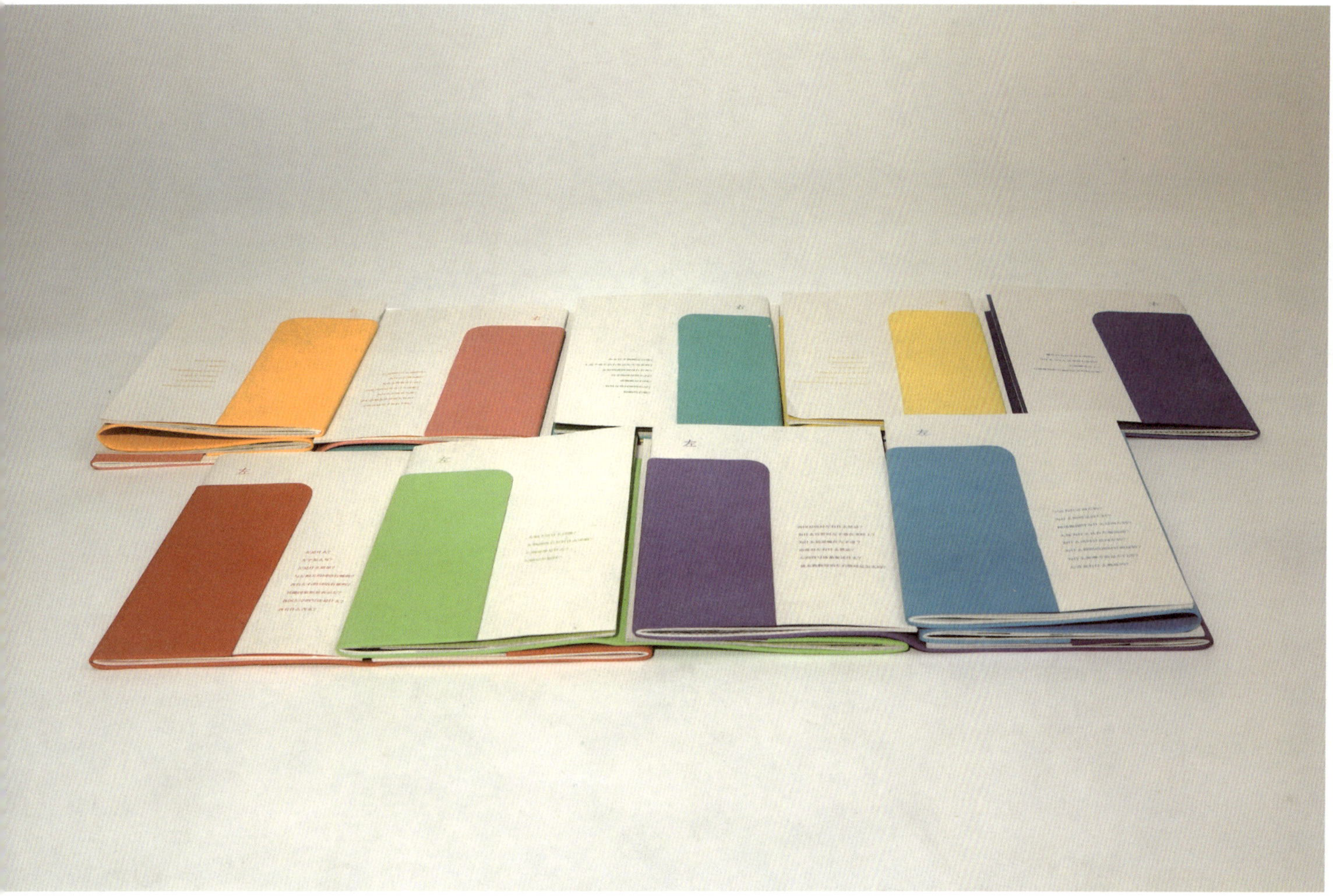

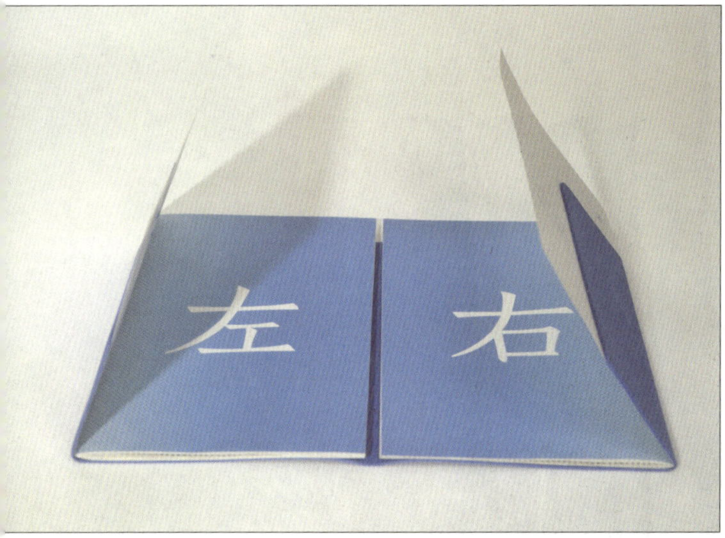
左
右

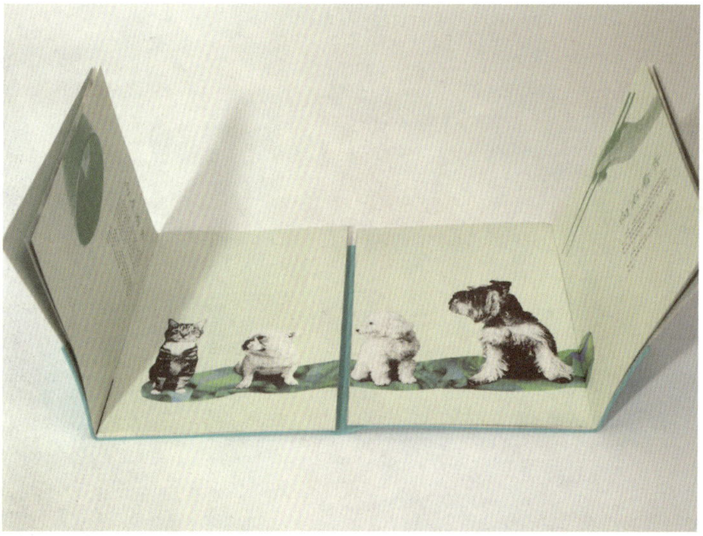

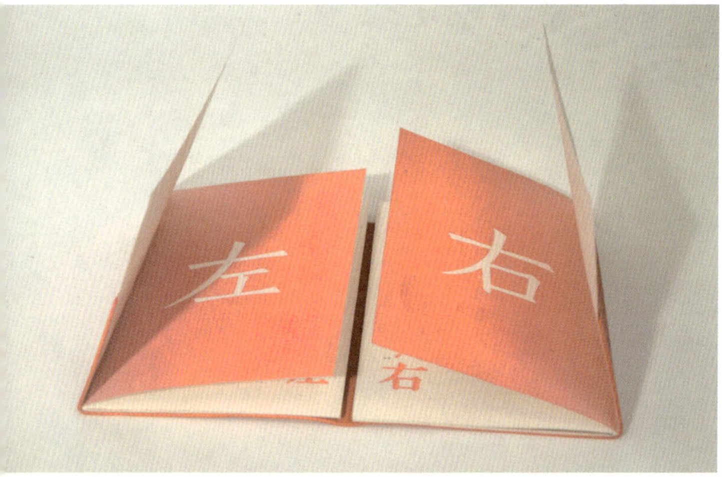
左
右
右

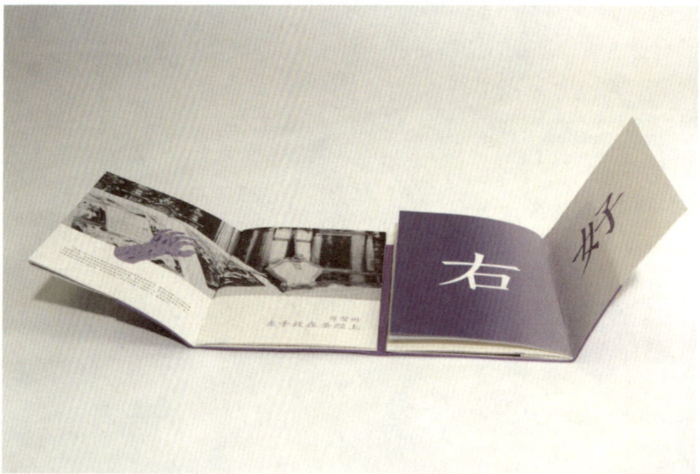
右
好

左岩

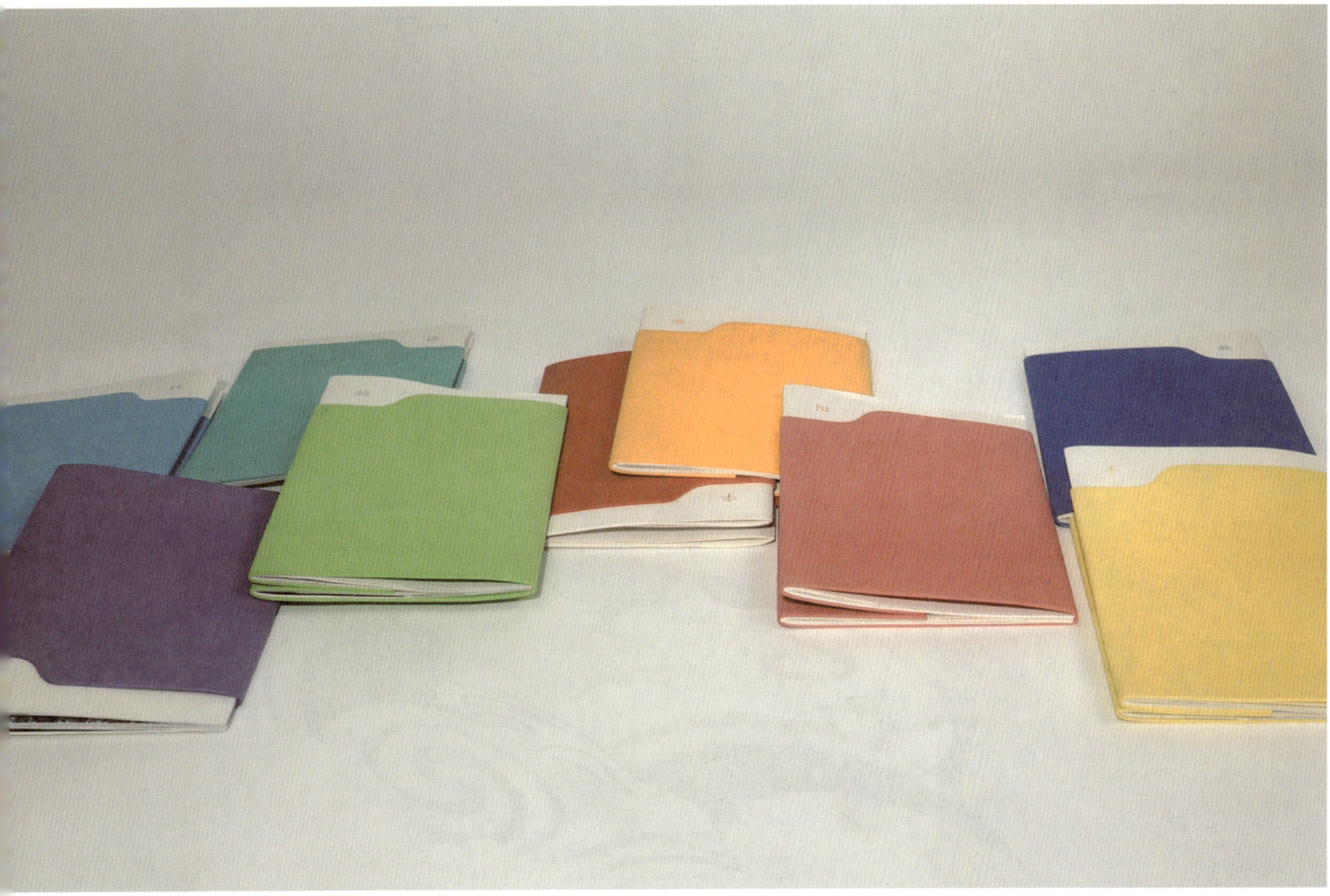

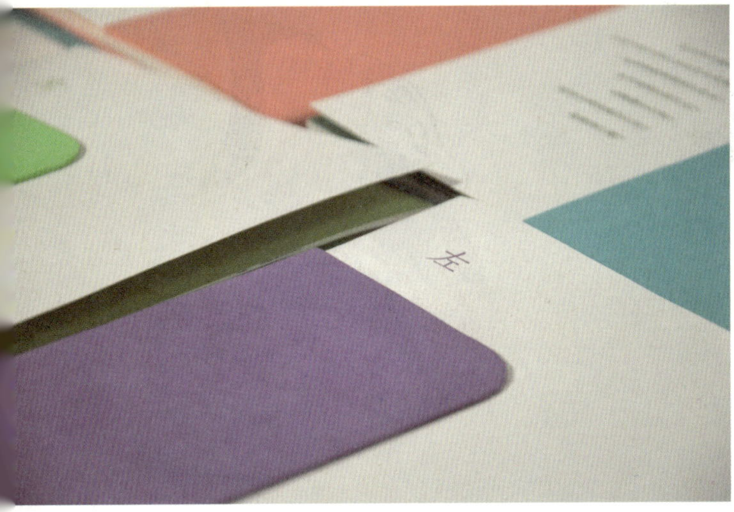
左

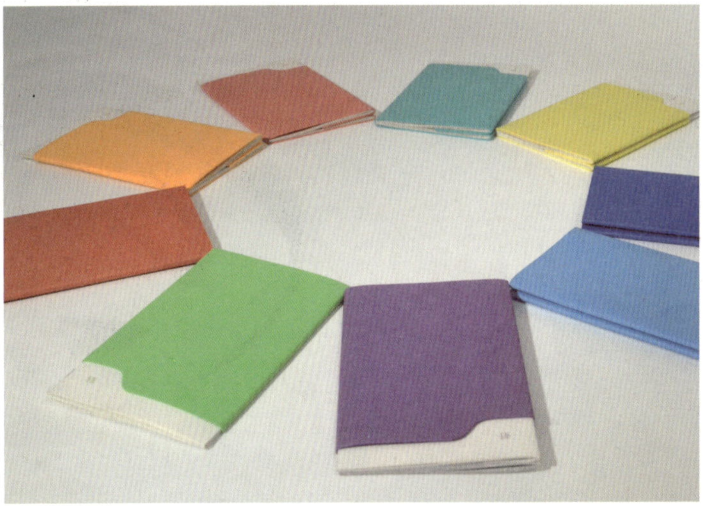

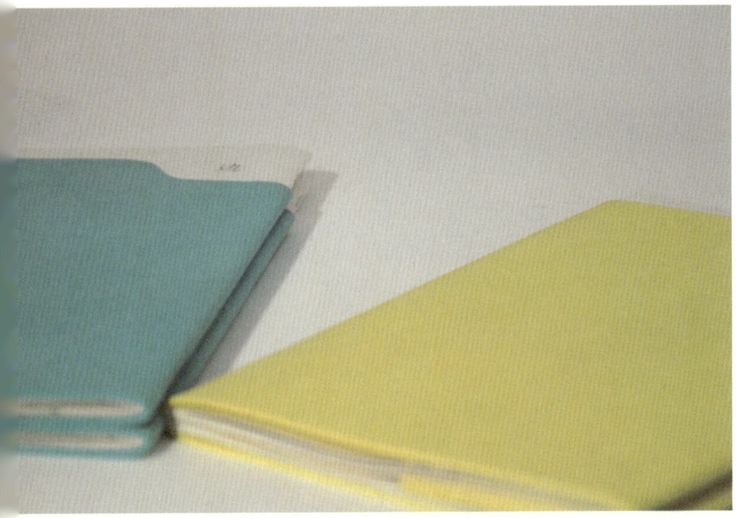

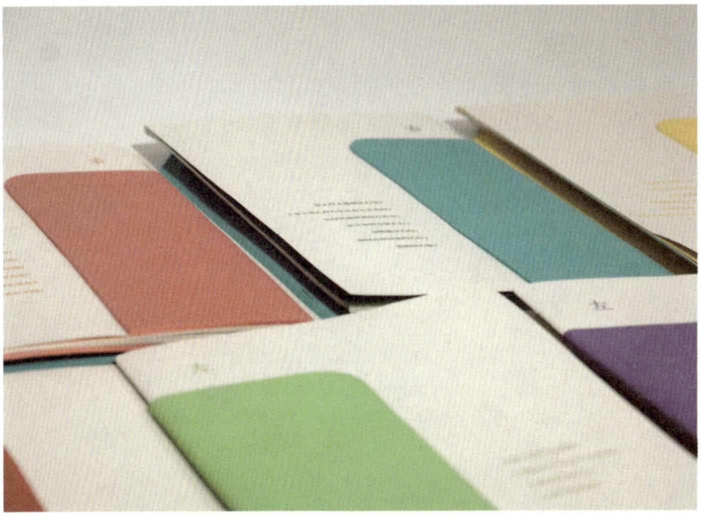

二等奖

作品名称：脸谱
参赛学生：孙媛媛
所在院校：安徽新闻出版职业技术学院
指导教师：郑晓丹　刘浩

作品创意

脸谱这一主题较具有中国传统特色，它作为中国传统剧种——京剧的一种表现形式，是中国戏曲演员脸上的化妆图案。因这些图案均有特定的纹路，故被称为脸谱。脸谱的作用是运用不同的色彩和线条构成各种形象，以象征剧中人物的性格和各种特质，如忠奸善恶等。

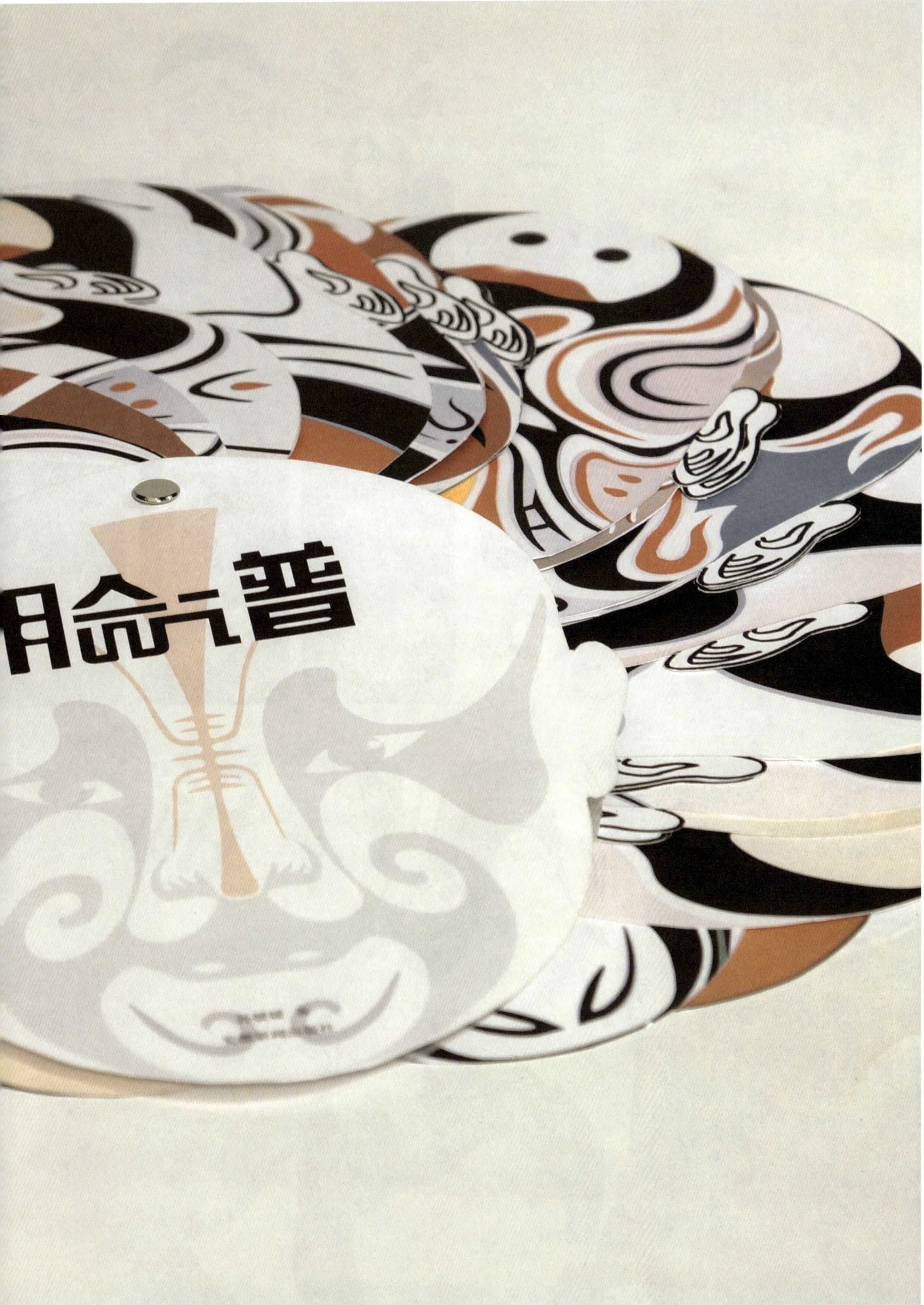

主要内容

正面为脸谱图案，反面是人物简介及他们的故事。

创新点

1. 运用脸谱的形态做成一本书，打破传统图书的循规蹈矩、方方正正，形态是整个脸谱的形状。
2. 打破传统的书籍装订形式，把整本书做成可旋转的形式。

175

太史慈（166—206），字子义，东莱黄县人。东吴名将，北海孔融敬之；黄巾贼管亥围北海，慈助融拒之，大破贼众。后融扬州刺史刘繇，后被孙策募其高义，把慈招撞残帐下，慈降。太史慈能信义，始终如一，弥息讨论。自此慈为孙氏大将，慈助其归蒋江东，慈因太史慈能制刘磐，便蒋管理南方的要务委托给他。建安十一年（206年）太史慈逝世，死前说道：「丈夫生世，当带三尺之剑，以升天子之阶。今所志未从，奈何而死乎！」

蒋干，字子翼，三国时期的人物，赤壁之战前蒋干充当曹操之说客，企图劝吴说周瑜投降。而当时周瑜正担心蔡瑁和张允帮助曹军训练好水军，将计就计，摆下「群英会」诱导他盗走假的张、蔡二人的「投降书」，以反间计除去了这二人。后却自以为立功，成为笑柄。

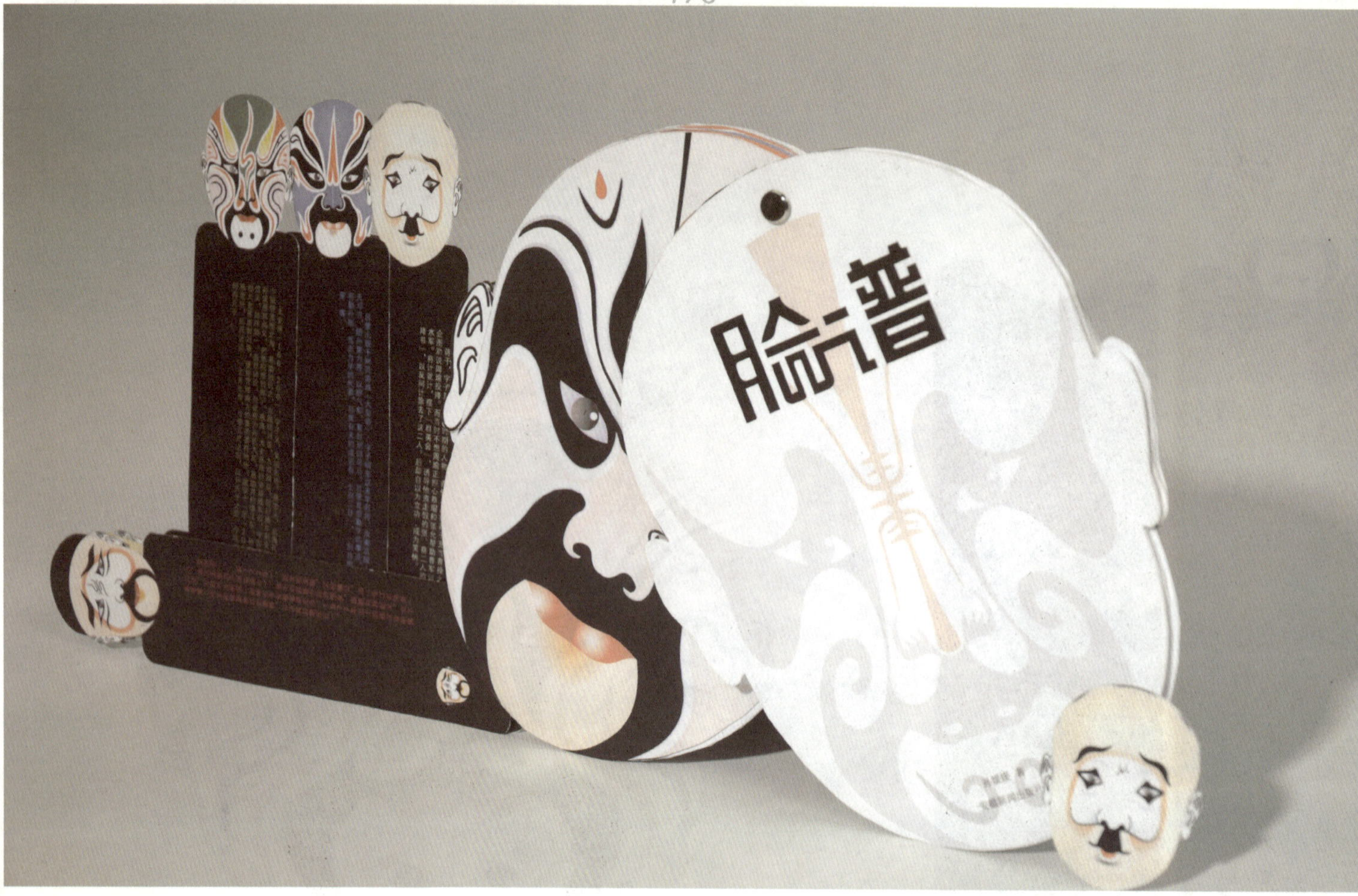
脸谱

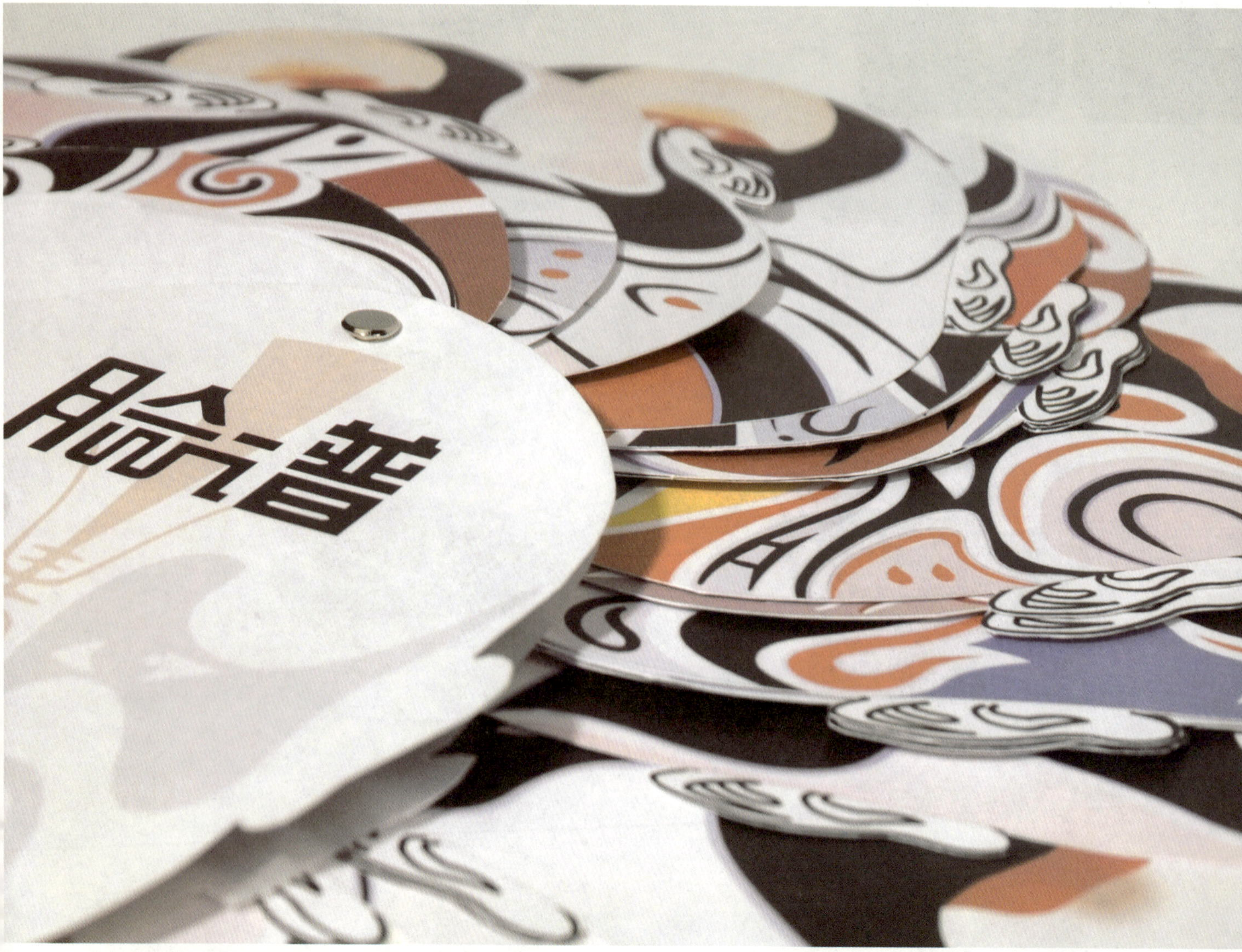
脸谱

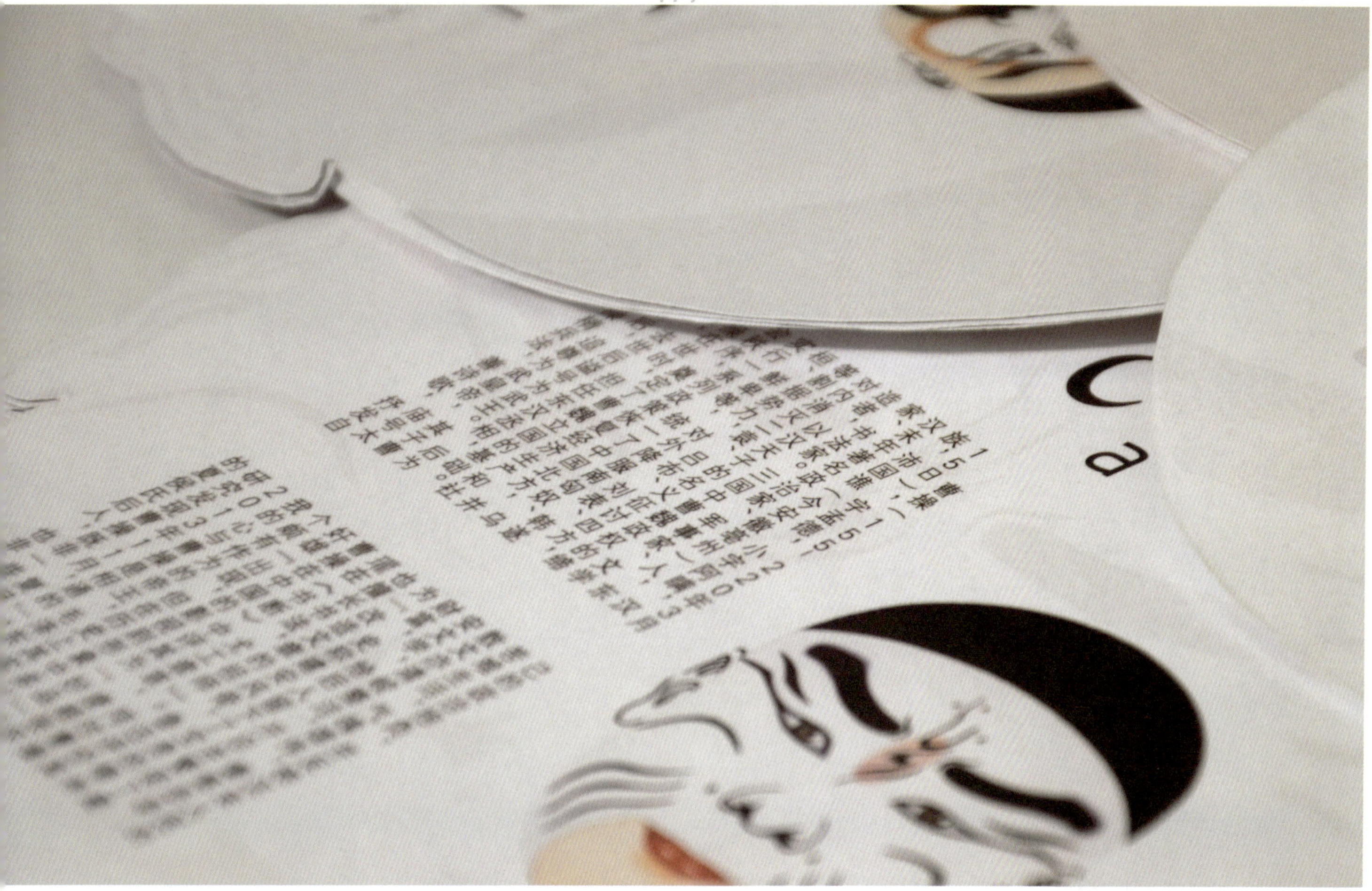

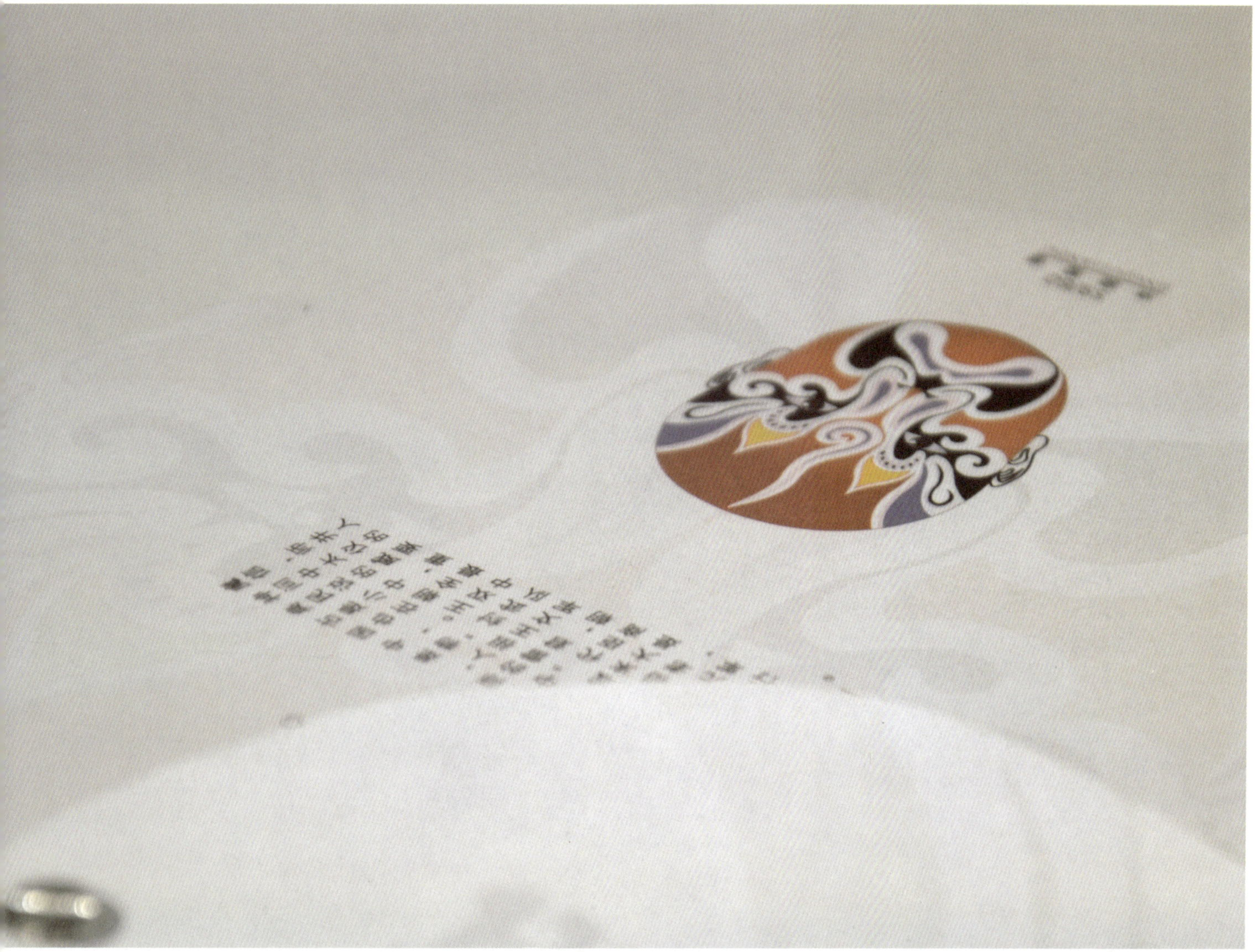

二等奖

作品名称：男男女女
参赛学生：苏晓丹
所在院校：清华大学美术学院
指导教师：顾欣　周岳　何洁

作品创意

男女的特征并不是恒定的，环境和经历对个人有着巨大的影响，使人的性别逐渐多样化。作者想借这个主题说明：男女的主题不是永恒不变的，它会根据不同环境不同影响等客观原因而改变，同时，也想通过纯视觉的语言传递他人这个概念，并不是要给出答案，而是给人以想象思索。

识别男女

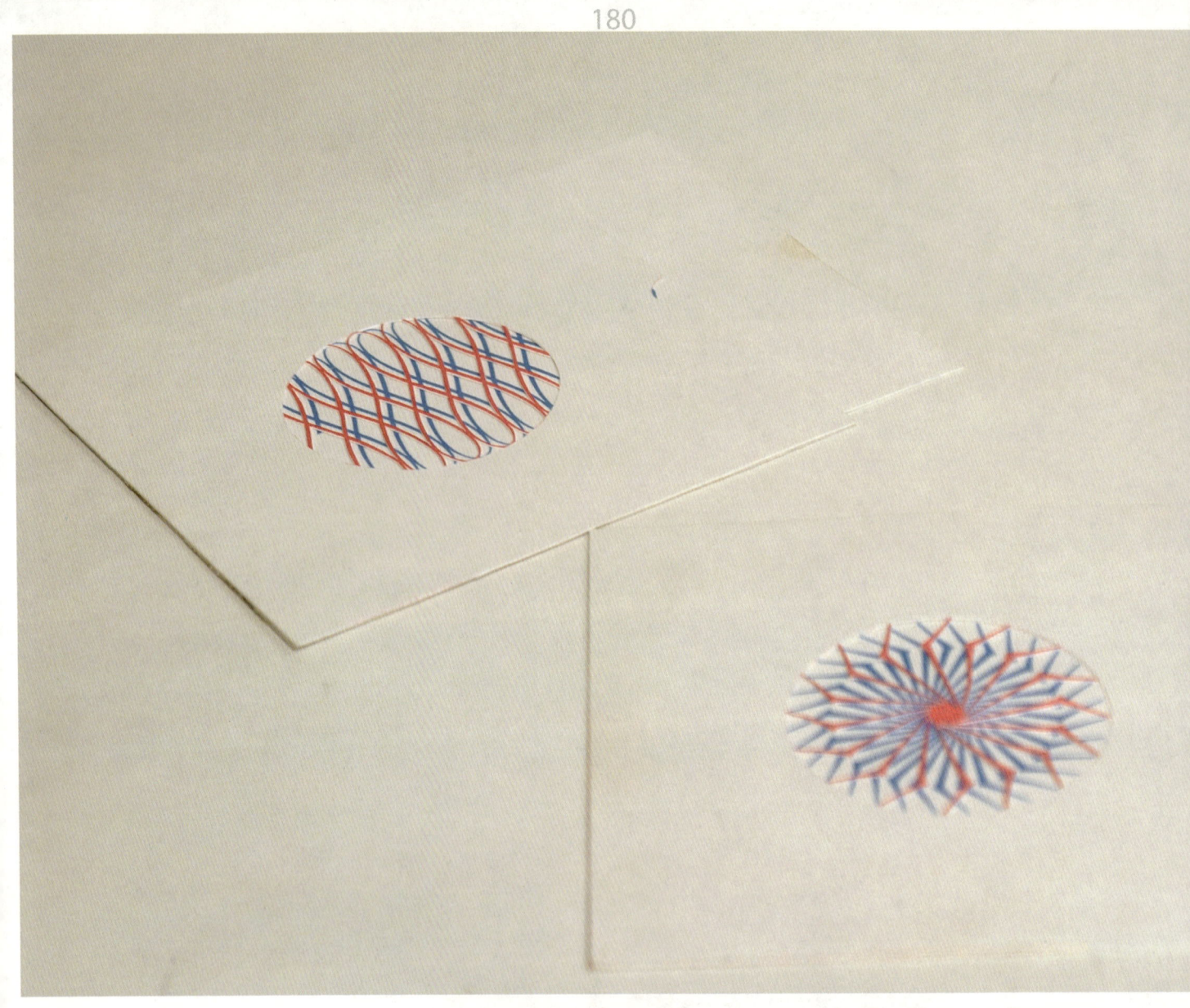

创新点

以男男女女为主题，关注男女的社会属性，在内容的基础上对表现形式进行各种探索，尝试用抽象的符号语言和纸型结构来表现当今社会男女取向的变化。作品形态丰富，视觉美观，具有创新性、研究性和美观性。

主要内容

1. 利用红蓝两色代表男女性别，并在图形中利用线面等形式，表现两者的不同关系。

2. 利用互动的形式，让人们参与图形的变化，更好地了解主题的概念；通过增加作品的趣味性，更好地表现性别多样的有趣现象。依托于纸结构，使不同的纸结构产生不同的图形效果，进而使得每一个图形也有了相对独立的风格和质感。

3. 虽然图形是电脑制作，但加上手工的印刷和制作使它成为限量版的手工书，同时也增强了艺术感和文化感。

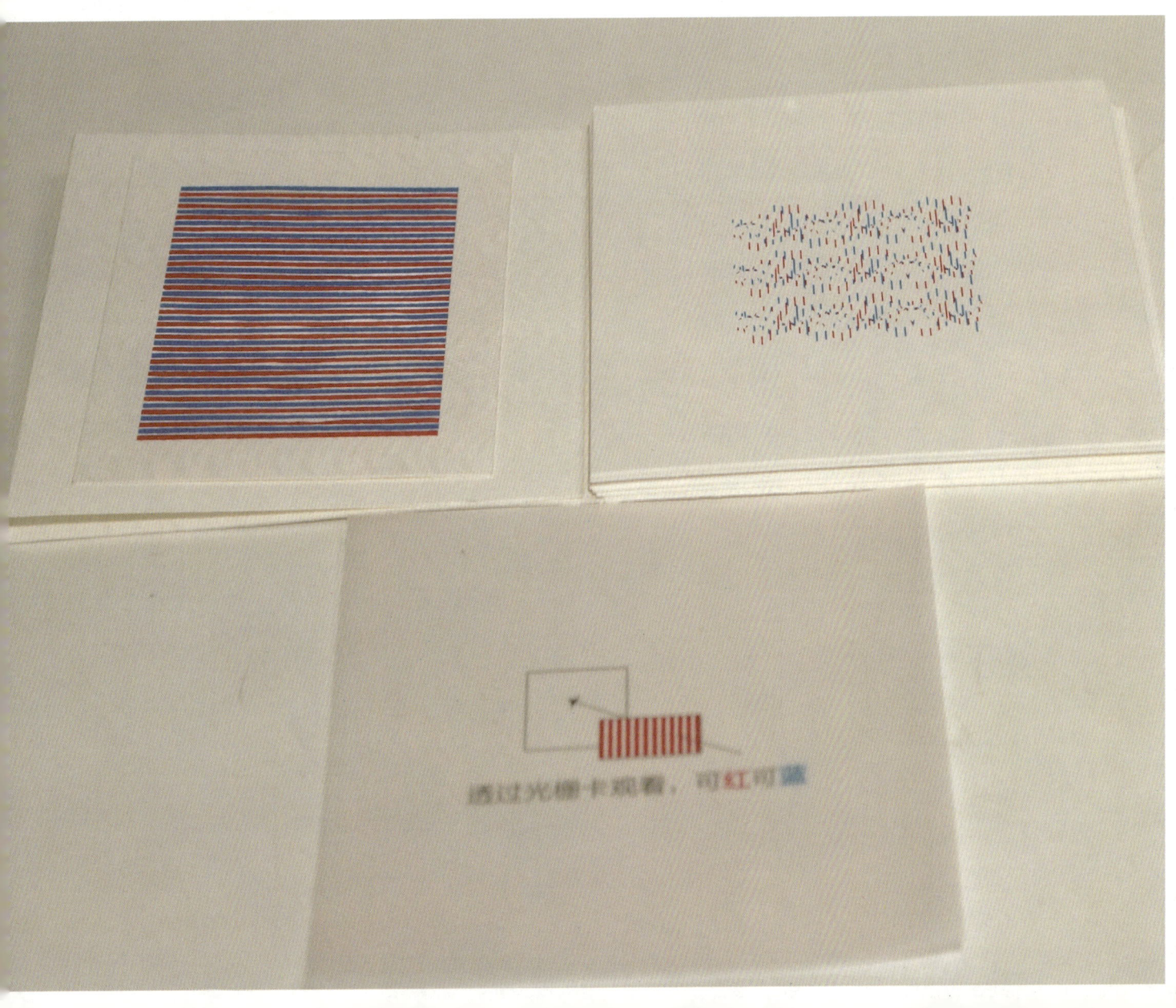

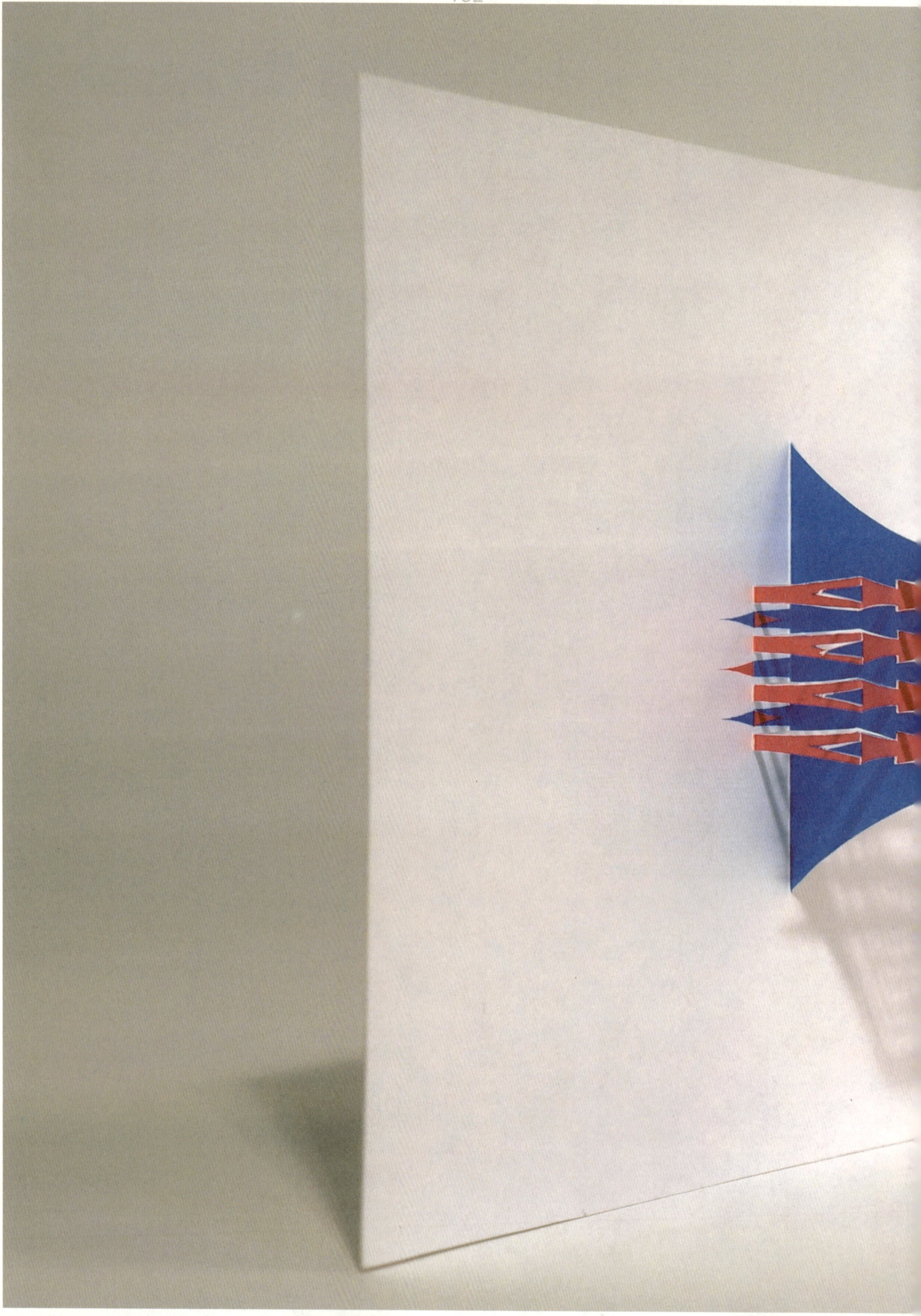

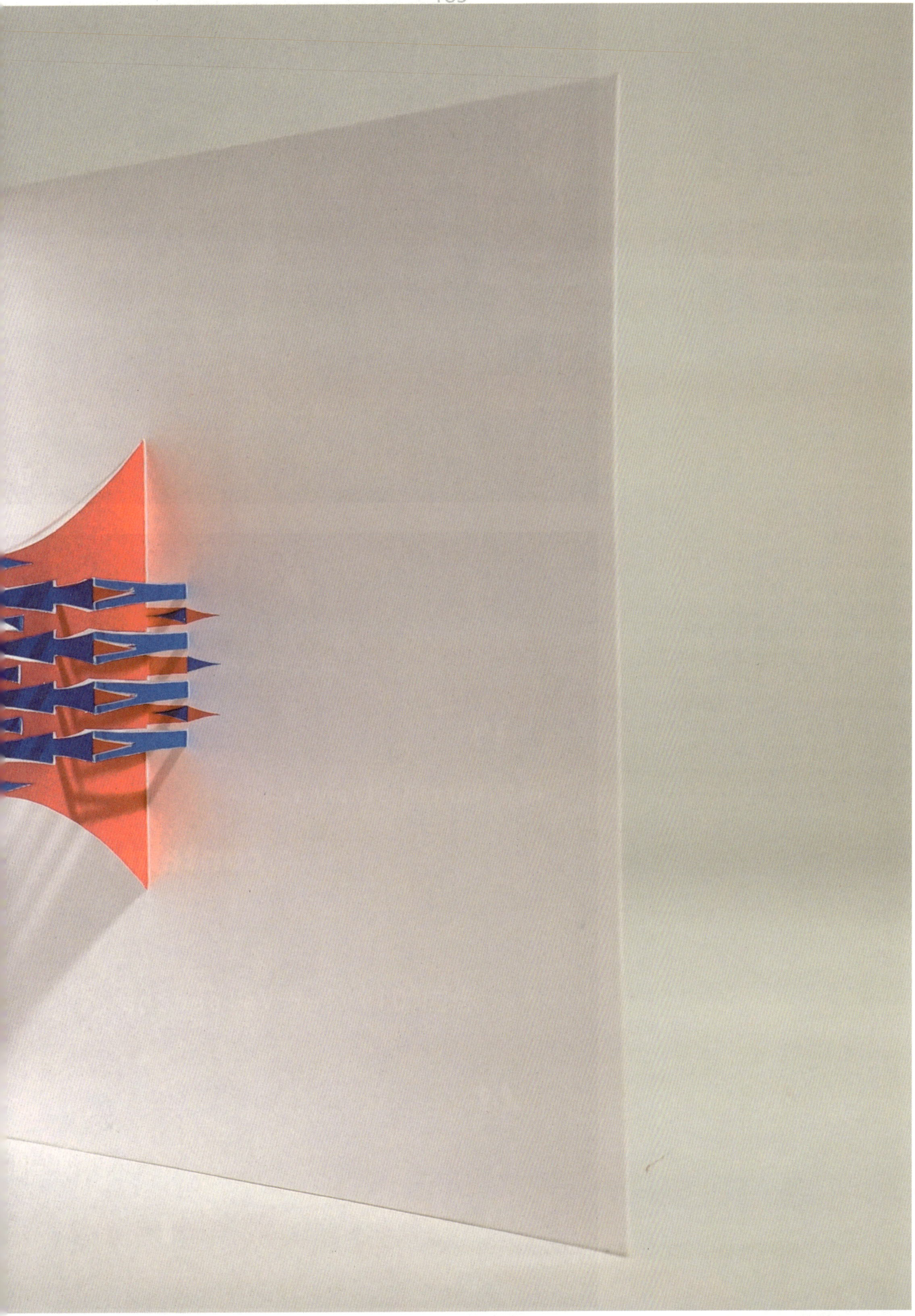

二等奖

作品名称：秘密伊甸园
参赛学生：罗溪溪　陈叶
所在院校：湖南师范大学
指导教师：吴余青

作品创意

伊甸园一词至今是世界性的文学隐喻，专指那种早已逝去的人类理想中的乐园境界，并可同希腊神话中的黄金时代以及其他民族中信仰的天堂境界相认同。"伊甸"还可用来比喻未经罪恶污染的天然、质朴状态。本书取其理想乐园之意，更突出其秘密的含义，将世界范围内几位具有突出代表意味的独立摄影师一一介绍给世人。每一位摄影师都积极探索种族、两性、个人内心等方面的意义，并用图片将其表现出来，形成视觉冲击。

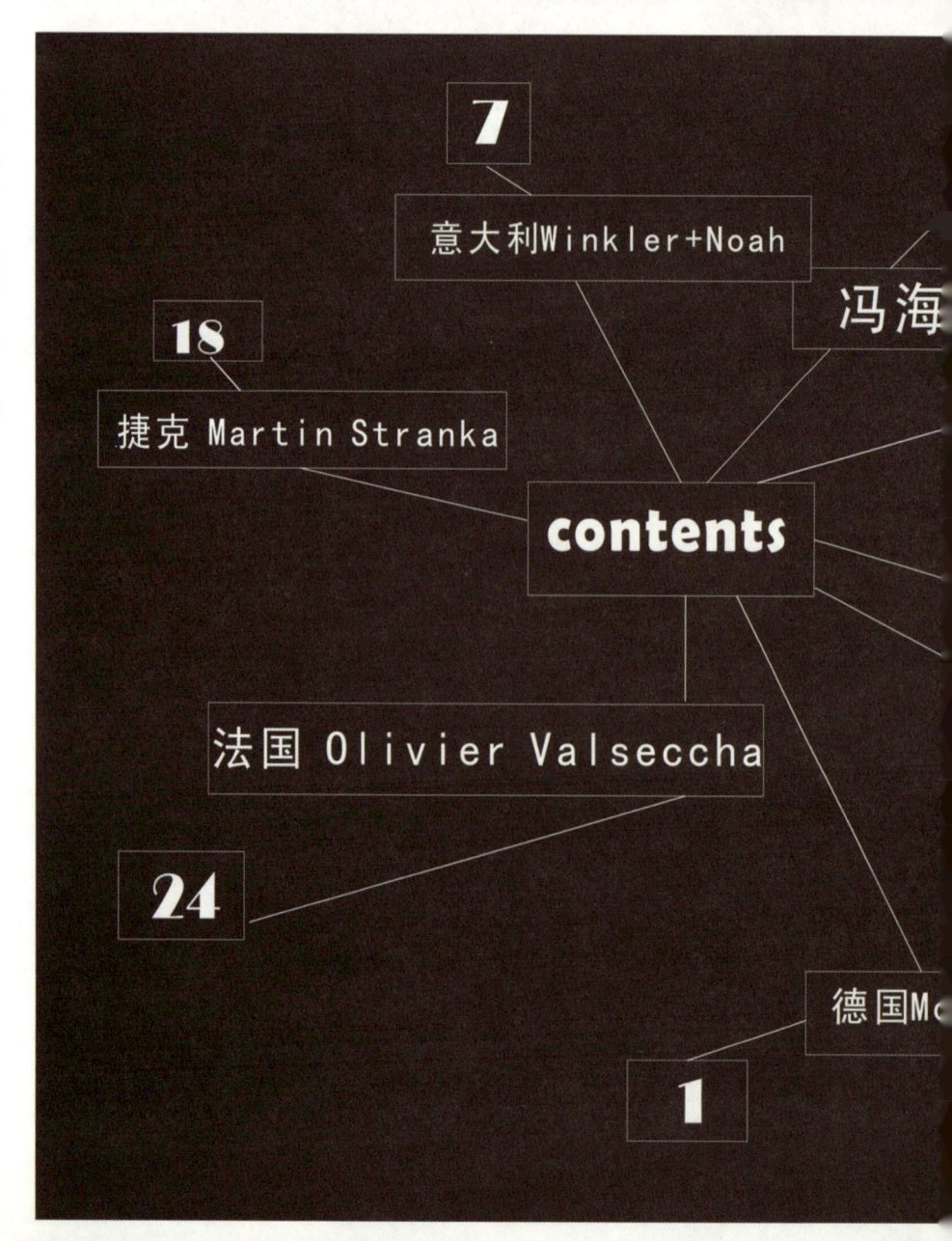

《裸体的独自Mona kuhn的伊甸园》

德国女摄影师，1969年出生于巴西，这是一组她于1996-2002年间拍摄的黑白作Mona kuhn的作品只有一个主题——人，裸体，或独自、或成群呈现着日常生里最随意的姿势，这种随意里似乎有种力量，直接或间接地向你暗示着那个另人怯的仙境——伊甸园

Mona kuhn的原则是气质第一，外形第二。
正因如此，她的大部分模特都是周围的好友

7　意大利Winkler+Noah

冯海

18　捷克 Martin Stranka

contents

法国 Olivier Valseccha

24

德国Mo

1

TOGETHER

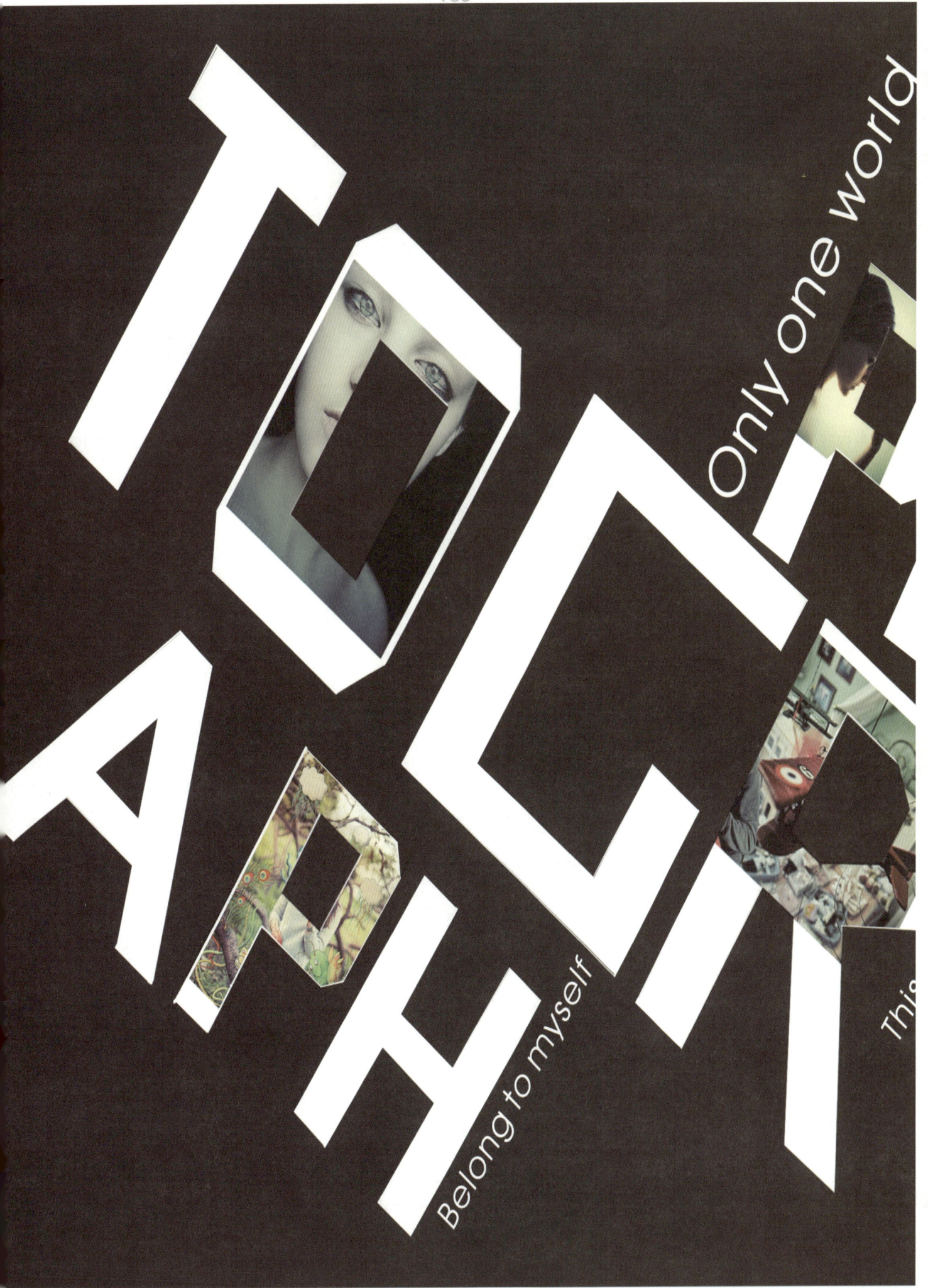

Only one world

Belong to myself

This

主要内容

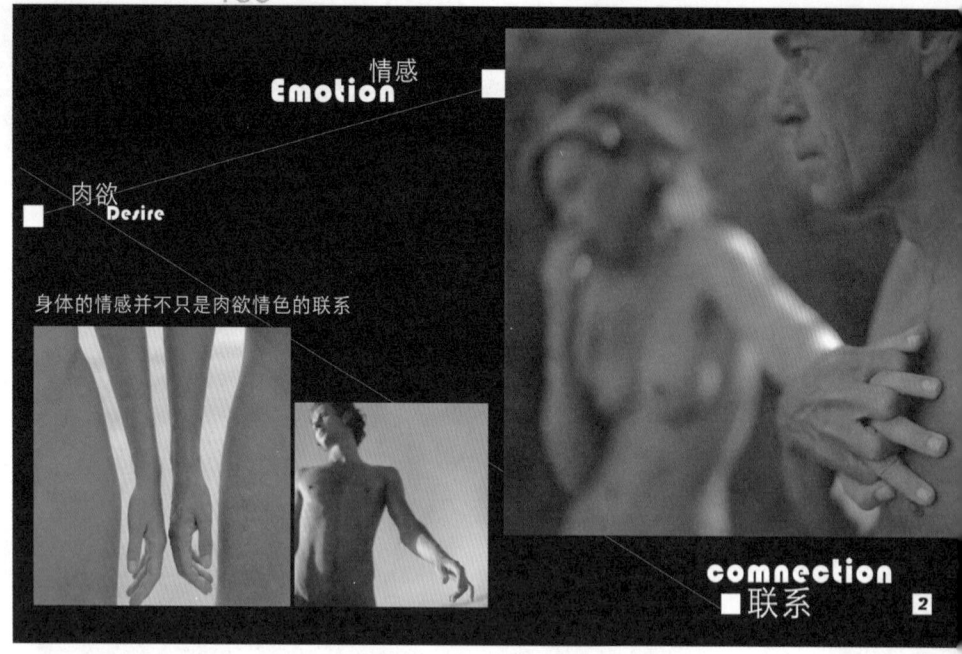

本书以推介八个国家的独立摄影师或摄影工作室为主要内容，摄影师分别来自不同的八个国家，由此分为八个章节来介绍其生平经历、创作理念及作品。

1. 德国　Mona Kuhn：裸体的独白
2. 意大利　Winkler+Noha（独立摄影工作室）：目击者
3. 波兰　Berenika：荒诞背后的真实
4. 捷克　Martin Stranka
5. 法国　Olivier Valseccha：les couple 和尘土
6. 美国　Annie Leibovitz：迪斯尼百万梦想之年
7. 澳大利亚　Bronek Kozka：Room 101；
8. 中国　冯海：昆曲造型摄影。

创新点

本书选题视角独特，遴选世界范围内新锐的独立摄影师和摄影工作室，将其创作理念和作品充分展现于书中。在版式设计中，充分切合"秘密伊甸园"的主题，将各种作品完美呈现，背景色为黑色，视觉冲击力较强。

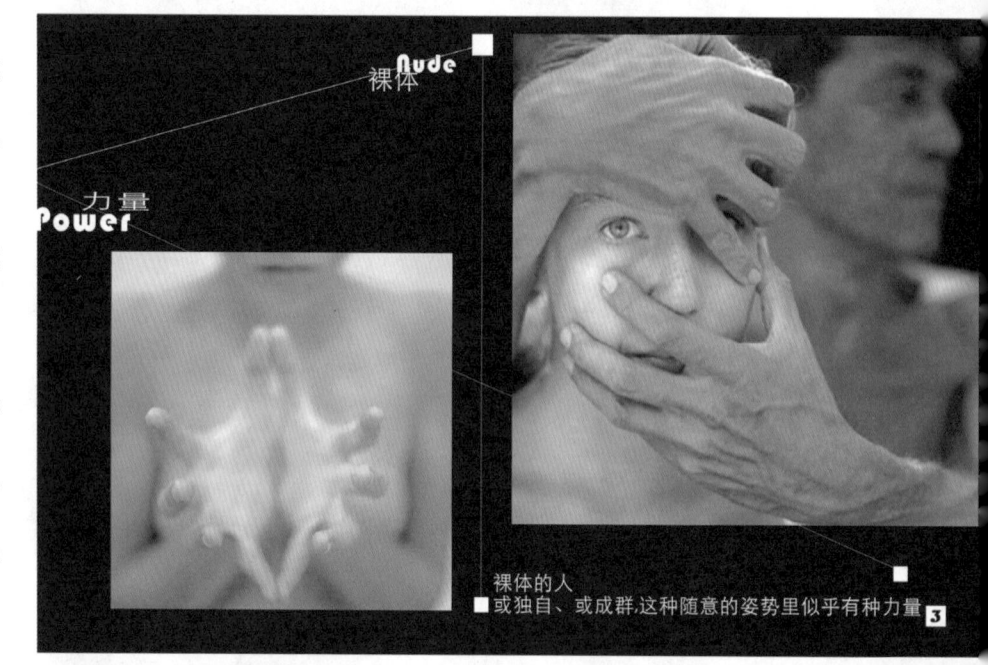

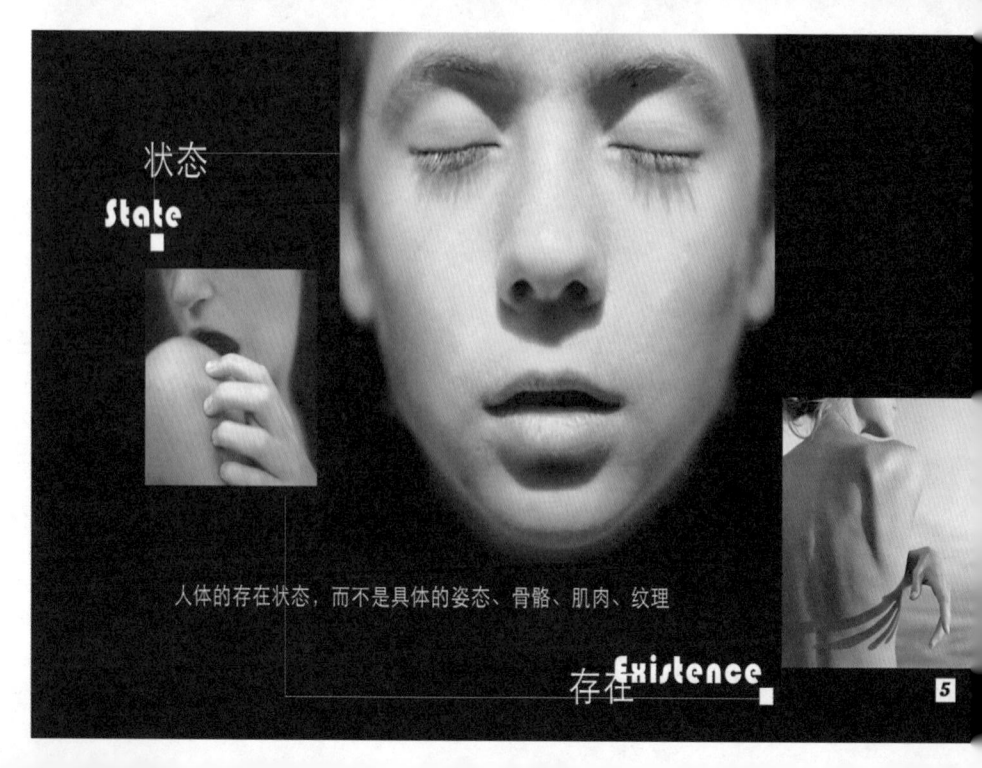

《The witness 目击者》

Winkler+Noah是个意大利的摄影工作室，他们很多作品都很有内容性，演绎着比较深刻的主题，很多是历史话题和社会话题这组作品是为纪念柏林墙倒塌20周年而拍摄的，Winkler+Noah摄影工作室邀请了20位20多岁的年轻盲人，从极近的距离拍摄他们的面部他们的眼睛都被白色的迷雾遮住，以至于看不清楚眼前的事物

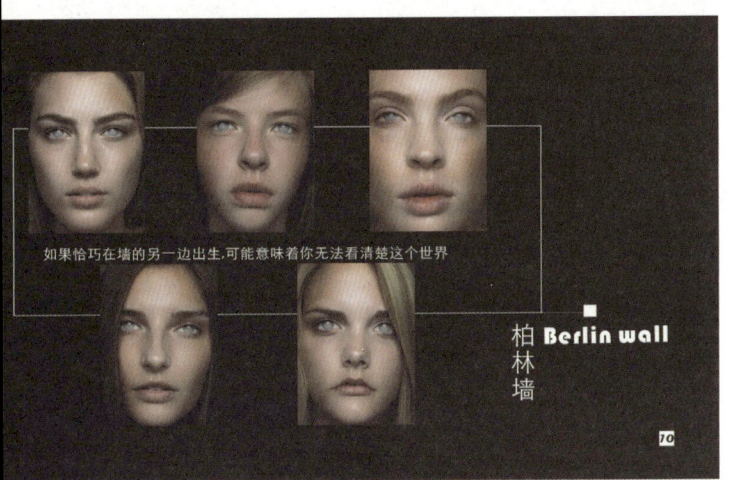

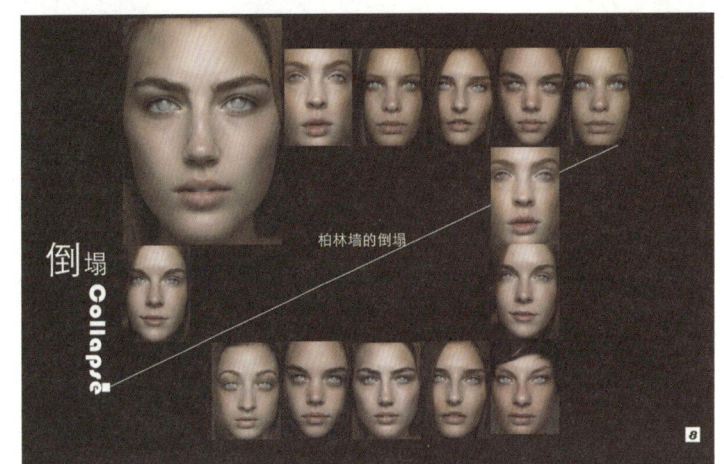

如果恰巧在墙的另一边出生,可能意味着你无法看清楚这个世界

柏林墙 Berlin wall

倒塌 Collapse

柏林墙的倒塌

ARTISTS

Olivier valsecchi

《Les Couples》与《尘土》

奥利维尔·瓦尔瑟是一位年轻的法国摄影师,他最早的摄影作品就是自拍让他发现了自我的价值。但是自拍系列并未让他满意,或者说难以完全探寻自身。他说他所喜欢的就是一种亲密感.他让模特脱去衣服因为他发现衣服对于他们等待表现力是一种障碍,脱去后的表现完全不同.在拍摄一系列的情侣"快乐'的画面之后转向了现在的我们看到的尘土

在《尘土》中,模特儿看上去不像是裸体的,他们身穿的是"尘土",所以让他们感到自然.尘土在这里成为一种隐喻.影像中显得比较深暗,和尘土一起一起构成了双关的暗示。

仿佛早一次次无意识的跳跃过程中,照片激发了生和死的力量甚至是母性的(火、土、空气甚至是水.在这里聚集在一起,构成了抽象的母性的存在)

free
随心所欲

我们的感受 不是束缚,而是随心所欲

Bosom
内心

是我更深的内心世界

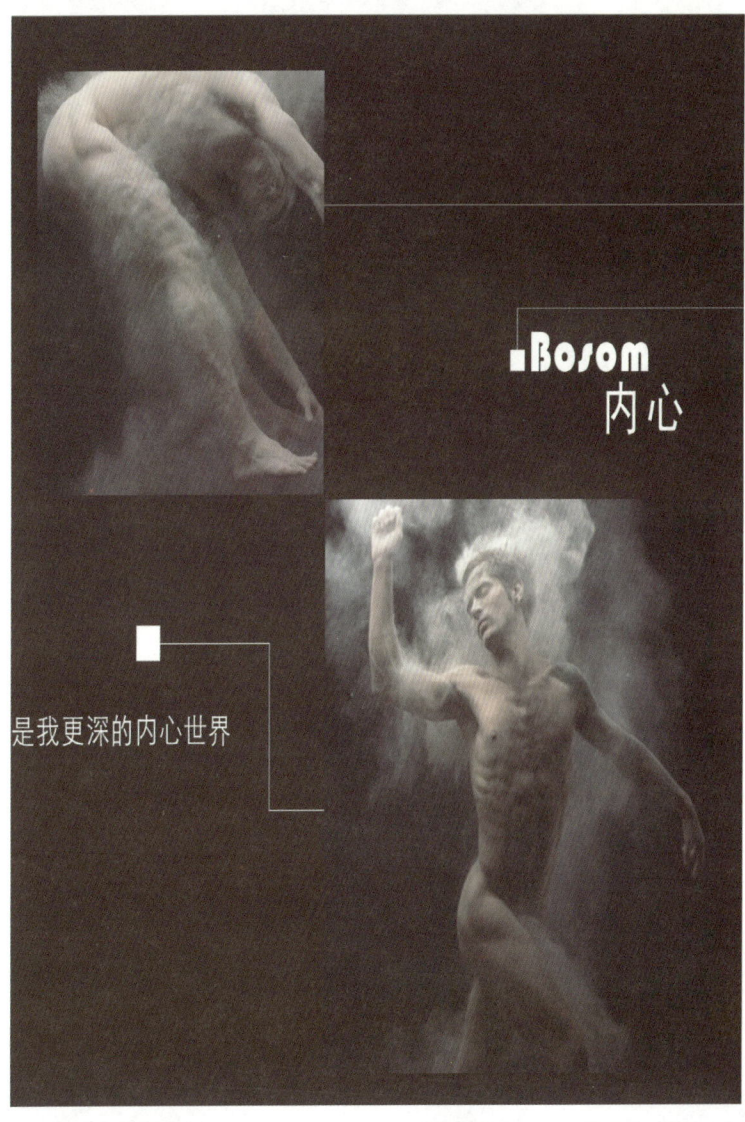

一次次无意识的跳跃,
都激发了生与死的力量

空
長城
上 塞
     白
渡 雪
  夜

三等奖

作品名称：平仄
参赛学生：何珏琦
所在院校：清华大学美术学院
指导教师：吕敬人

作品创意

古诗自有韵律之美，平上去入四声自有其规律使然。本书以此为切入点，还原古诗的平仄调子及其韵律，将平仄、押韵、五律、七律等古诗创作所遵循的规律和相应古诗结合为一体，再现古诗的韵律之美。

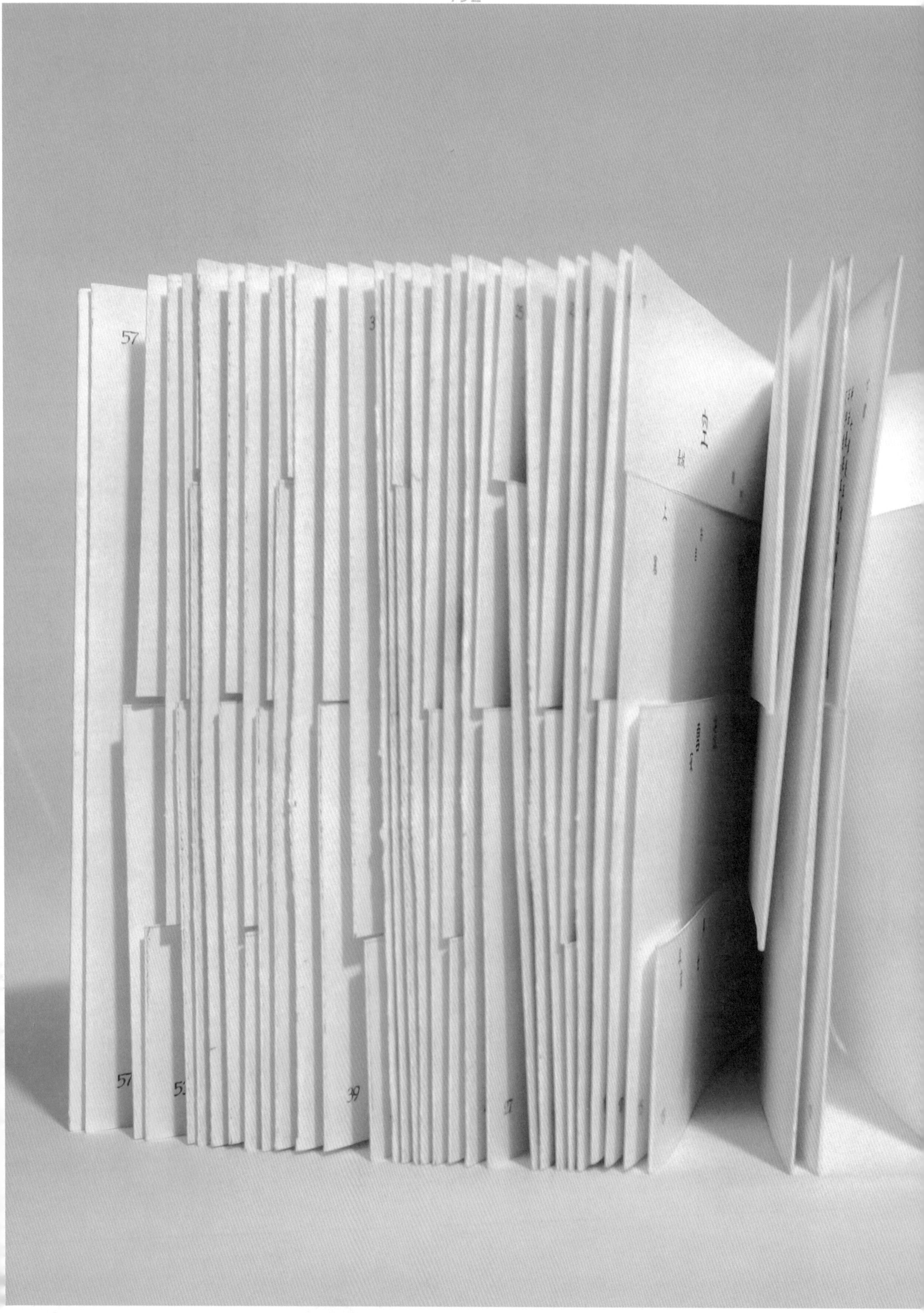

主要内容

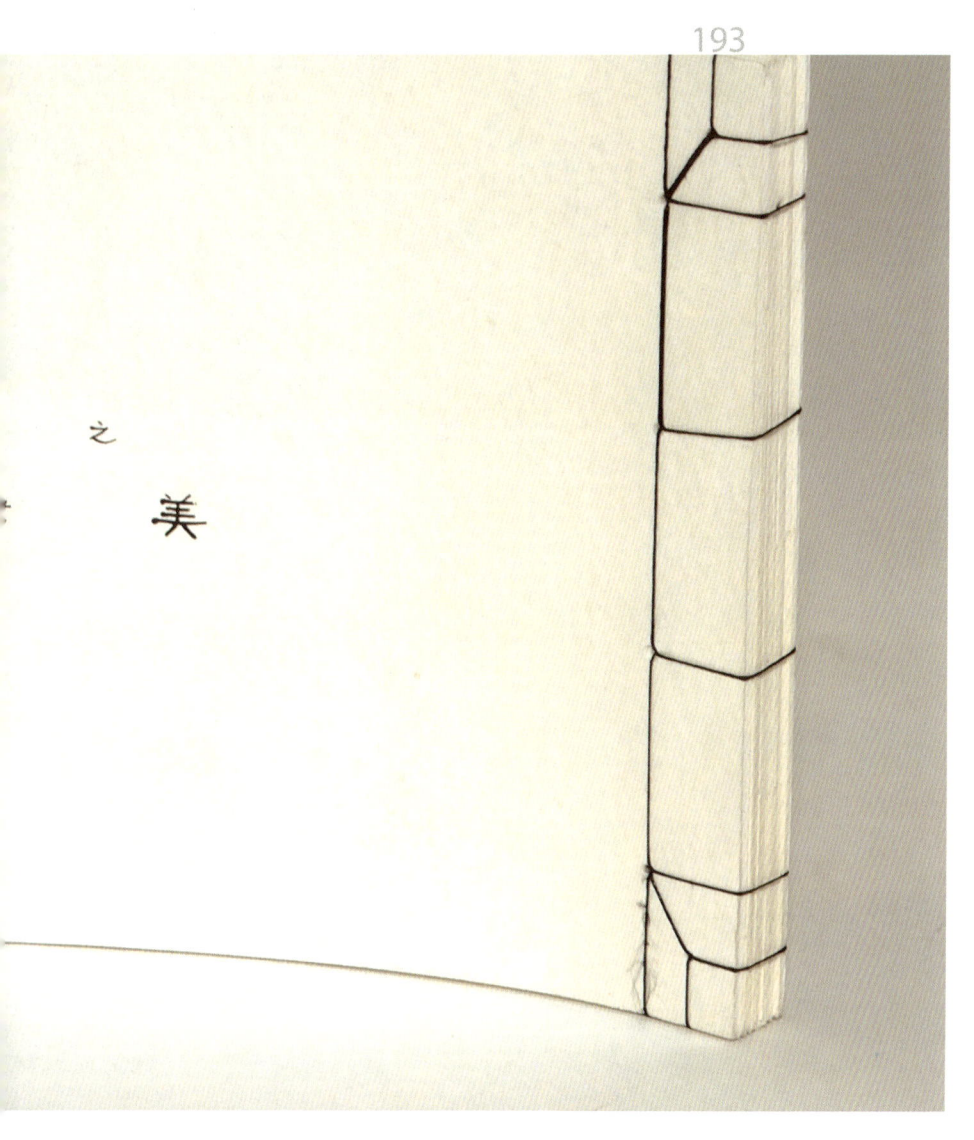

主要分为故事韵律基础知识和古诗鉴赏两部分内容，且每一部分的具体内容都互相呼应、一一对应，学习古诗韵律基础知识的同时对相应古诗进行鉴赏。

基础知识：四声出平仄、方言辨平仄、五律、七律、粘对、特定、拗救、口诀、古风。

古诗鉴赏：《山居秋暝》、《书愤》、《月夜》、《宿五松山下荀媪家》、《赋得古原草送别》、《天末怀李白》、《登高》、《黄鹤楼》。

创新点

装订形式采用线装形式，内文纸张横向裁切为上下两半，充分将"基础知识"和"古诗鉴赏"融合在一起。

选题立意新颖，所选内容和古诗均对应书名，角度独特。

"基础知识"和"古诗鉴赏"两部分没有割裂开来，而是将其完美融合，对应的古诗穿插于"基础知识"的设计，使读者阅读更为方便。

山居秋暝·王维　9
　　　　　　　　　13　书愤·陆游
使至塞上·王维　21
　　　　　　　　　25　月夜·杜甫
宿五松山下荀媪家·李白　29
赋得古原草送别·白居易　33
天末怀李白·杜甫　37
　　　　　　　　　41　登高·杜甫
黄鹤楼·崔颢　49

歌 詩之
    古 律 美
    韵

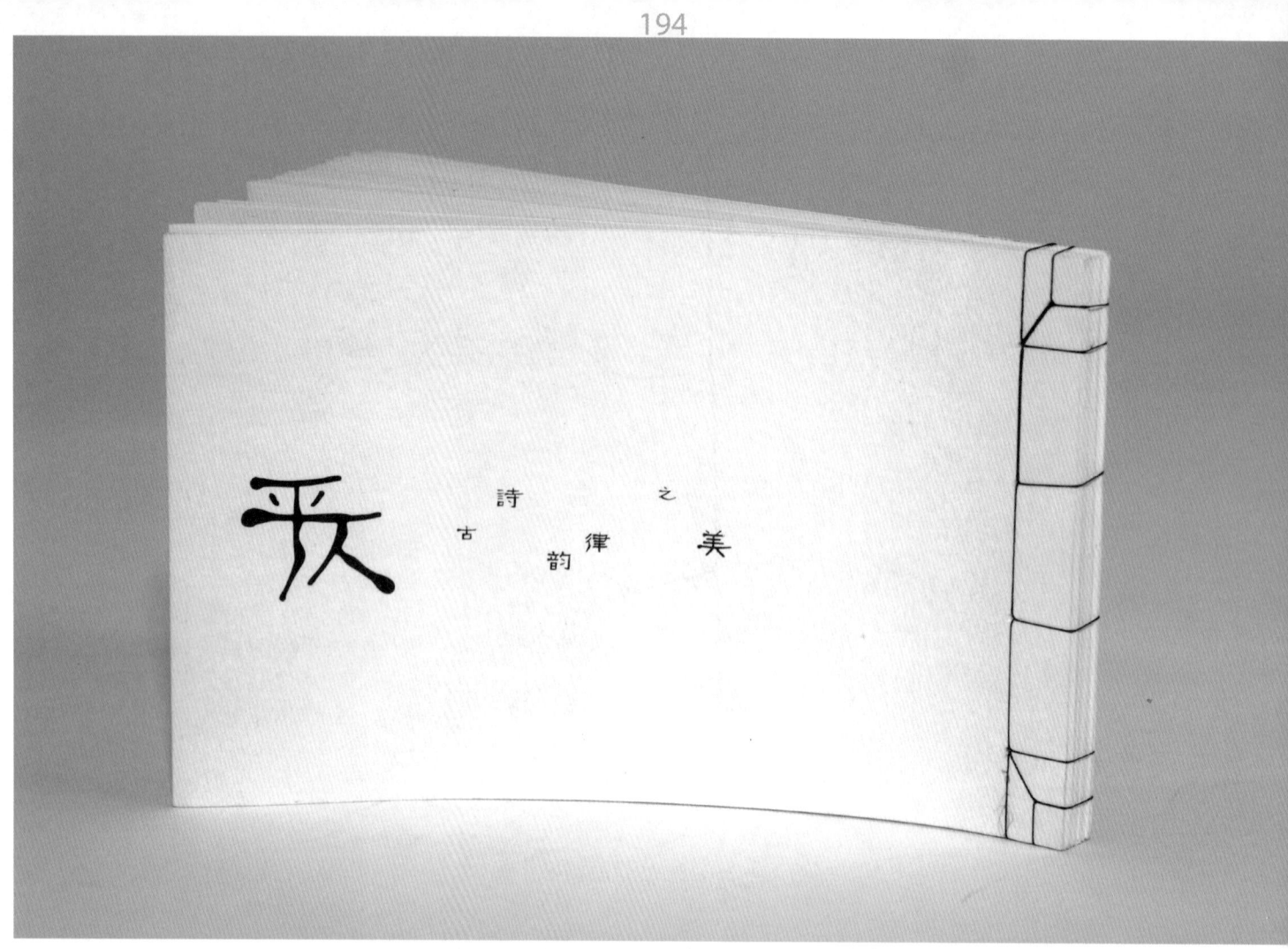

秋
明月
照

三等奖

作品名称：蝶裳
参赛学生：梅紫婷
所在院校：安徽新闻出版职业技术学院
指导教师：张鹏

作品创意

汉服是中国的传统服饰，但在现代大都市，快节奏的生活使得它越来越少见。同时，汉服的传统文化流失程度也越来越严重，做这样一本书的意义在于加深大众对中国传统服饰的理解，同时也带动身边的人一起去了解汉服的神奇与美好。

第三章

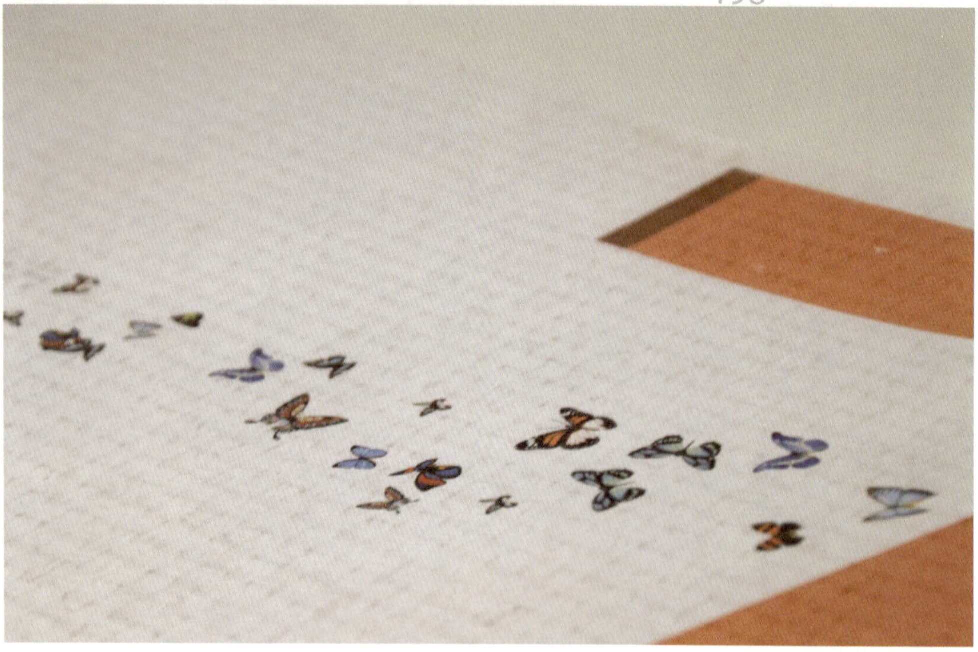

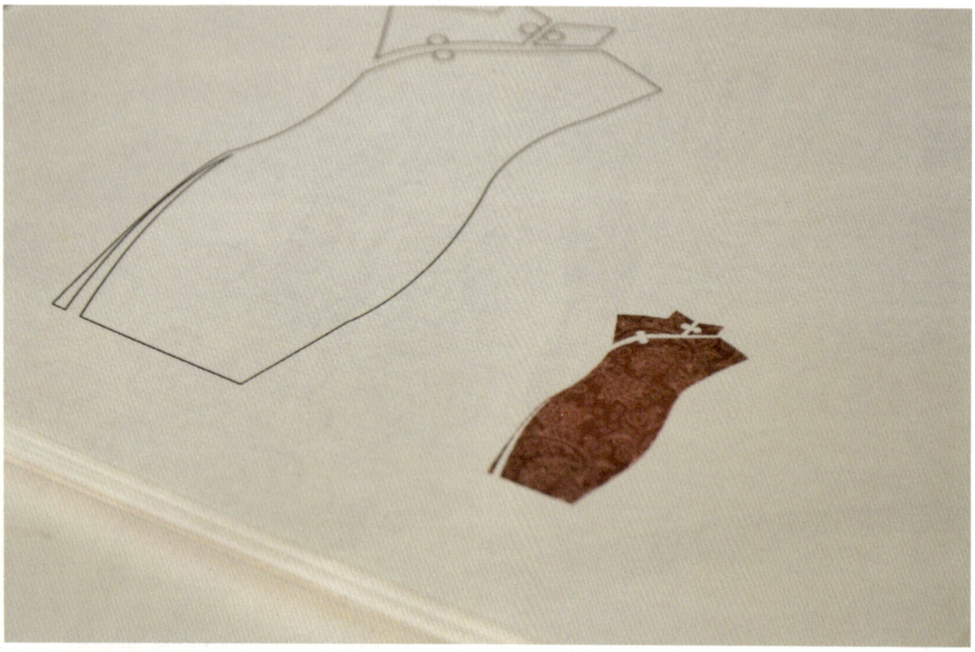

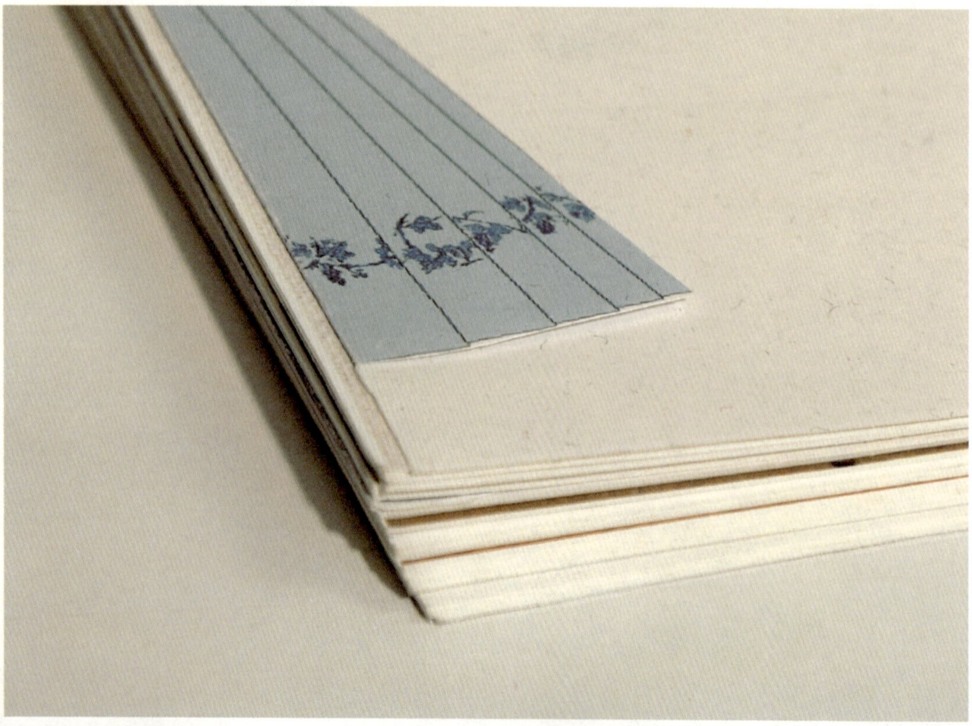

主要内容

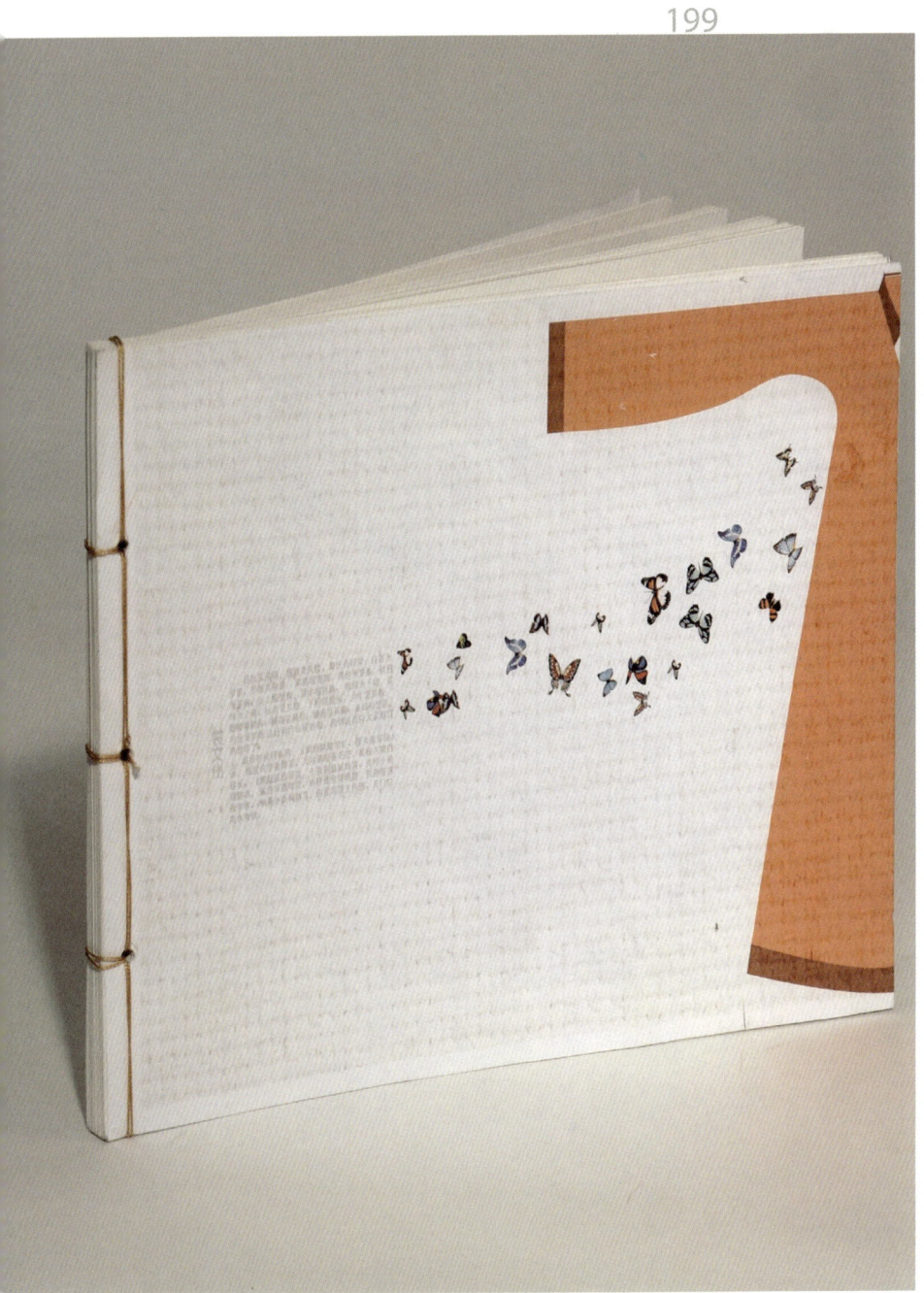

作品主要介绍了中国几千年来汉服的演变过程与形式,以及与汉服相关的纹饰、头饰和配饰,记载了汉服的由来与消失,以及汉服几千年来的传承和对后世的影响,还有曾经的汉服运动。

创新点

封面采用了衣服的穿戴手法用于包装,加强了书籍与汉服的联系,而蝴蝶设计相当于衣服的腰带,也寓意了汉服的美好依旧在延续。内页目录运用了衣服的折叠式,吸引读者,同时也与封面相呼应。书中内容有很多有趣的小游戏,空白的衣服可供给读者画画,加强了读者与书本的交流,同时也增加了该书的趣味性。

第三章

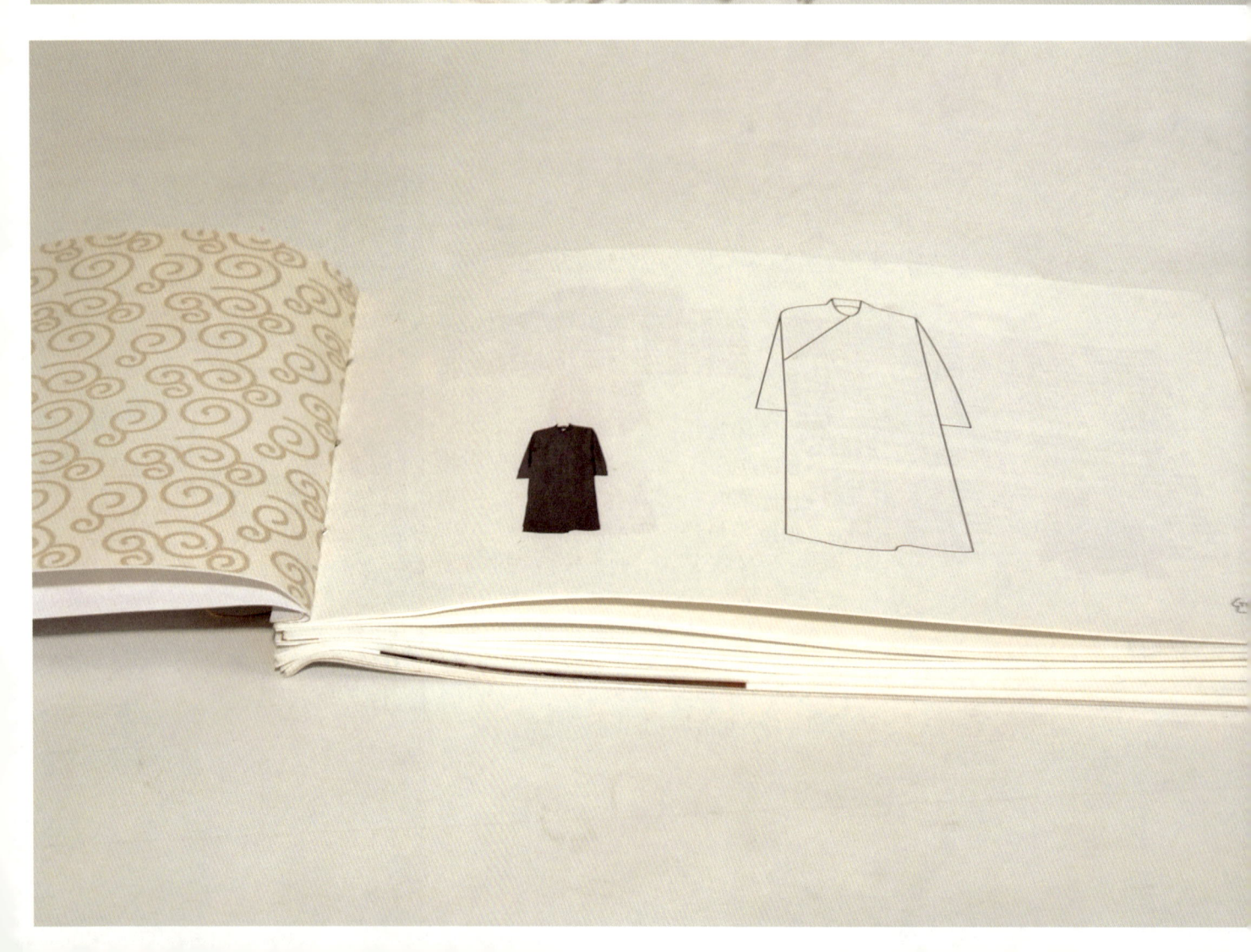

201

Stories
Of
Kiss

吻

Stories
Of
Kiss

三等奖

作品名称：吻
参赛学生：程昕
所在院校：清华大学美术学院
指导教师：原博

作品创意
中国人认为"吻"是爱情的代名词，而爱情是人与人之间的强烈依恋。作者在图书制作过程中，将文学性和现实性的故事用视觉语言来叙述表现，增加了可视性和趣味性。

主要内容

本书通过对60、70、80、90、00年代有过恋爱经历人群的探访，对书籍内容进行了采集工作，筛选了其中具有时代代表性的真实故事，并用插图的方式来表现每一段线性的故事内容。该书个人故事情节与当时的历史紧密相连，设计者希望以此能表现两种并行的时间关系，即双层内容的交织，所以也收集了每个时代的政治、经济、文化的特点，以此来表现其对那个年代爱情的影响。

创新点

设计者运用时间要素和书籍设计的语言进行多元化的设计，并采用两条线并行的方式进行，因此选取了夹页的方式，即正文页面是故事叙述的主线，夹页是历史内容的穿插，这样读者在阅读的时候，是同时以线性和非线性的方式进行的。

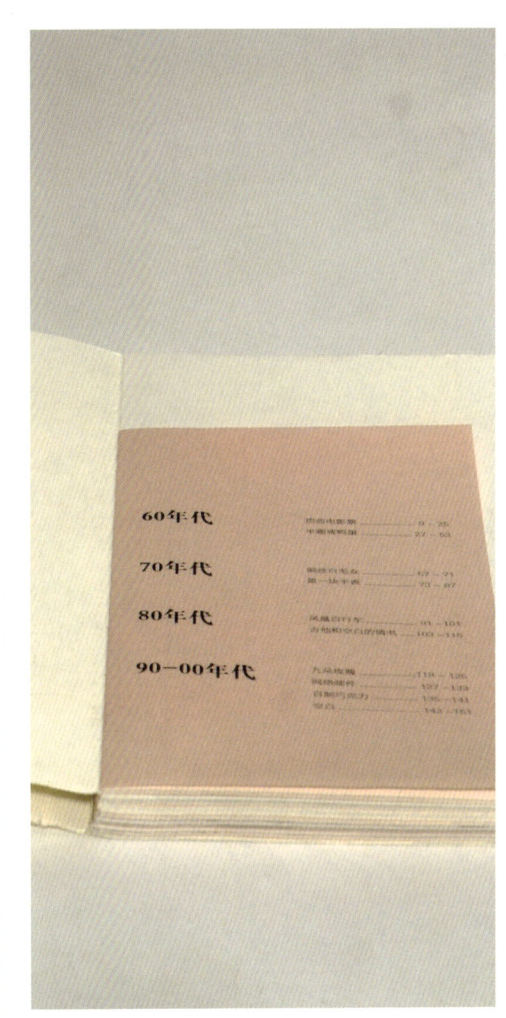

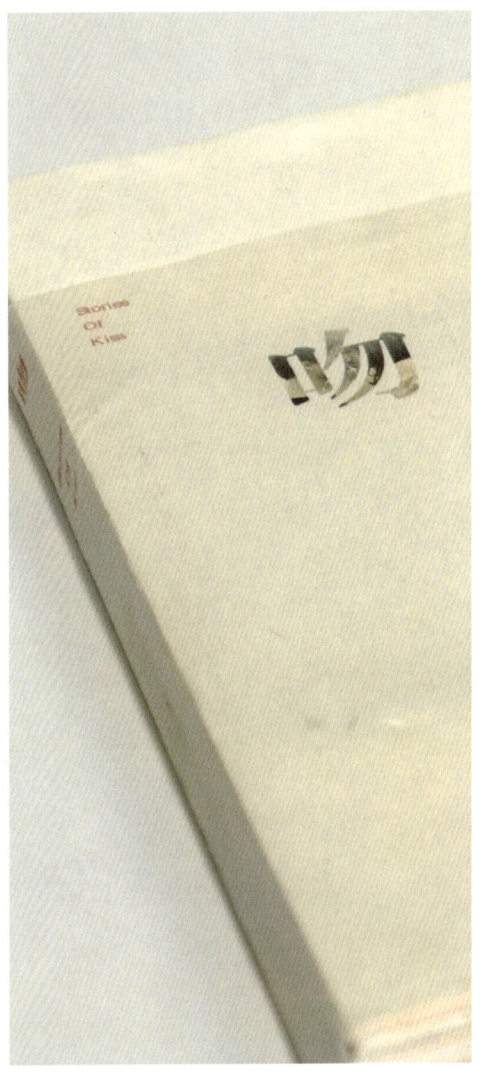

60年代	
70年代	
80年代	
90—00年代	

光入場券

「那些电影票」

三等奖

作品名称：众生相
参赛学生：靳宜霏
所在院校：清华大学美术学院
指导教师：王红卫

作品创意

人们常说"相由心生"，虽然人的相貌秉承其父母的基因，但是后天的心绪和修养同样对相貌起着重要的作用。即使不能完全由他的面相看出他的存活之道，但作为心性最表面的反应，我们也可以通过它来触碰感受到一些面相背后的众生百态。

该作品传承了中国传统的东方理念，通过尝试一些有关绘画及综合材料的创作处理，把具象的面孔特色化，结合面相学的相关理论对人进行分类，并把每一类人最终抽象化处理，提炼概括为一个字符，最终得到一种最扩大化的关于人气质的第一眼感受，并结合传统纸质书籍及多媒体把这种感受呈现出来，以此表达个人对于人类面相及命运之间玄妙的关系。

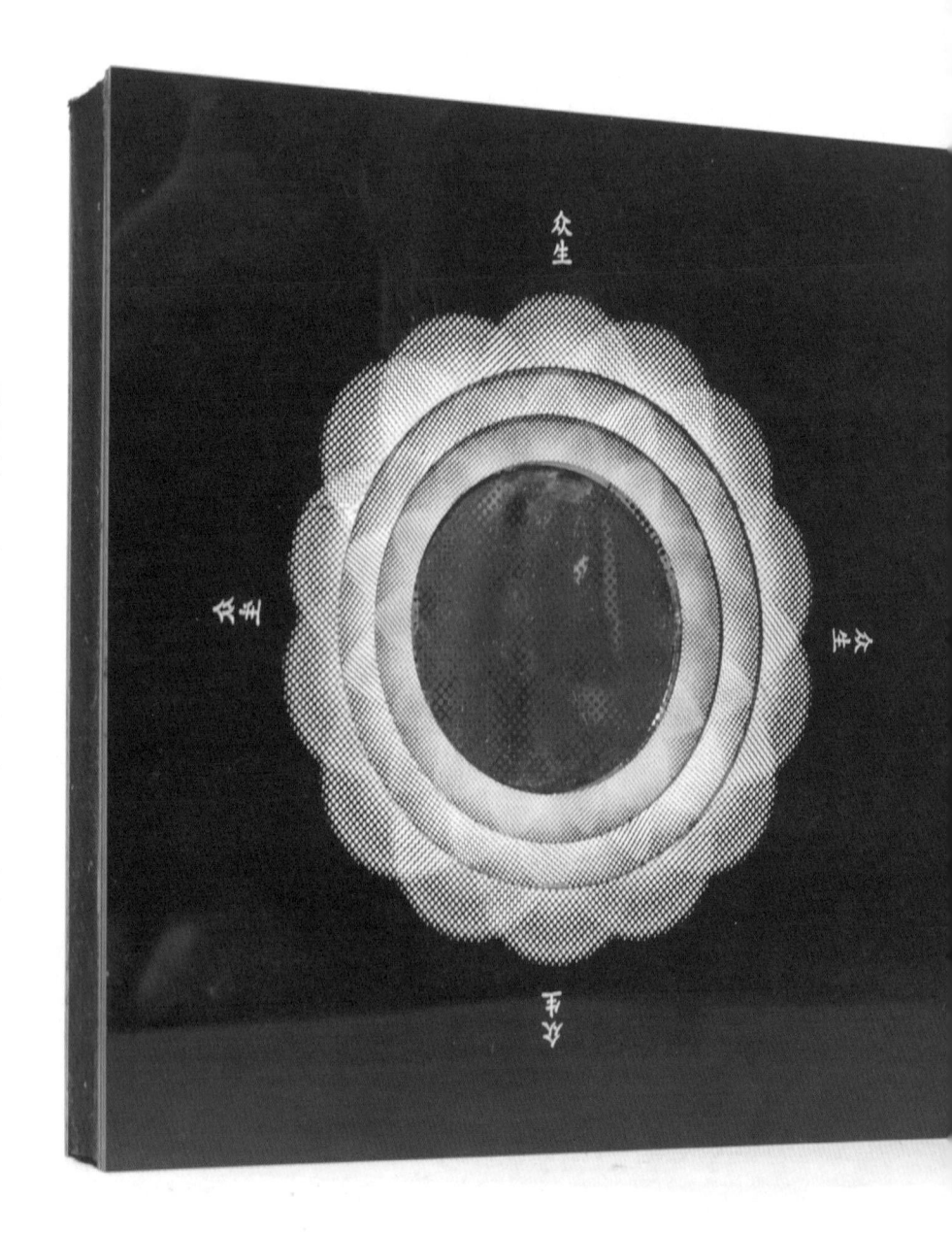

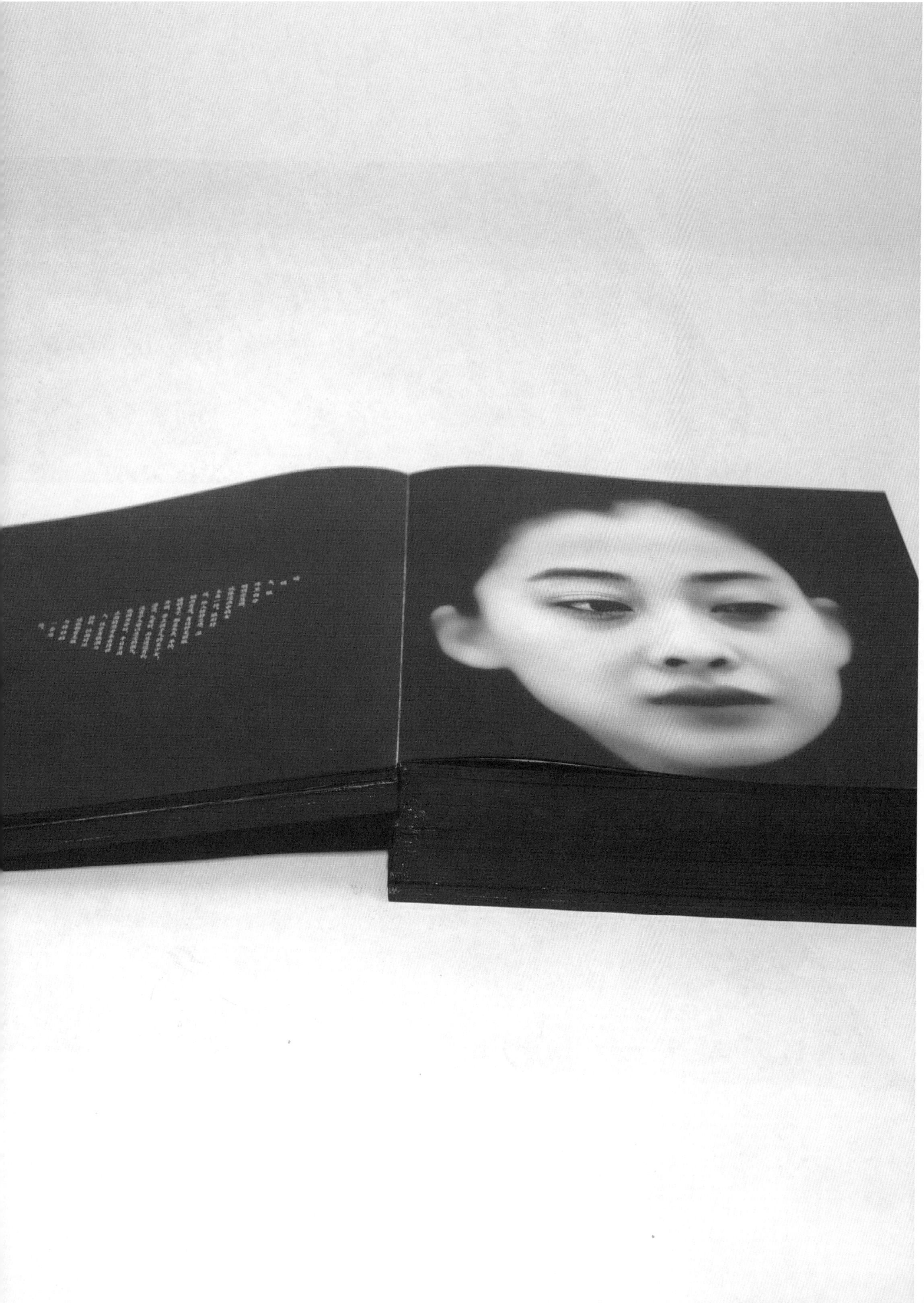

骄
Arrogant

主要内容

选取具有代表性的社会各界人士，以个案为例进行脸谱、面相分析，从而得出不同面相的特征及所示涵义、性格、命运等内容。

创新点

本书以为人所熟知的社会各界人士为代表进行各种面相的分析，相较于其他同题材的书籍，选题角度更为新颖。

全书采用图片为主体，文字为辅助的形式进行编排，开本为不规则开本，正方形八开，等比例大小人脸置于其中，周围环绕文字，增加阅读趣味。

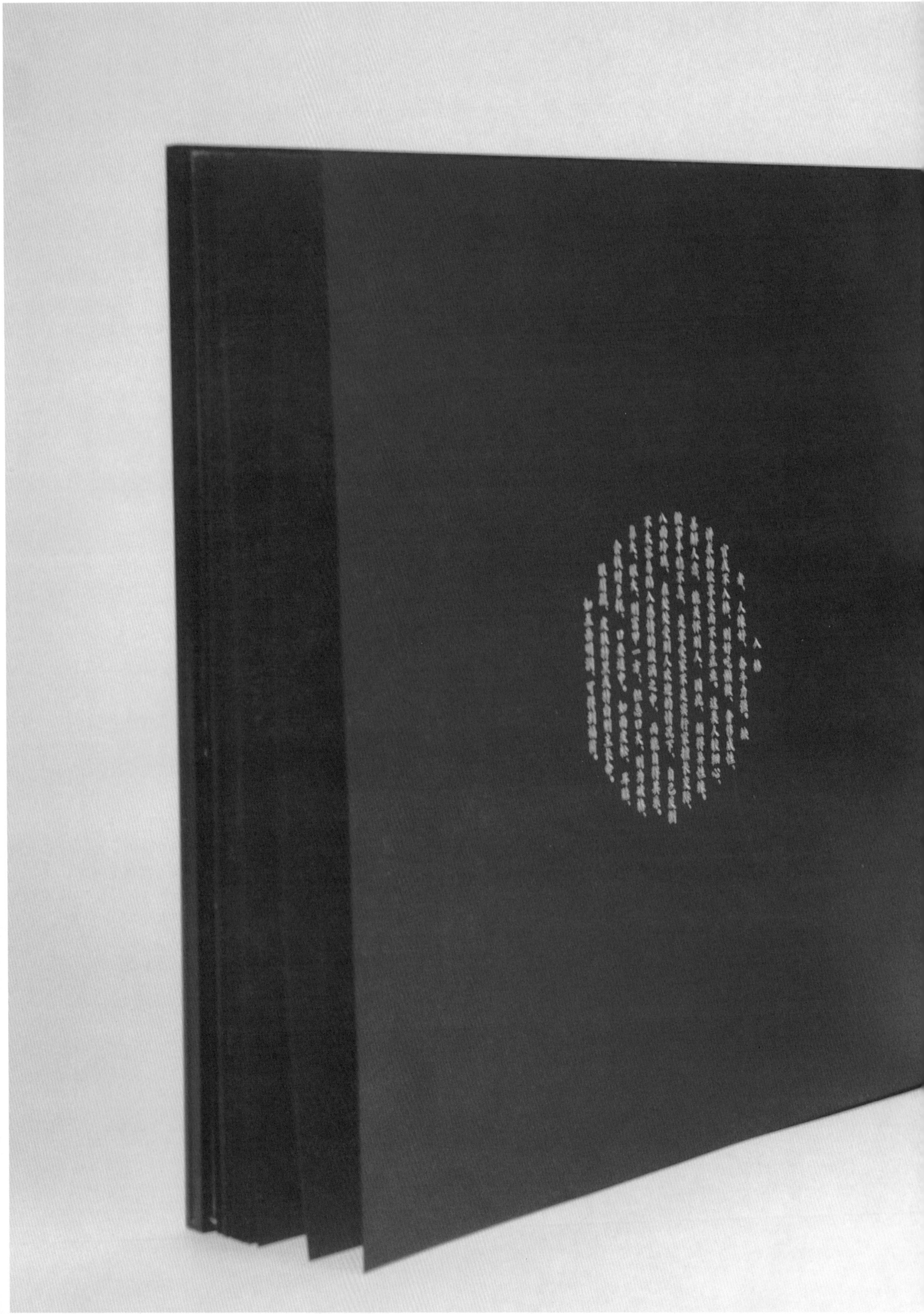

213

三等奖

作品名称：自然·中国
参赛学生：李晶磊
所在院校：宁波大学红鹰学院
指导教师：侯凤芝

中國

作品创意

从人类出现之日起，就与自然有着密不可分的关系，无论人类如何发展与演变，甚至是改造，都离不开自然。而人类与自然的关系，可以简单地看作是农业与自然的关系。中国在发展历程中，处处可见与大自然和谐共处的掠影。而农业作为立国之本，更是在与自然共处中处于不容忽视的一环。

新时期农业的发展，必然是一种创新、平衡、可持续的发展，是一种与大自然之间相互依存、和谐共处的发展。在这样的大环境下，本作品通过介绍我国古代农业史、重要农业文化遗产、各类农事节日和目前农业资源的消耗与保护，从中发现和总结农业与自然的关系，进而得出人类应该如何与大自然共处。而人类最终也会以创新独到的方式，与自然平衡、可持续地共同发展。

人与自然的持续

中国农业演变简史

为一大章节的开头

主要内容

本书共四章。

第一章：人与自然的持续——中国农业演变简史。从简述中国古代农业文化遗产来阐述人类与自然的和谐共处，如何用智慧的头脑，来创造灿烂的农耕文明。

第二章：人与自然的继承——我国农业文化遗产。摘录介绍我国重要的农业文化遗产，从而阐述我国先人在与自然长期的协同发展中，创造出的独特、富有地域性的农业文化。

第三章：人与自然的适应——南北农业节日习俗。通过对一些重大的农事节日进行介绍，使读者感受到中国农业文化的无穷魅力。农事节日的产生与发展，就是中华民族适应自然发展的必然结果。

第四章：人与自然的平衡——现代农业资源消耗。对我国最主要的两大农业自然资源——土地和水源出现的问题和保护措施进行了详细阐述，从而呼吁现代人类发展要做到与自然的平衡。

创新点

1. 采用电子杂志的形式，紧跟时代潮流，丰富的交互效果，让内容中的音视频、图片和文字等多种形式能与读者有很好的互动。

2. 作品立足于我国目前还是农业大国的基本国情，着重关注了我国农业的发展，并较全面地展现了我国从古至今农业发展与自然的联系，继而也能较为全面地体现人类在与大自然博弈过程中顺昌逆亡的教训，从而呼吁人类关注现代化农业，与大自然平衡、创新、可持续地相处发展。

自然·中国

序 Preface

大自然在1400多万年前,用其"妙笔"轻轻一挥,人类诞生了。从人出现之日起,就与自然有着密不可分的联系,无论人类如何的发展与演变,甚至是改造,都离不开自然。

中国,一个13亿人口的泱泱大国,在其发展历程中,处处可见与大自然和谐共处的掠影。而农业作为立国之本,更是与自然共处中不容忽视的一环。在现代化农业发展过程中,中国更应该处理好与自然的关系。

新时期的农业发展,必然是一种创新、平衡、可持续的发展,将是与大自然之间相互依存、和谐共处的发展。

这便是自然·中国。

Contenst 目录

大自然在1400多万年前,用其"妙笔"轻轻一挥,人类诞生了。从人出现之日起,就与自然有着密不可分的联系,无论人类如何的发展与演变,甚至是改造,都离不开自然。

1 中国农业演变简史 人与自然的持续	2 我国农业文化遗产 人与自然的继承	3 农业节日习俗差异 人与自然的适应	4 现代农业资源消耗 人与自然的平衡
农耕文明的起源	新疆吐鲁番坎儿井农业系统	春节	土地资源问题
农业用具的演变	内蒙古敖汉旱作农业系统	打春	土地资源保护
水利工程的发展	辽宁鞍山南果梨栽培系统	龙抬头	水资源问题
作物畜牧的变化	浙江青田稻鱼共生系统	六月六	水资源保护
种植技术的改革	云南普洱古茶园与茶文化系统	伏日	
		中秋	
		腊日	

...国重要农业文化遗产是古代先民

自然·中国

创新、平衡、可持续
Innovation Balance Sustainable

主编 Editor In Chief
李晶磊 TOMTO

辅助设计 Assistant Designer
林哲来 GARNETT / 朱家玮 Sally

交互指导 User Interaction Designer
侯凤芝 Sunny

文字指导 Writing Designer
冯北仲 Mis.Feng

优秀奖

作品名称：中国传统节日
参赛学生：张柯欣
所在院校：安徽新闻出版职业技术学院
指导教师：郑晓丹　王亮

作品创意

  随着国家关于保护和弘扬中华传统文化措施的密集出台，国人对传统节日也愈加重视和喜爱。但如此多样的传统节日，却没有能体现其核心意义的优秀书籍，不能不说是一种遗憾。所以参赛者希望通过本书来对传统节日加以归纳整理，引起公众对传承中华传统文化的关注，并且调动公众参与的积极性，从而为弘扬中华传统文化尽一份绵薄之力。

主要内容

中国的传统节日形式多样，是中华民族悠久历史文化的重要组成部分。本书通过系统地介绍节日的由来、构成、习俗和代表文化，来展现我国古代人民社会生活的精彩画面。

创新点

为切合书的主题，装订方式采用较为古朴的线装，封面以及函套的设计旨在给读者带来古色古香的中华传统文化感受，同时设计了相同风格的书签及藏书票作为装饰，使得书籍在阅读之余增添了一定的观赏性。

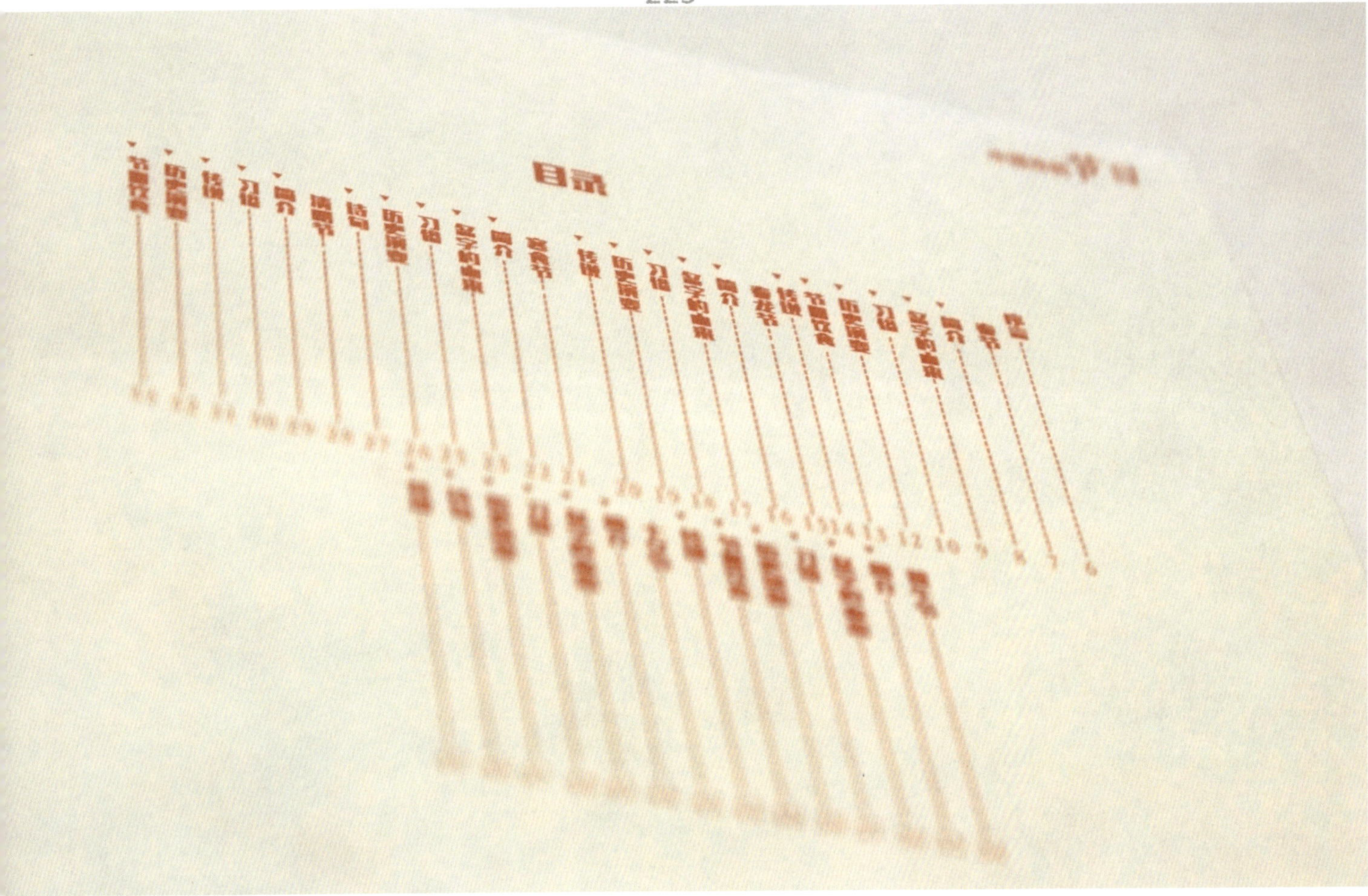
目录

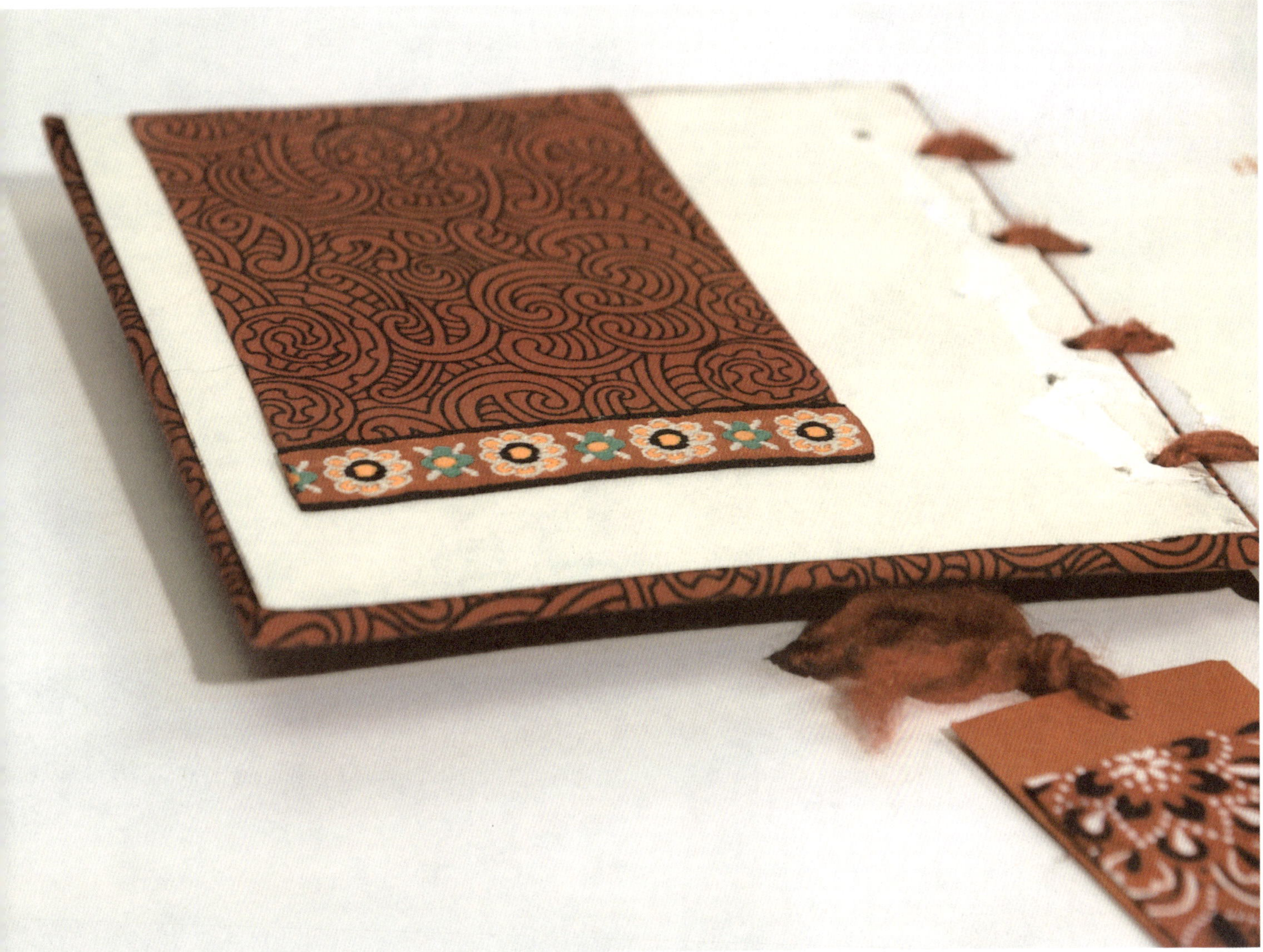

优秀奖

作品名称：月之子
参赛学生：何钰琦
所在院校：清华大学
指导教师：周岳

作品创意

白化病人有个别称，叫做"月亮的孩子"，作者基于此编写了一个关于白化病起源的童话故事，并配以切合主题的灰色调插图设计，用绘本的方式来吸引读者关注白化病人，关注弱势群体。

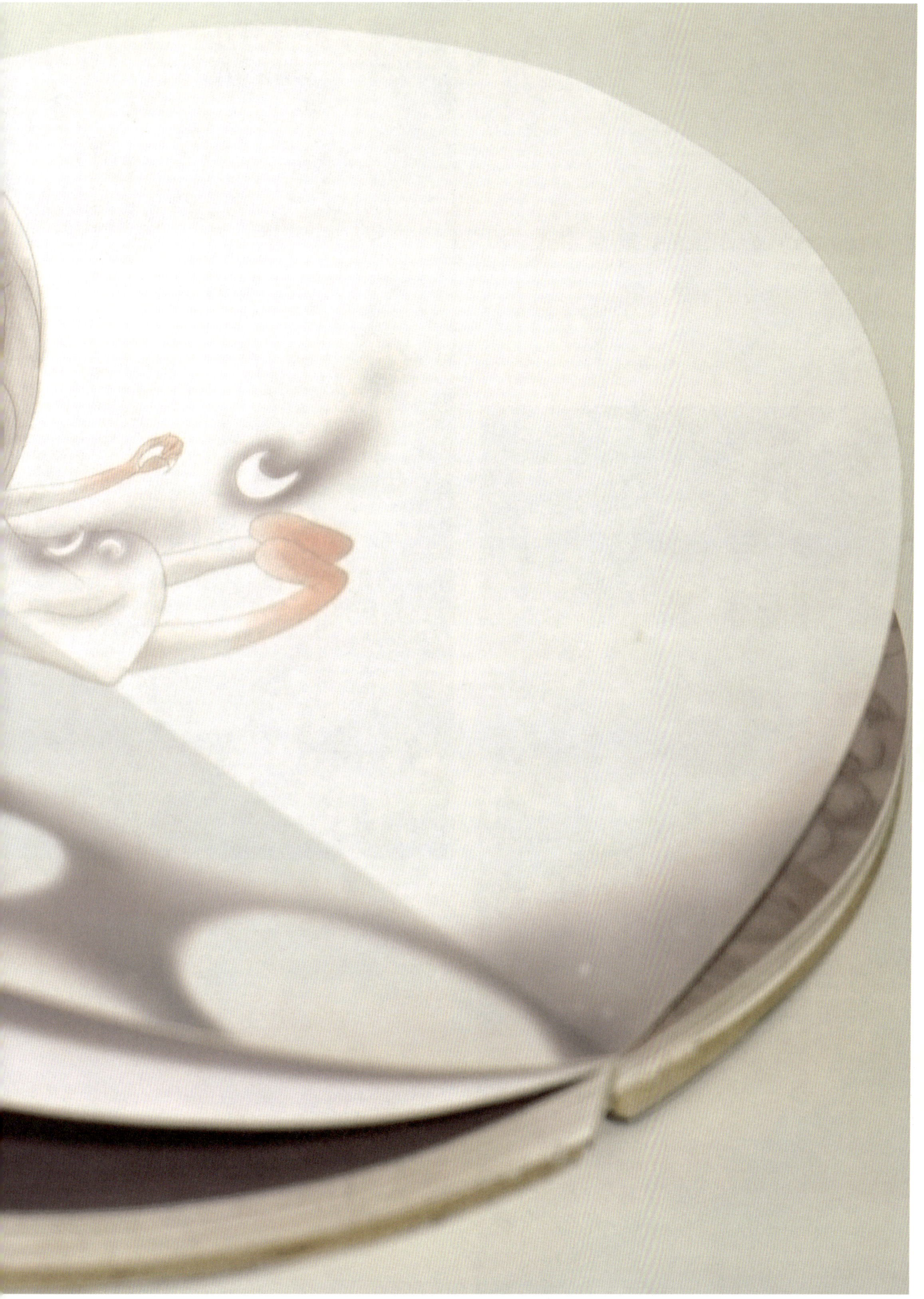

主要内容

原创的关于白化病人的童话故事。

创新点

1. 纯原创的绘本故事。
2. 插图色调不落俗套,极力烘托气氛。
3. 文字排版比较自由,长短不一,呈现节奏美感。
4. 采用异型开本,圆形可折叠。

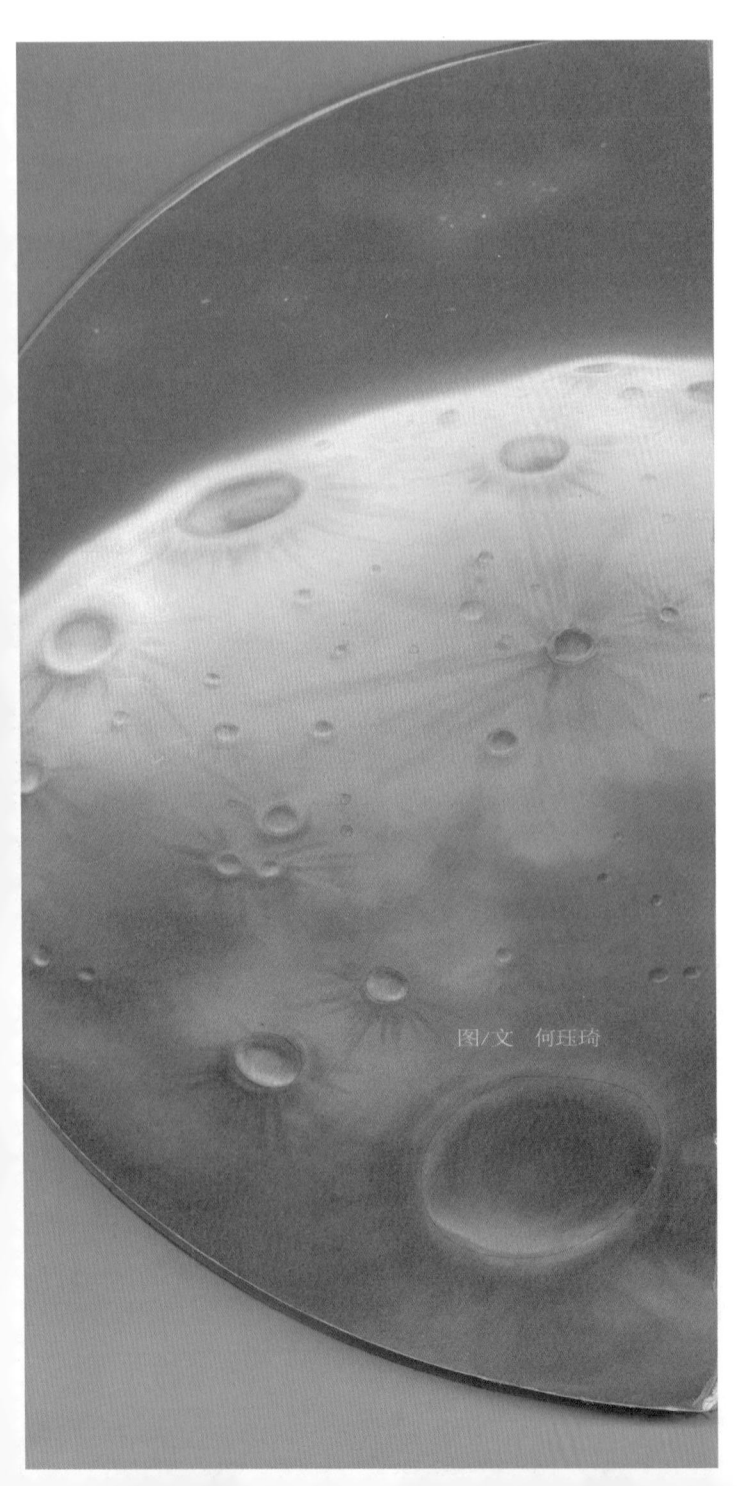

图/文 何珏琦

The Moon's Child
——白子的童话

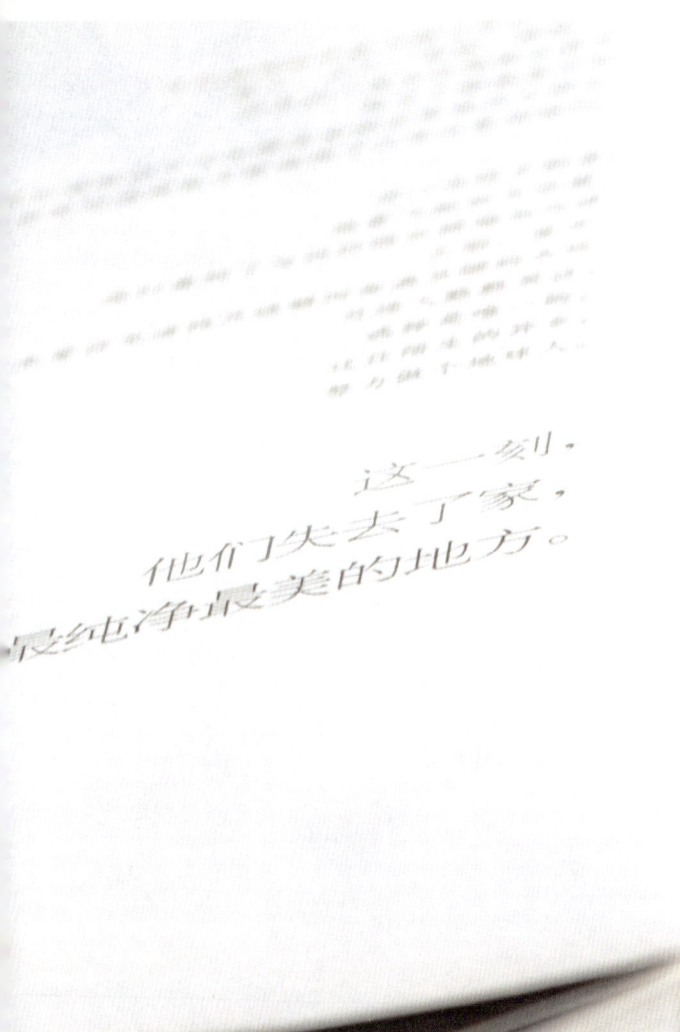

这一刻，
他们失去了家，
最纯净最美的地方。

优秀奖

作品名称：初老症
参赛学生：王星星
所在院校：北京吉利学院
指导教师：吴凤鸣

作品创意

因为工作及生活紧张的影响,现代人往往比实际年龄衰老得快,年轻人不得不开始面临这一征兆。"初老症"并不是真正意义上的未老先衰,而是一种心态上的衰老。因此我们要警惕初老,以免造成这种心理疾病的发生。

230

主要内容

初老症的主要症状。

创新点

按照生理规律，30岁左右的年轻人正处于精力和体力最巅峰的时期，之所以出现记忆力减退、生活热情退却的"初老症"，根源还是压力太大。本书的主题就是要与30岁左右的读者产生共鸣，使读者来判断自己的身体或心理是不是产生了初老症的迹象。

优秀奖

作品名称：清华迹
参赛学生：贾煜洲
所在院校：清华大学美术学院
指导教师：王红卫

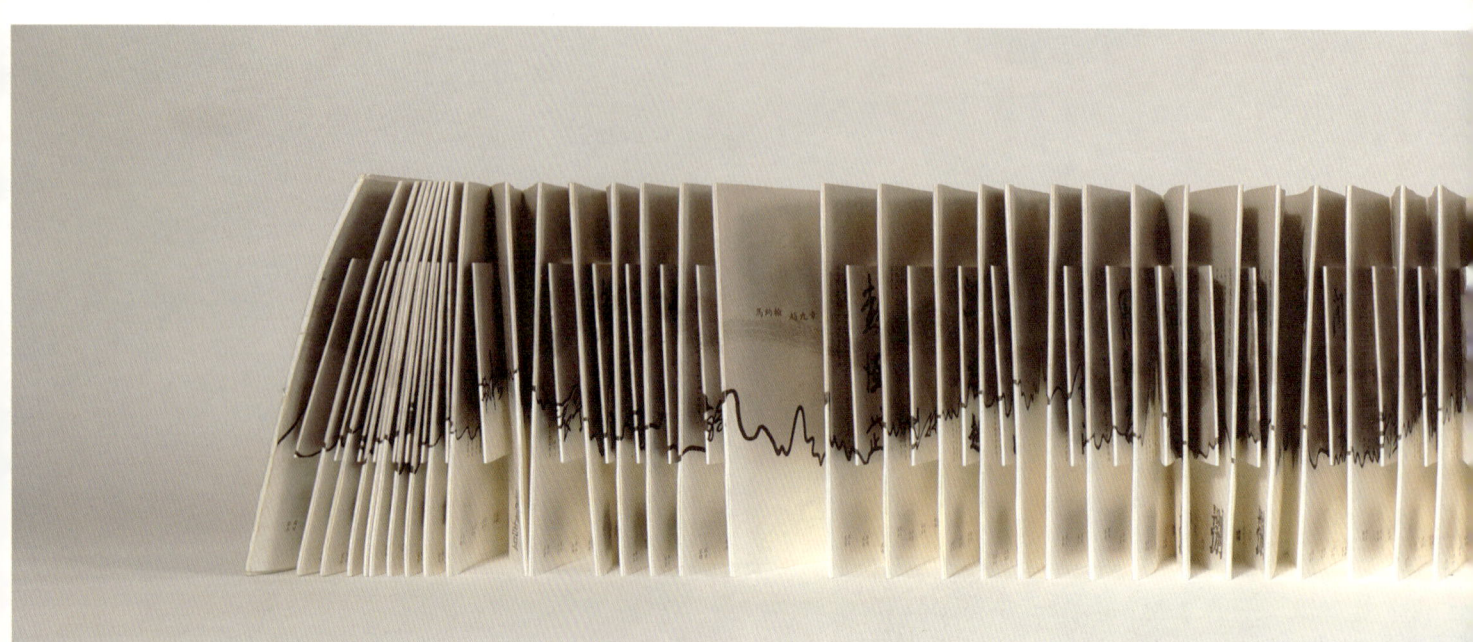

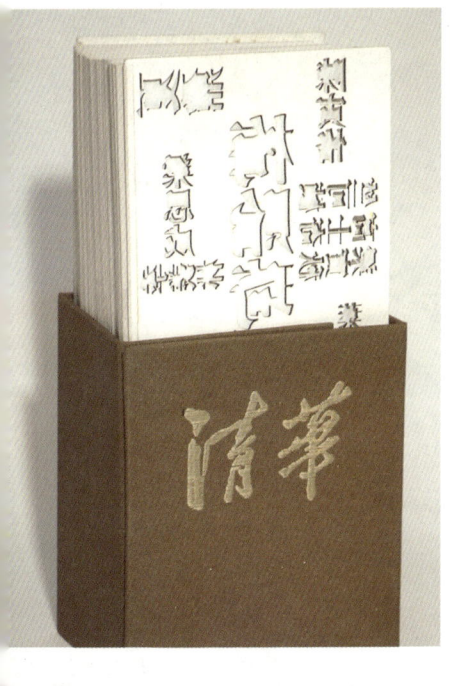

作品创意

　　梳理百年清华的辉煌历史，就会发现清华大学自诞生之日起，就担负起了中华民族之崛起、强大的重要责任和国家使命。在百年清华历史的长河中，清华大学群英荟萃、大师云集，培养了国学大师、文学巨匠、科学泰斗、治国栋梁和两弹一星科学家等人才，贡献巨大，举世瞩目且让人景仰。这些杰出人物的出现与所创造的奇迹，均出自百年形成的清华精神。

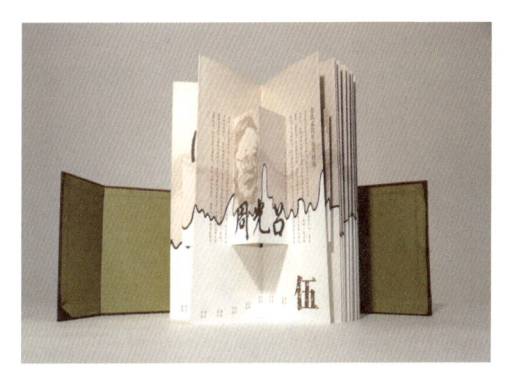

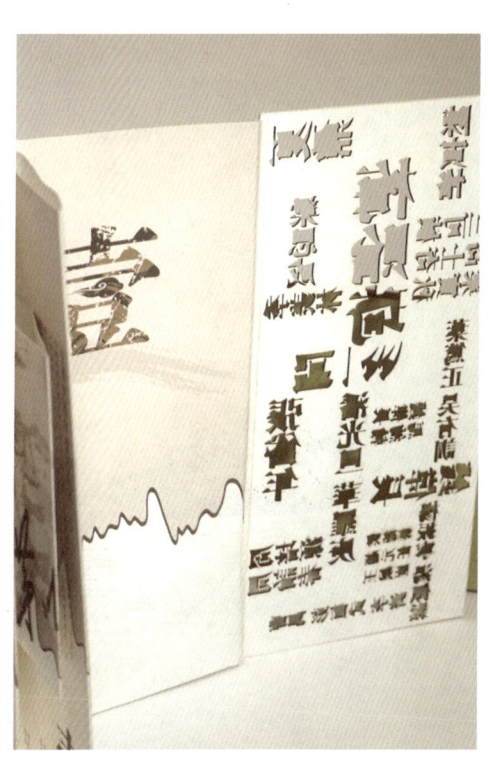

主要内容

该书主要表现的是以清华精神为主题、"清华迹"为标题的两本信息图标书籍的设计,即周历《百年:清华杰出人物》与年表《百年:清华景点建筑》。设计作品以两本手工书的形式呈现。

创新点

作品中信息图表书籍的互动设计研究，运用了六种不同的象征形式来表现清华精神的主题，利用经折装结构强化读者阅读过程中的参与性与趣味性。

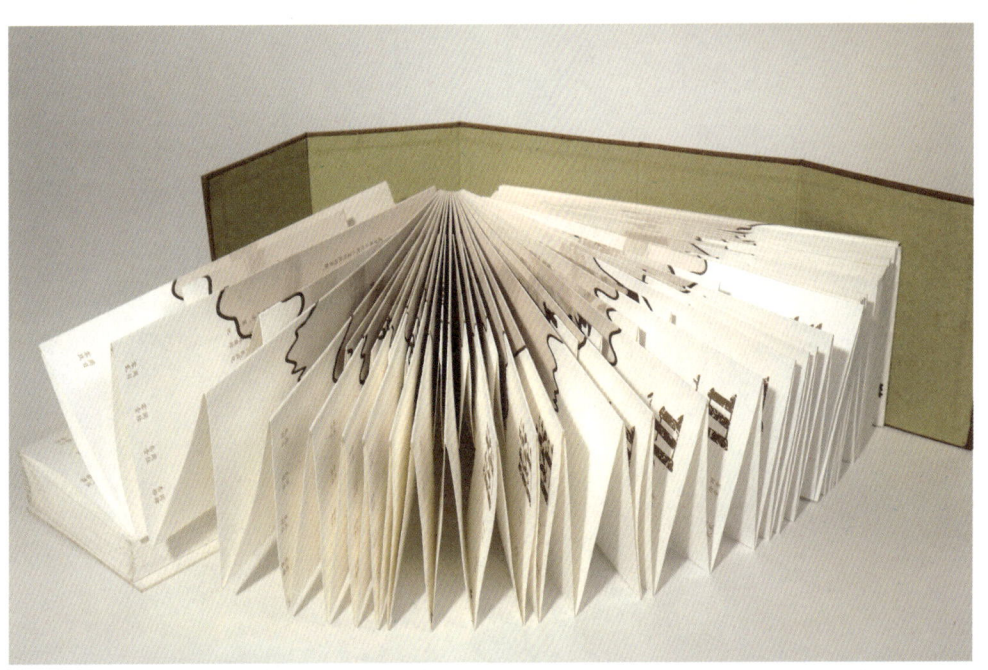

优秀奖

作品名称：天子论
参赛学生：田博文
所在院校：安徽新闻出版职业技术学院
指导教师：张鹏

作品创意

皇帝，是封建王朝的最高统治者，其中不乏有强大能力的治国明君，但也有不问朝事、生活糜烂的昏君庸帝。

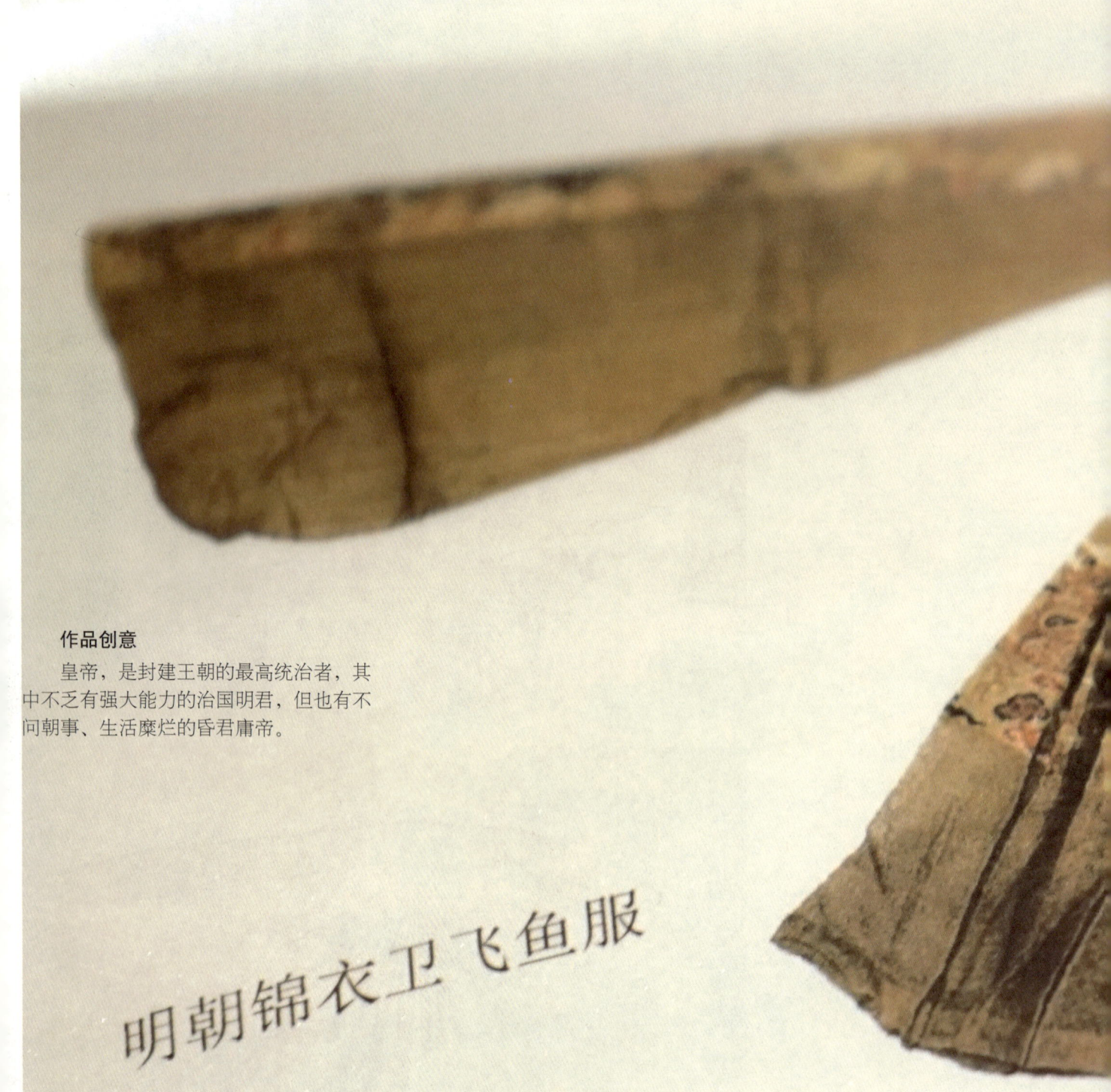

明朝锦衣卫飞鱼服

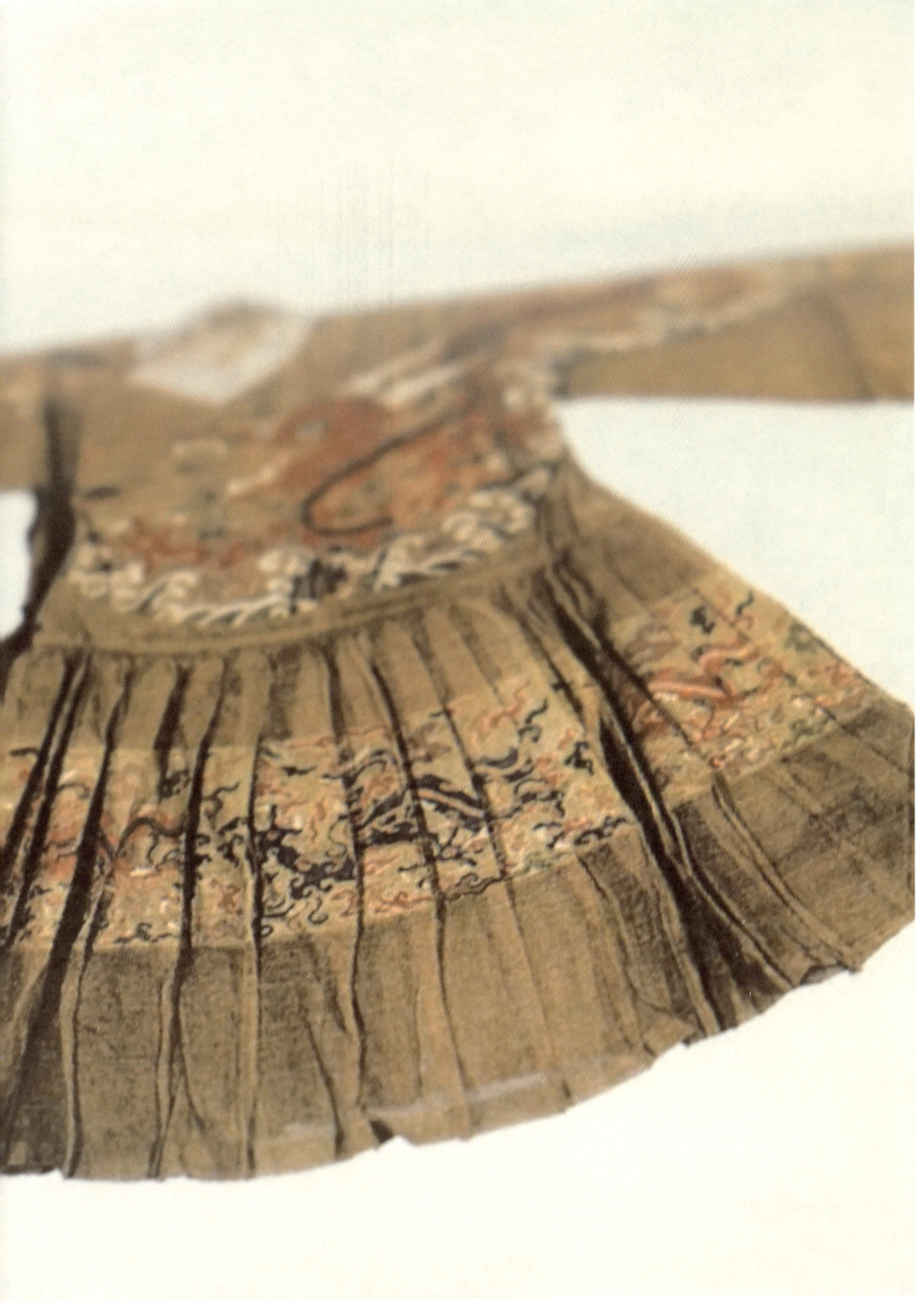

主要内容

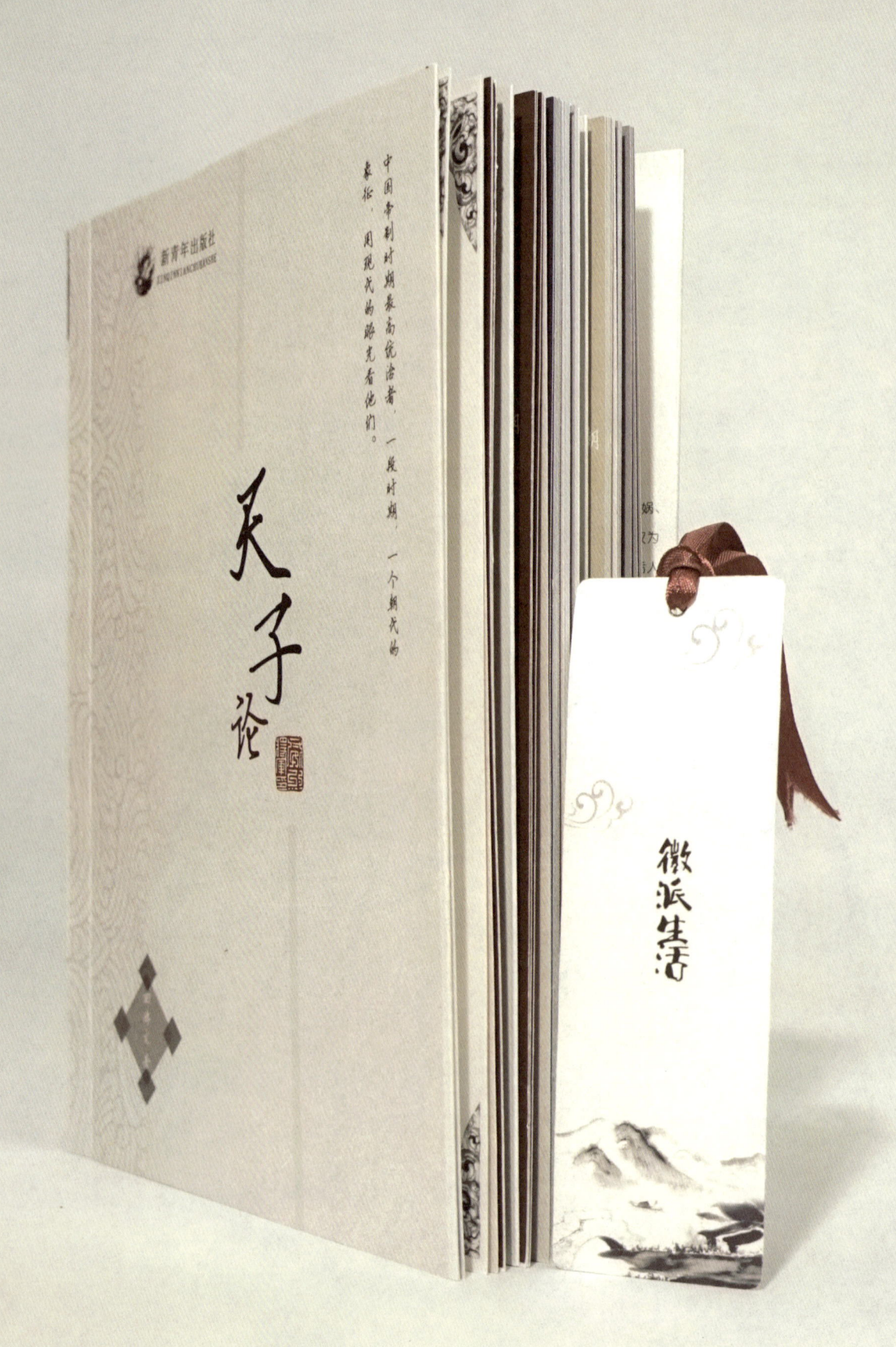

本书主要通过挑选中国五大王朝中具有代表性的天子，并对其进行能力的分析和具体历史事迹的回顾，来表现历代天子的迥异。

中国帝制时期最高统治者，一段时期，一个朝代的表征，用现代的眼光看他们。

天子论

徽派生活

创新点

采用复古配色，每个朝代分别选取了相应颜色，以此和一般的史书记载相区别。

优秀奖

作品名称：歌八百壮士
参赛学生：陈世豪
所在院校：北京吉利学院
指导教师：吴凤鸣

作品创意

　　作品创意来自于1937年的上海四行仓库保卫战。这场战斗意味着淞沪会战的结束，上海沦陷。而此书的目的就是希望国人勿忘国耻，激励更多的中国人从浮躁中醒来，爱国、保国、创国，振我中华。

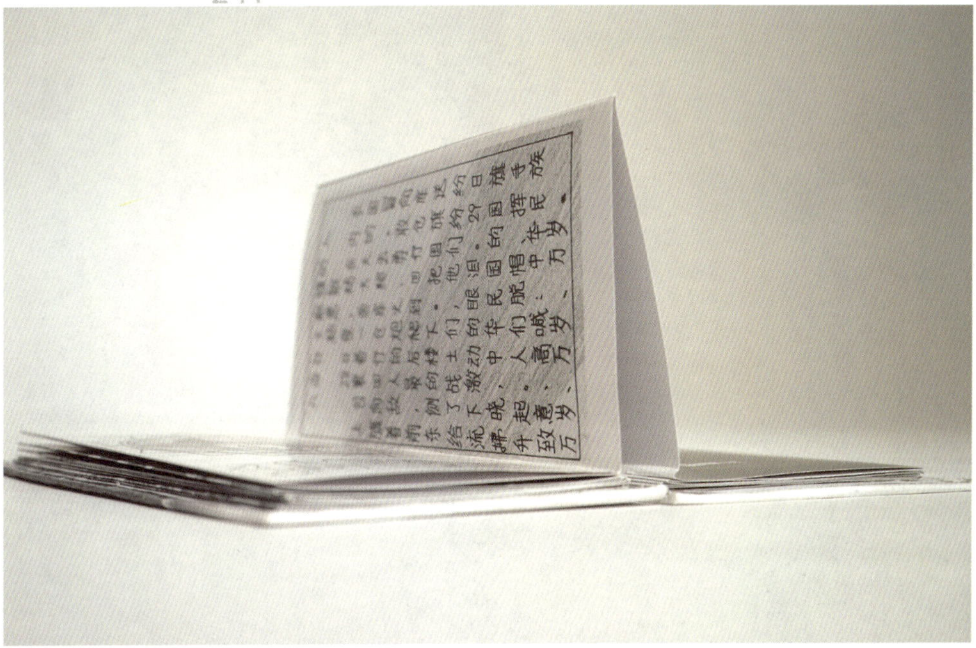

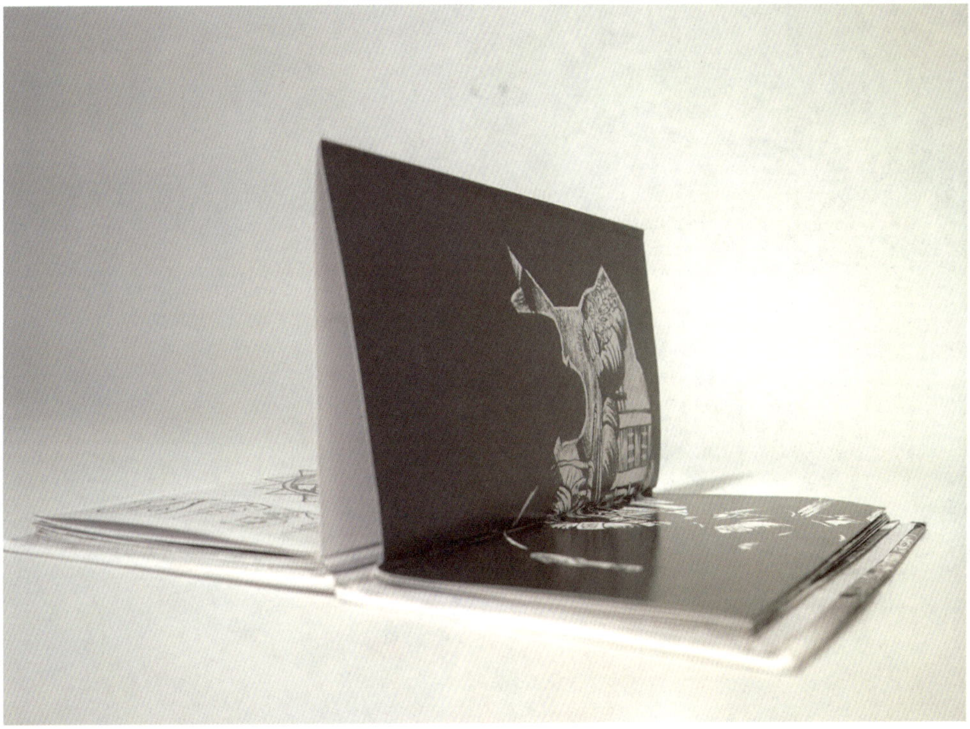

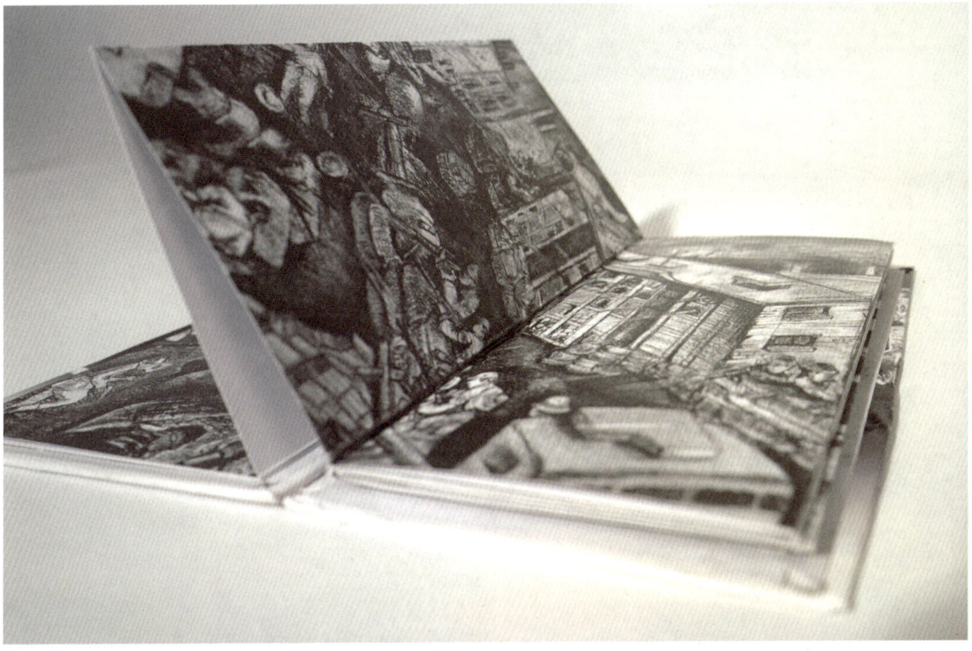

八百壮士献旗的人
杨惠敏

28日夜，杨在内衣上包裹着一面大大的国旗向四行仓库爬去。冒着敌人的炮火，勇敢向前，最后爬到四行仓库东侧的楼下，把国旗送给了战士们，他们纷纷流下激动的眼泪。29日拂晓，中华民国的国旗升起，人们脱帽、挥手致意，高喊：中华民族……

歌八百壮士

中国不会亡，中国不会亡，你看那民族英雄谢团长，中国不会亡，中国不会亡，你看那八百壮士孤军奋守东战场，四方都是炮火，四方都是豺狼，宁愿死不退让，宁愿死不投降，我们的国旗在重围中飘荡飘荡，八百壮士一条心，十万强敌不能挡，我们的行动伟烈，我们的气节豪壮，同胞们起来，同胞们起来，快快上战场，拿八百壮士做榜样，中国不会亡，中国不会亡，中国不会亡，中国不会亡……

四行仓库

位于上海北京路西藏路的苏州河的西北角，地址为大陆银行一号仓库。系钢筋混凝土结构的六层大厦，占地0.3公顷，建筑面积2万平方米，是当时闸北一带最高大坚固的建筑。1931年，由原金城银行、中南银行、大陆银行和盐业银行共同出资，四行储蓄会建造，因而得名"四行"。

抗日战争爆发后，中国军队在上海与日军激战了三个月，于1937年10月26日，中国军队决定全线撤退，但留下由谢晋元率领的八十八师二六二旅五二四团第一营，死守四行仓库，至1937年10月26日至11月1日守卫上海四行仓库的战斗中，八百壮士与日军血战四昼夜，毙敌二百余名，伤敌无数，敌人始终未能占领四行仓库。10月30日，八百壮士奉命撤出四行仓库，退入英租界，全体官兵被英军扣留。四行仓库之战经过影片传遍全世界，轰动一时。

主要内容

手绘上海四行仓库保卫战的过程。

创新点

采用经折装，且竖放之后，用微黄光45度打下来会产生立体效果。整幅作品以手绘形式展现，使用炭笔作画，更加凸显了当时的历史画面。

优秀奖

作品名称：米立
参赛学生：周珊如
所在院校：清华大学
指导教师：何洁　周岳　顾欣

作品创意

稻米自宋朝被作为全国范围的主食开始，至今在中华饮食文化中一直有着不可替代的地位。本书希望以一种新的角度和轻松的方式，以普及和推广稻米的科学知识为切入点，使人们重新认识、关注稻米，建立人们对粮食细化的认知，同时也引发读者对粮食、人和自然联系的思考。

米粥族

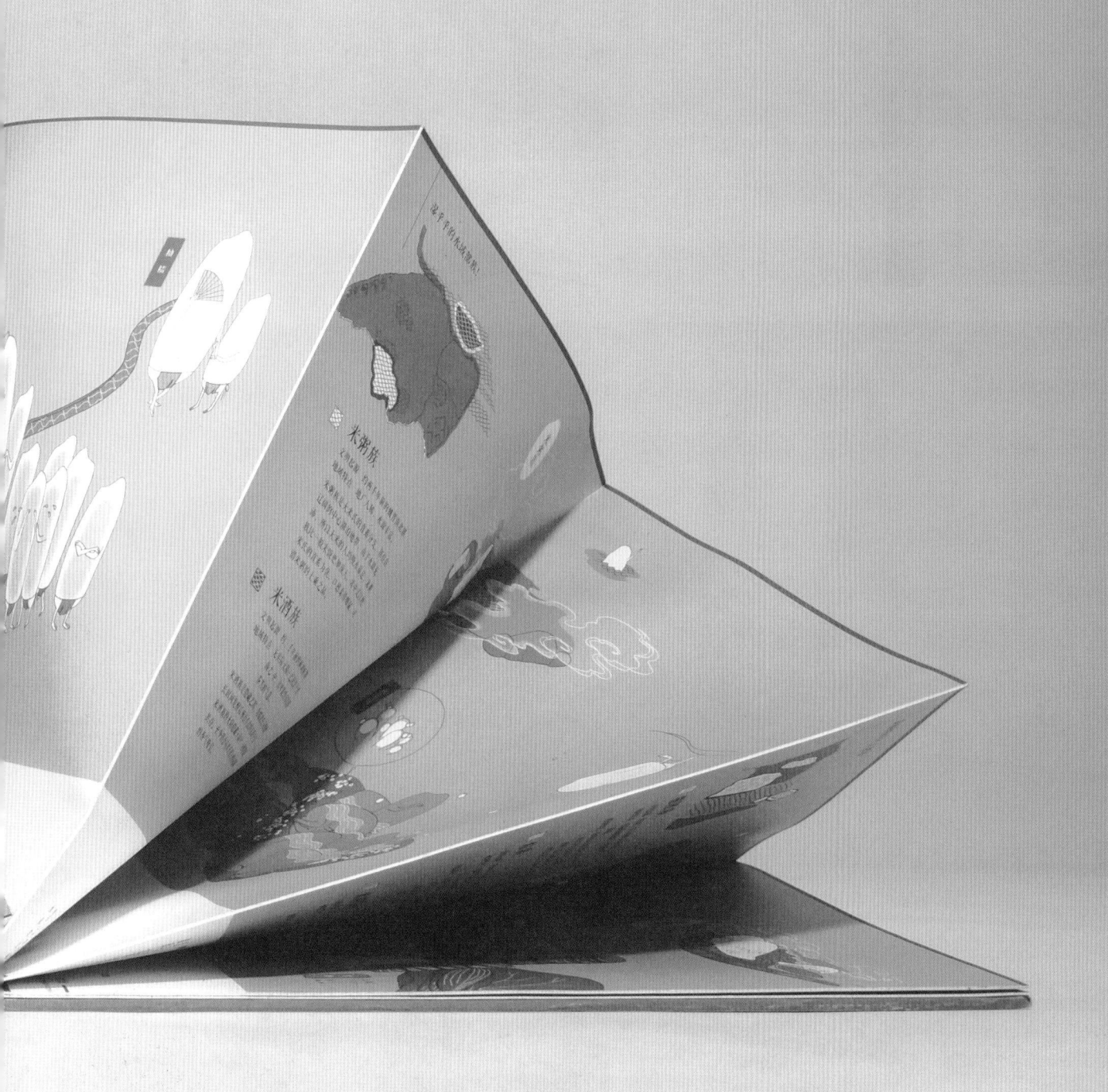

米酒族

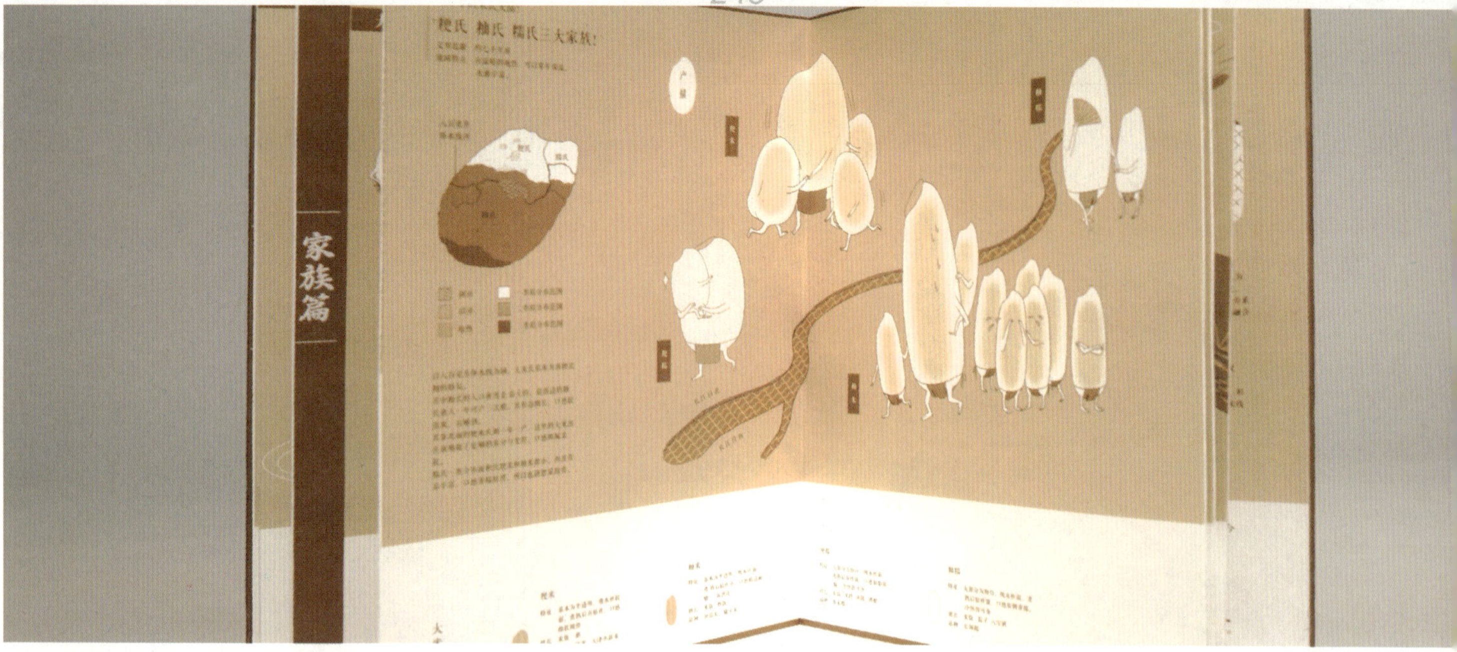
粳氏 籼氏 糯氏三大家族!
家族篇

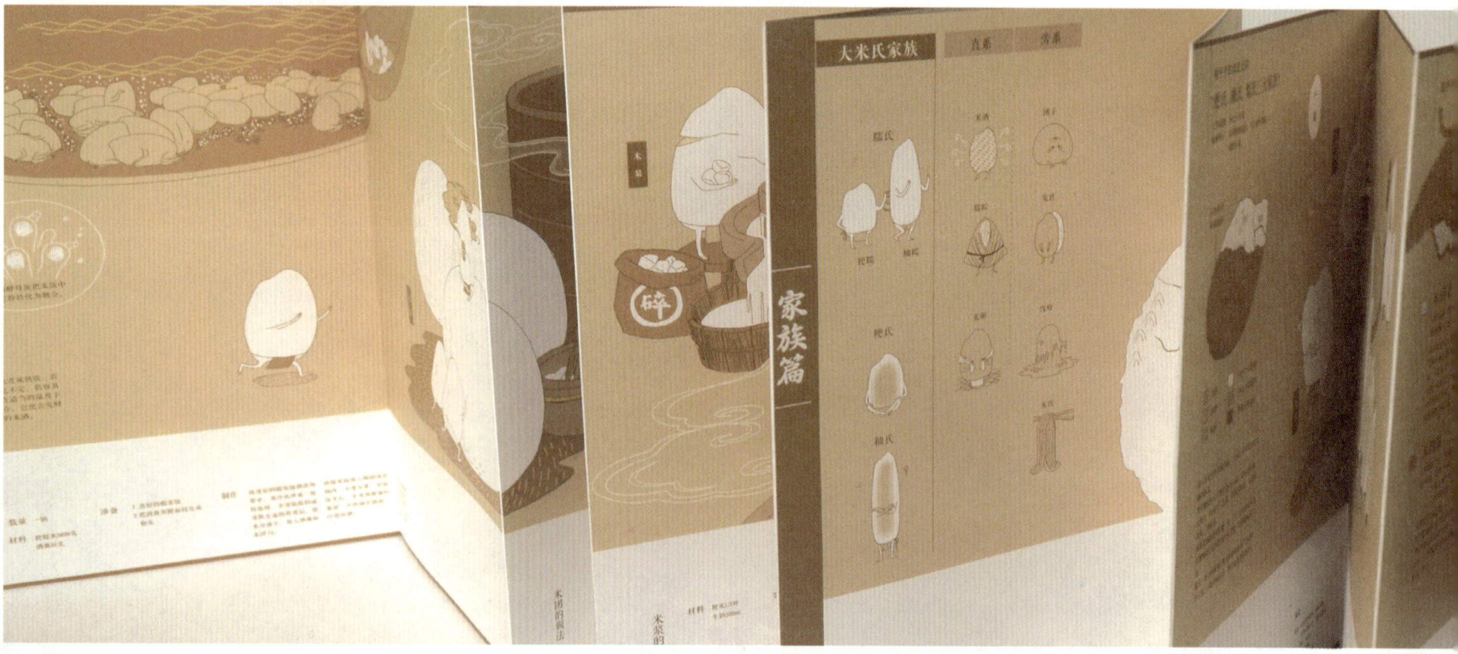
大米氏家族
直系
旁系
糯氏
粳氏
籼氏
家族篇
碎

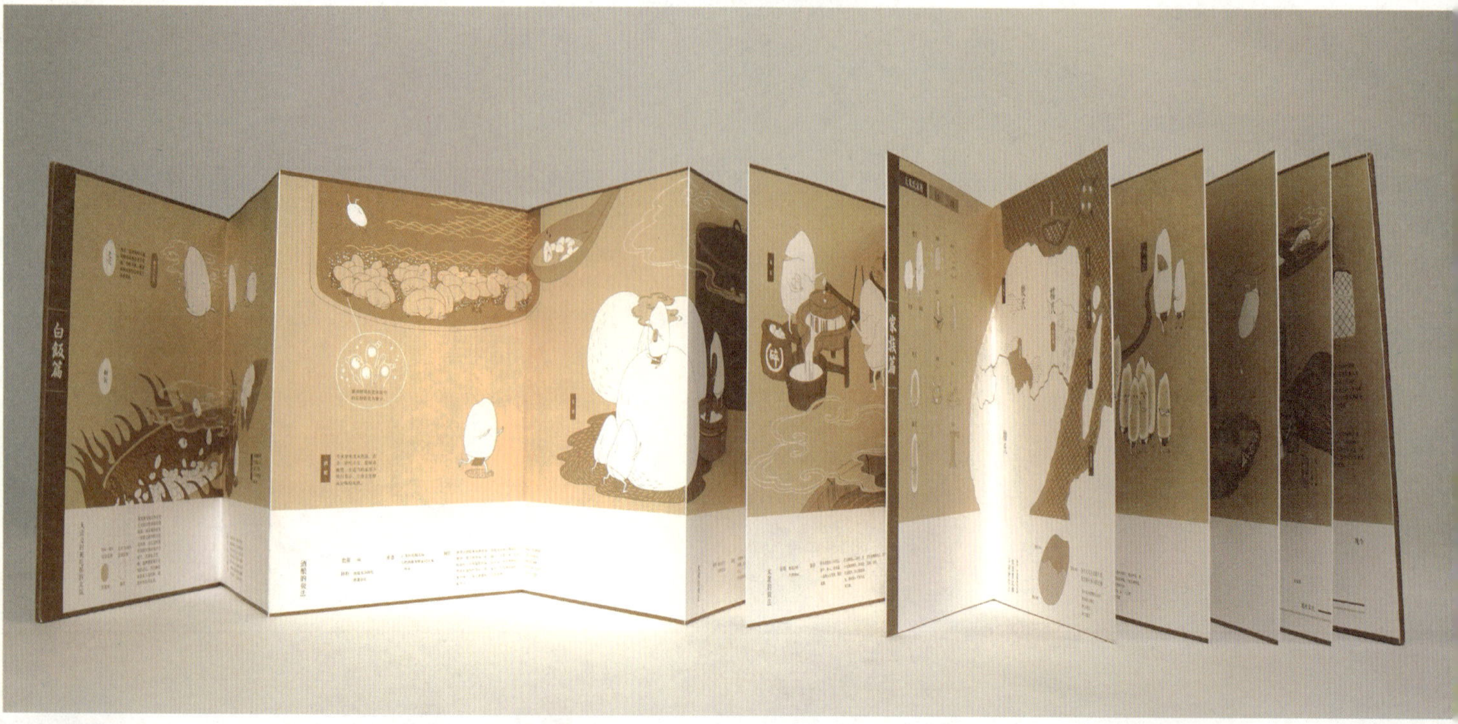
白饭篇
家族篇

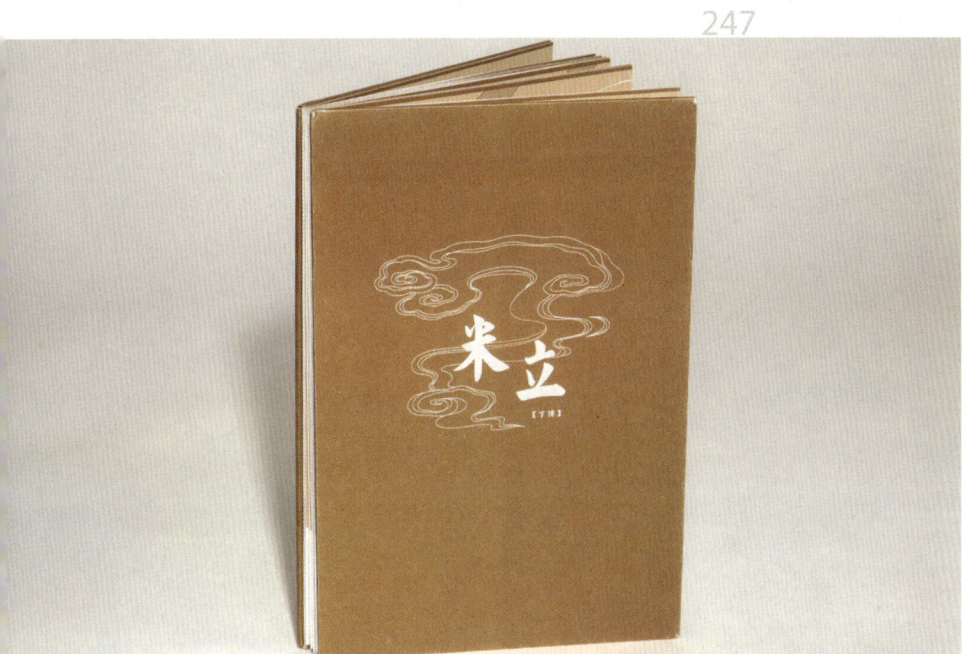

主要内容

故事编排为《大米篇》《白饭篇》《家族篇》三个部分，以《米立》这一拟人形象贯穿了主线，讲述了一粒粒新鲜脱壳的稻谷，如何从一个新生儿，历经种种，最终成为一碗热气腾腾美味米饭的过程。

创新点

《米立》并不是常规叙述一遍稻米的生长经历，而是以一种"拟人化"的视角，来重新引发人们对稻米的关注。

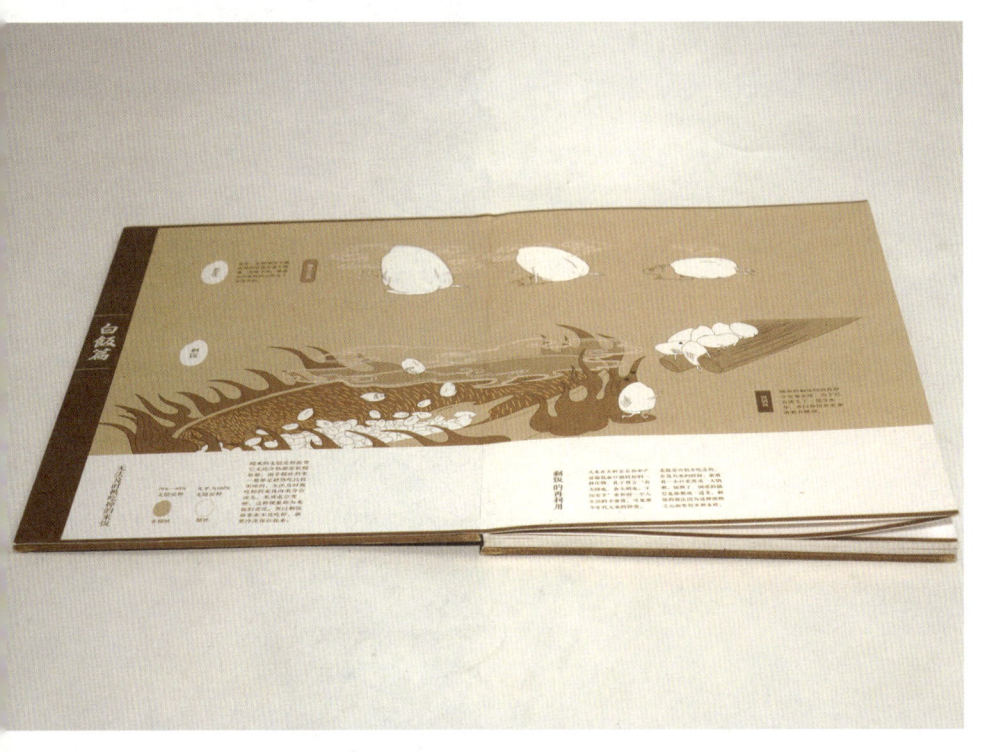

优秀奖

作品名称：撕，撕着背——四级单词
参赛学生：卢忆
所在院校：南京大学
指导教师：张志强

作品创意

学生在背记英文单词时，若同时阅读中文释义，易产生心理依赖。虽目前市场上已出现针对单词设计的"挡板"，但对大学生而言，"挡板"易丢失。因此本书设计成可将中英文撕开成两册的单词本，且学生还可在这一动作中释放情绪压力。

目 录 Contents

Part 1 核心词汇

Word List 1/1

Word List 2/14

Word List 3/25

Word List 4/48

Word List 5/61

Word List 6/74

Word List 7/86

Word List 8/97

Word List 9/108

Word List 10/119

Word List 11/131

Word List 12/143

Word List 13/154

Word List 14/165

撕，撕着

四级 SIJI

撕，撕着背
四级单词 SIJIDANCI

WORD LISRT 1

/ə'bændən/ vt.丢弃；放弃，抛弃

/ə'bɔ:d/ ad.在船(车)上；上船

/'æbsəlu:t/ a.绝对的；纯粹的

/'æbsəlu:tli/ ad.完全地；绝对地

/əb'sɔ:b/ vt.吸收；使专心

'æbstrækt/ n.摘要

/ə'bʌndənt/ a.丰富的；大量的

/ə'bju:z, ə'bju:s/ vt.滥用；虐待

n.滥用

/ækə'demik/ a.学院的；学术的

/æk'seləreit/ vt.(使)加快；促进

/'ækses/ n.接近；通道，入口

/æksi'dentl/ a.偶然的；非本质的

主要内容

本书选自《2014年英语四级考试词汇表》。此外，作者也有意将其设计成系列，除单词之外，还可增加《撕着背的古诗》等。

创新点

该书开本为正方形、小32开，在撕离后呈长宽比2：1的两本单词本；材质上外封和内封分别选用特种纸及深棕色卡纸，并设计有三角形的缺口，便于撕开页面和保护页脚。

优秀奖 『教你怎么洞察世事，如何练达人情』——《我不是教你诈》运用新媒体的营销策划 杨帆

优秀奖 《冒险小虎队》营销创意策划 刘紫欣 纪元 黄贤静

优秀奖 『微·爱』——四大名著综合营销策划书 于军 刘双艺

优秀奖 《当男孩遇见女孩》营销创意策划案 何珊 梁耀丹 王祯祯

优秀奖 《海边的卡夫卡》营销策划 李华一 周启文 孙化瑞

优秀奖 『扬州晚报』APP平台建设——《扬州晚报》转型营销方案 王茜

优秀奖 『乡愁云南』主题图书《江边记》推荐视频 李靖宇 汤进 王艳

优秀奖 《吃货辞典》营销策划 咸秀荣 赵丽华 戴佳琳

优秀奖 关于彼得·海斯勒『中国三部曲』双十一期间高校的线上营销推广方案 尚柄臣 杨雨

优秀奖 "布克文化体验中心"策划书 彭谦 张婷 杜荣琴

优秀奖 《异界之魔剑》图书营销策划方案 章火明 邓夏青 吴晴

营销创意奖

一等奖
《邮寄秘密》营销策划
许观奇 徐丹 沈子琛

二等奖
《饿了么》阅读营销策划
杨梦圆 闫钰婧

二等奖
《那些不能告诉大人的事》营销策划
殷霈雯 毛思佳

二等奖
《城市晚报》走进校园
赵海宇 赵翰林

三等奖
《大话西游宝典》营销策划书
刘贵平 王瑶 张晶

三等奖
《给孩子的诗》营销策划案
陈聪 刘芬 陆朦朦

三等奖
影视畅销书的立体式营销方案——以《爸爸去哪儿》为例
徐道星

三等奖
《尼泊尔很美》图书营销策划方案
李凌云 孙鸽 谢梦晶

三等奖
《漫游记》——《集邮》杂志综合营销方案
刘晓阳 李毓超 王露

一等奖

作品名称：《邮寄秘密》营销策划
参赛学生：许观奇　徐丹　沈子琛
所在院校：辽宁大学
指导教师：石姝莉　张建哲

作品创意

"邮寄秘密"本是美国网络艺术家弗兰克·沃伦发起的一项活动——他通过免费派发明信片，号召世人通过邮寄明信片的方式，将自己内心深处不愿对朋友和熟人倾诉的秘密，以匿名方式邮寄到他位于马里兰州的家中，而他会有选择地将这些陌生人的秘密张贴到他的网站上。十年来，他收到了来自全世界各个角落的"秘密"，其创办的"邮寄秘密"网站也成为全球最受青年学生欢迎的十大网站之一。随后，弗兰克将这些个人隐私加以编辑，出版了《邮寄秘密》一书，该书迅速成为了当时的畅销书。而这本书在大陆却不为人知，所以参赛者在做了大量准备工作后决定将其引进，并为其量身打造了系统的营销宣传策划，希望将中文引进版打造成为超级畅销书。

255

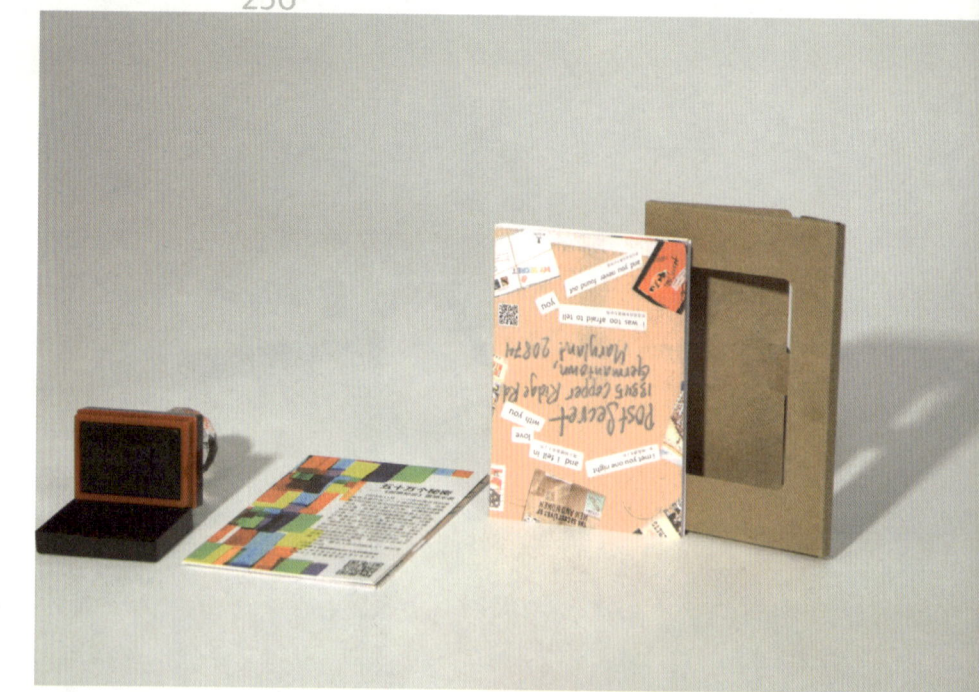

主要内容

共分以下几个部分：

1. 第一模块：营销环境分析，包括背景概况、宏观环境分析、微观环境分析、《邮寄秘密》引进版的 SWOT 分析。

2. 第二模块：针对东北三省通过网络进行问卷调查（发放问卷数 2000 份，收回有效问卷数 1864 份），并进行东北三省人口统计分析、居民阅读情况分析、《邮寄秘密》英译本市场空间调查以及营销方案可行性情况调查。

3. 第三模块：《邮寄秘密》引进版市场营销计划，包括"邮寄秘密"活动的初步方案（通过在书店、咖啡店、商场等地发放明信片宣传图书，并且以拼图形式"集齐四张有好礼"的方式刺激消费者购买；建立微信、微博官方平台、官方网站等）、实体书店的营销策划、网上书店的部分营销策划以及其他方面的营销方案。

4. 附录：《营销秘密》引进版市场调查、图书营销估价表。

5. 整体框架。

6. 《邮寄秘密》引进版图书介绍。

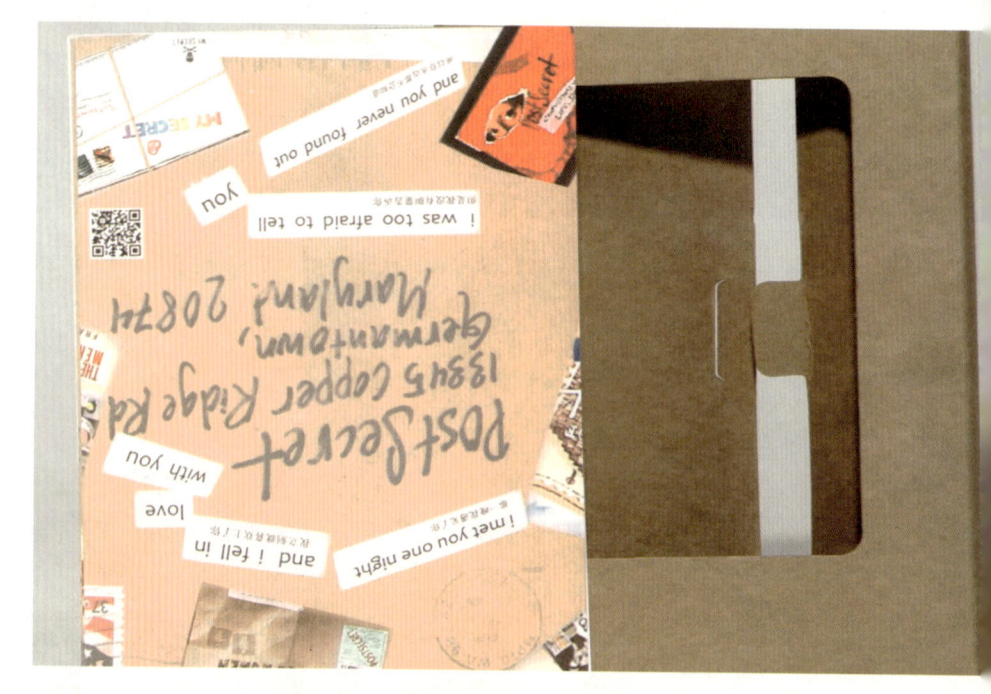

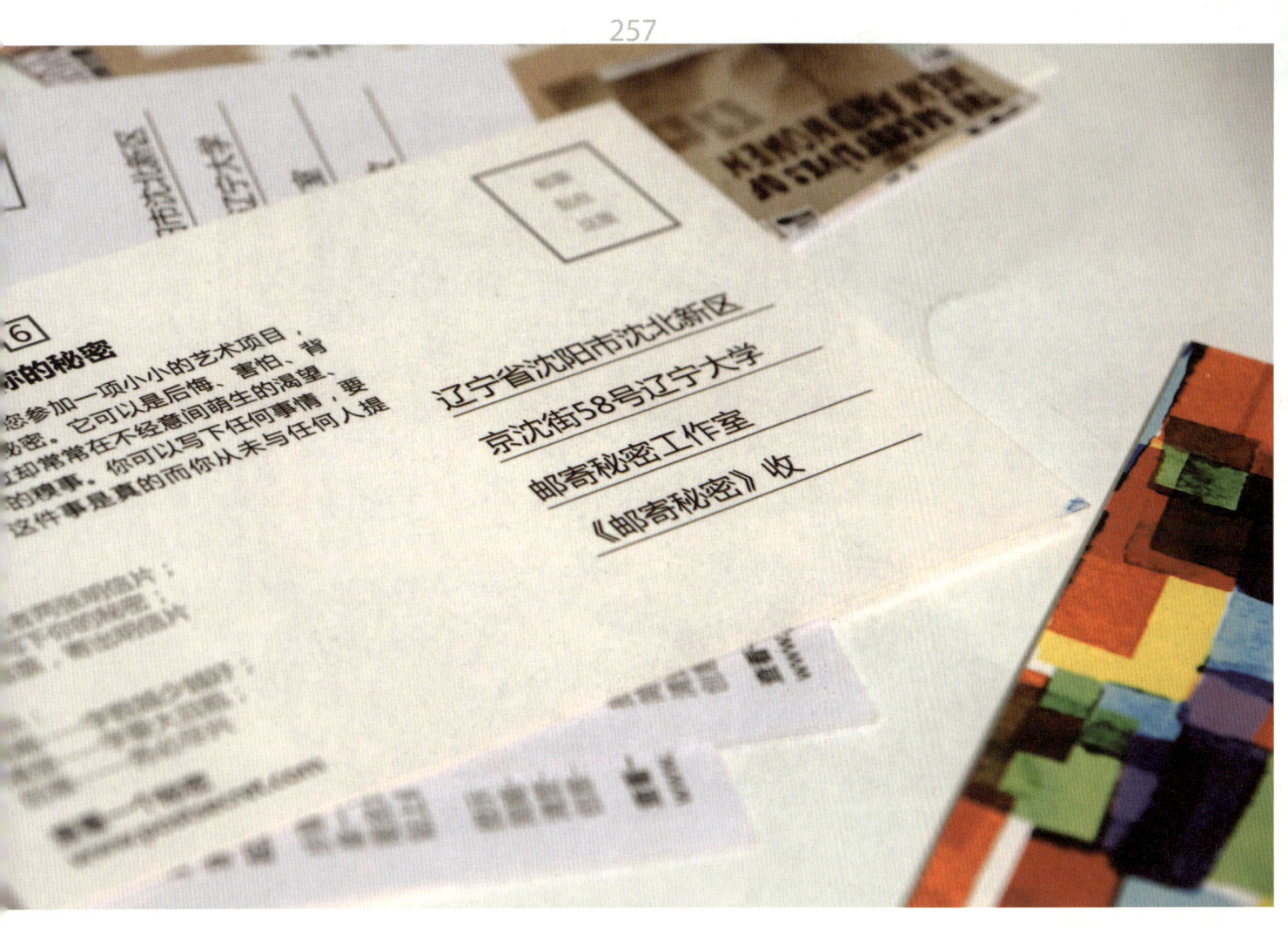

创新点

1. 整体营销从收集明信片的活动立足，活动的过程既是对书籍的宣传过程，又是书籍内容素材的收集过程，同时还是一个活动参与者与读者敞开心扉从而扩大影响的过程，具有事半功倍的效果。

2. 营销活动以"邮寄秘密"在中国的重现为核心，具备社会学、心理学以及艺术性三重内涵，同时为图书营销造势。

3. 营销方案将本书的浪漫色彩和文化气息发挥到极致。咖啡店一角明信片的发放、图书沙龙的时常举行；精美的纪念邮戳和明信片，仅仅只是摆在书柜的一角，精美的装帧都是一道风景。

五十万个秘密
——《邮寄秘密》震撼来袭

2004年11月，一个名叫弗兰克的美国艺术家产生了一个怪异的想法。他拿着3000张正面空白的明信片走在华盛顿街头，在月台上留下几张，在图书馆的书页里夹上几张，在博物馆留下几张。他在每一张卡片的背面留言：请你与我分享一个你的秘密，要求很简单，只要它是真的，而你又从未与向任何人提起。匿名的秘密接踵而来，这个让人"脑洞大开"的想法迅速地传播，弗兰克的家庭邮箱在十年间收到了来自全球的五十万个秘密。人们用五花八门的文字和贴画将我们带进入性的最深处，这些秘密有的令人震撼，有的让人忍俊不禁，有的饱含深情。

——汉斯作品"最令人信任的陌生人"—弗兰克

259

二等奖

作品名称：《饿了么》阅读营销策划
参赛学生：杨梦圆　闫钰婧
所在院校：西北大学
指导教师：李常青

作品创意

　　现今社会，人们对于美食有不断的追求，却忽略了精神上的需求。作者由"好书"与"美食"同样重要进行联想，设计出以食品包装来对图书进行包装的形式，并以此来展开系列营销活动，从更深层次唤起人们对"精神食粮"的重视。

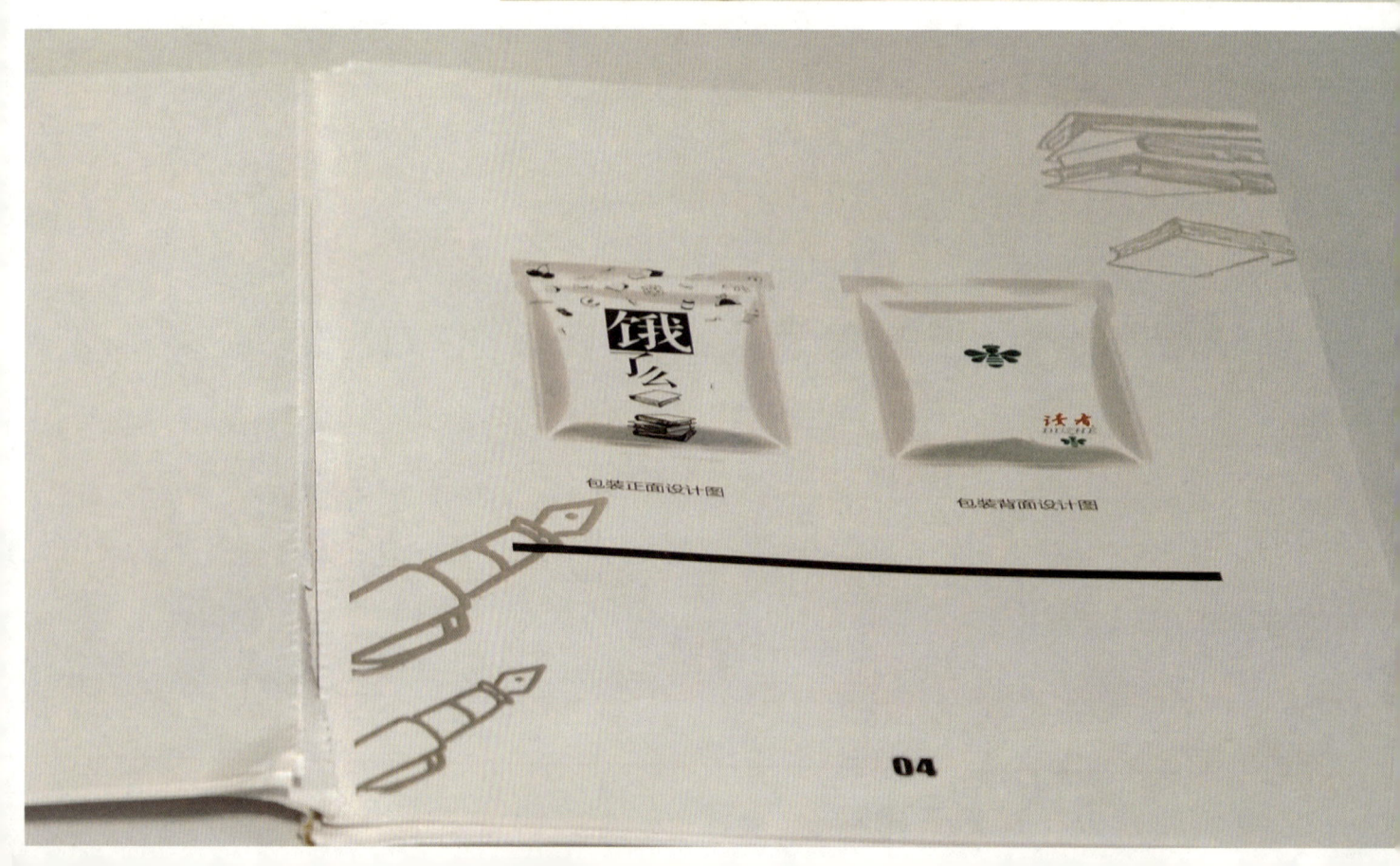

饿了么

阅读营销策划

主要内容

《饿了么》阅读营销活动以《读者》杂志为例，在设计上以食品包装的形式来包装图书，将独特包装的书放在零食区旁边进行售卖，以引起消费者的好奇。让消费者在购买零食的同时，看到包装形式新颖的书籍，然后驻足了解，从而使书籍得到推广。

同时，配合线上微信平台推广活动，提高大众参与度，通过利用新媒体来扩大活动影响力，传播阅读营销活动的思想。

创新点

1. 本次阅读营销活动不是针对某一本或一系列具体的图书而展开的营销活动，而是对营销形式和概念的创新，旨在提高人们对"精神食粮"的追求和阅读需求的满足。将"好书"类比"美食"，强调好书"精神食粮"的作用，用食品包装袋的形式来包装书籍，从而进行书籍推广。

2. 先从视觉上吸引读者，进而展开营销活动（重点在零食售卖区售卖书籍），唤起人们对"精神食粮"的重视，提高人们的阅读需求。

3. 营销活动的名字紧紧围绕营销主题，同时利用已有外卖网站"饿了么"的知名度与影响力，进一步扩大本次营销计划的影响。

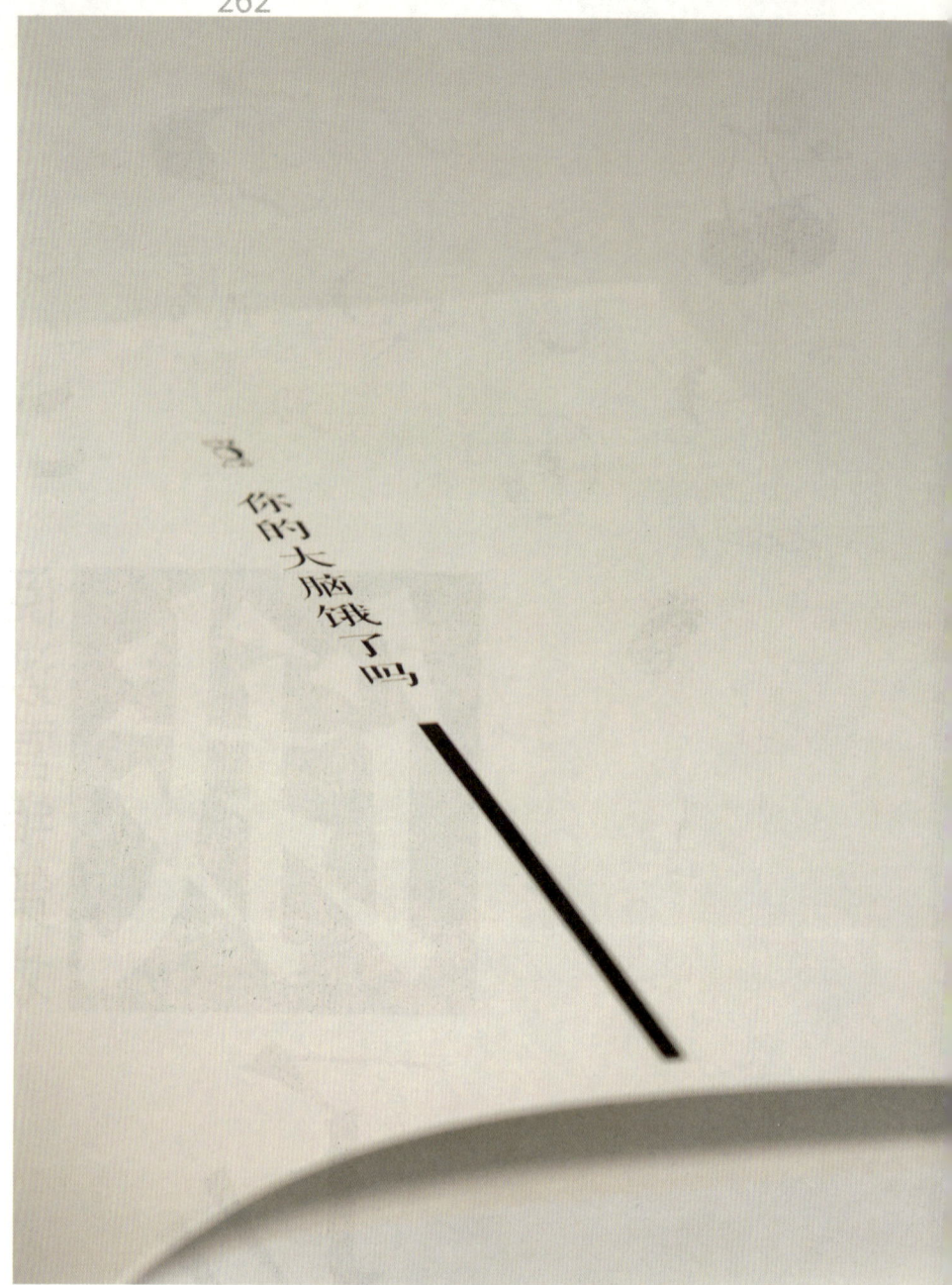

产品陈列货架及海报超市摆放、张贴示意图

07

饿了么

你的大脑饿了么？
来点好书补充营养！

活动海报示意图

10

问题聚焦 —————— 01

问题发想 —————— 02

包装设计 —————— 03

主题活动 —————— 05

总结 ——————— 10

二等奖

作品名称:《那些不能告诉大人的事》
营销策划书
参赛学生：殷霈雯　毛思佳
所在院校：浙江工商大学杭州商学院
指导教师：潘文年

作品创意

青春期孩子的成长问题一直是社会关注的焦点，其敏感又多变的性格，使得老师和家长头疼，也致使关于孩子青春期成长的书一直受追捧。

《那些不能告诉大人的事》是国内首部以青少年为对象的实用型情感问答教科书，该书由50封作者亲自回复青春疼痛的私密信函构成，真实地反映了当下青少年内心的想法和生活状态。读过该书的青少年能在其中找到自我。本书具有良好的市场前景和庞大的读者群，策划团队利用其自身出色的营销能力和丰富的经验，希望将其打造成超级畅销书，并进一步扩大该书的影响。

目录

一、前言 1
二、书籍简介 2
　　（一）书名 2
　　（二）出版社 2
　　（三）出版日期 2
　　（四）图书内容 2
　　（五）作者介绍 2
　　（六）图书特色 2
三、读者定位 3
　　（一）从年龄上划分 3
　　（二）从性别方面划分 3
　　（三）从社会角色划分 3
四、市场分析 4
　　（一）读者购买类型分析 4
　　（二）同类图书销售情况分析 4
　　（三）同类题材影视剧分析 4
　　（四）地区类别市场动态分析 5
五、营销方案 5
　　（一）图书前期营销 5
　　（二）图书首发日营销 6
　　（三）图书上市营销 6
　　（四）图书后期营销 7
六、营销预算与资金筹措 8
　　（一）营销预算 8
　　（二）资金筹措 8
七、书籍流通渠道 8
　　（一）主渠道（15万册） 8
　　（二）补充渠道（10万册） 8
　　（三）自销渠道（5万册） 9
八、可行性分析 9
　　（一）计划周密详细 9
　　（二）营销方式有效 10
　　（三）相关资源充足 10
　　（四）书本特色突出，活动亮点鲜明 11

主要内容

营销策划内容主要包括：

1. 前言
主要针对青春文学当前社会环境下的一个整体面貌的分析。

2. 书籍简介
主要介绍了书名、出版社、出版日期、图书内容、作者以及图书特色。

3. 读者定位
主要从年龄、性别、社会角色三方面对于读者群做了详细划分，确定了准确的目标读者群。

4. 市场分析
主要对读者购买类型、同类图书销售情况、同类题材影视剧以及地区类别市场动态做了全方位的调查分析，在充分了解市场现状的基础上，制订了营销计划。

5. 营销方案
整个营销计划分四部分，即图书前期营销、图书首发日营销、图书上市营销、图书后期营销。营销活动多样，有传统的营销活动，也有微博、微信的数字化网络营销，还有媒体营销活动等。

6. 营销预算与资金筹措
对整个营销活动的预算做了大致估计，并对资金的来源做了详细交代。

7. 书籍流通渠道
对于书籍流通的渠道做了简要阐述。

8. 可行性分析
从整个营销计划的方式、相关资源、图书特色、活动亮点等方面，分析了营销活动的可操作性。

《那些不能告诉大人的事》营销策划书

所在学校： 浙江工商大学杭州商学院

所属专业： 编辑出版专业

营销团队成员： 殷霈雯　毛思佳

创新点

1. 营销活动受众不仅面向青少年，也面向家长和老师，最大限度地开发潜在读者群，扩大市场占有率。

2. 营销手段既涉及传统的营销方法，也涉及新媒体手段的运用，例如微博上的8秒微视、微访谈、话题讨论等，从而带动读者的参与度。

3. 通过社会新闻，制造社会热点，多方位地吸引社会关注的目光。

4. 营销周期有前期、中期、后期之分，每个时期目标明确，具有完整性和延续性。

二等奖

作品名称：《城市晚报》走进校园
参赛学生：赵海宇　赵翰林
所在院校：吉林工程技术师范学院
指导教师：尹艳华

创新点

1. 本次活动将大学生群体作为目标群体，在校园内重点对学生寝室进行实地走访，配合免费派发报刊样品、定点销售，并对其结果进行系统分析。

2. 对当地市区内四大高档写字楼的上班族进行问卷调查。

3. 采用实地走访、问卷调查与数据分析等多种手段进行营销。

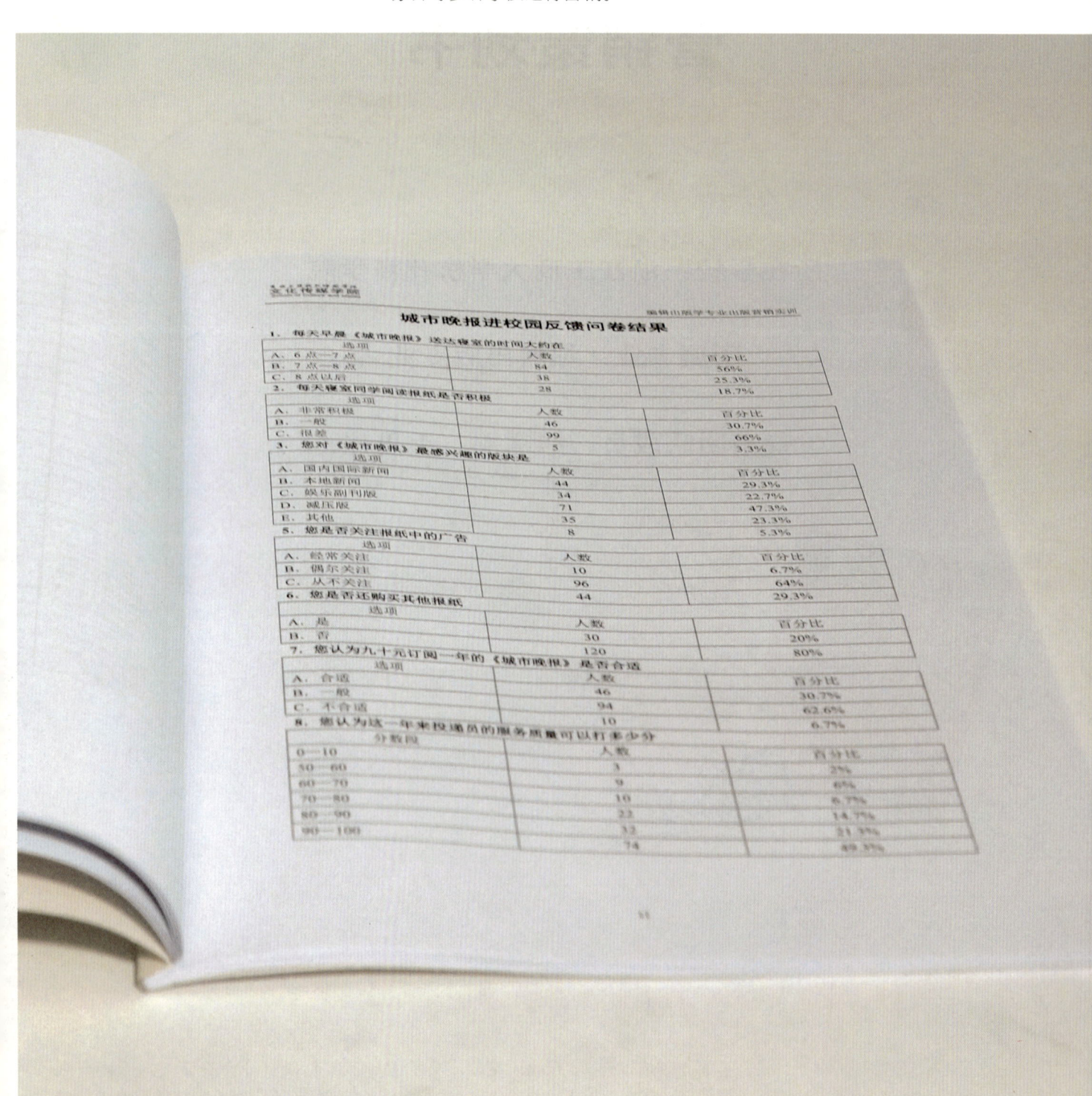

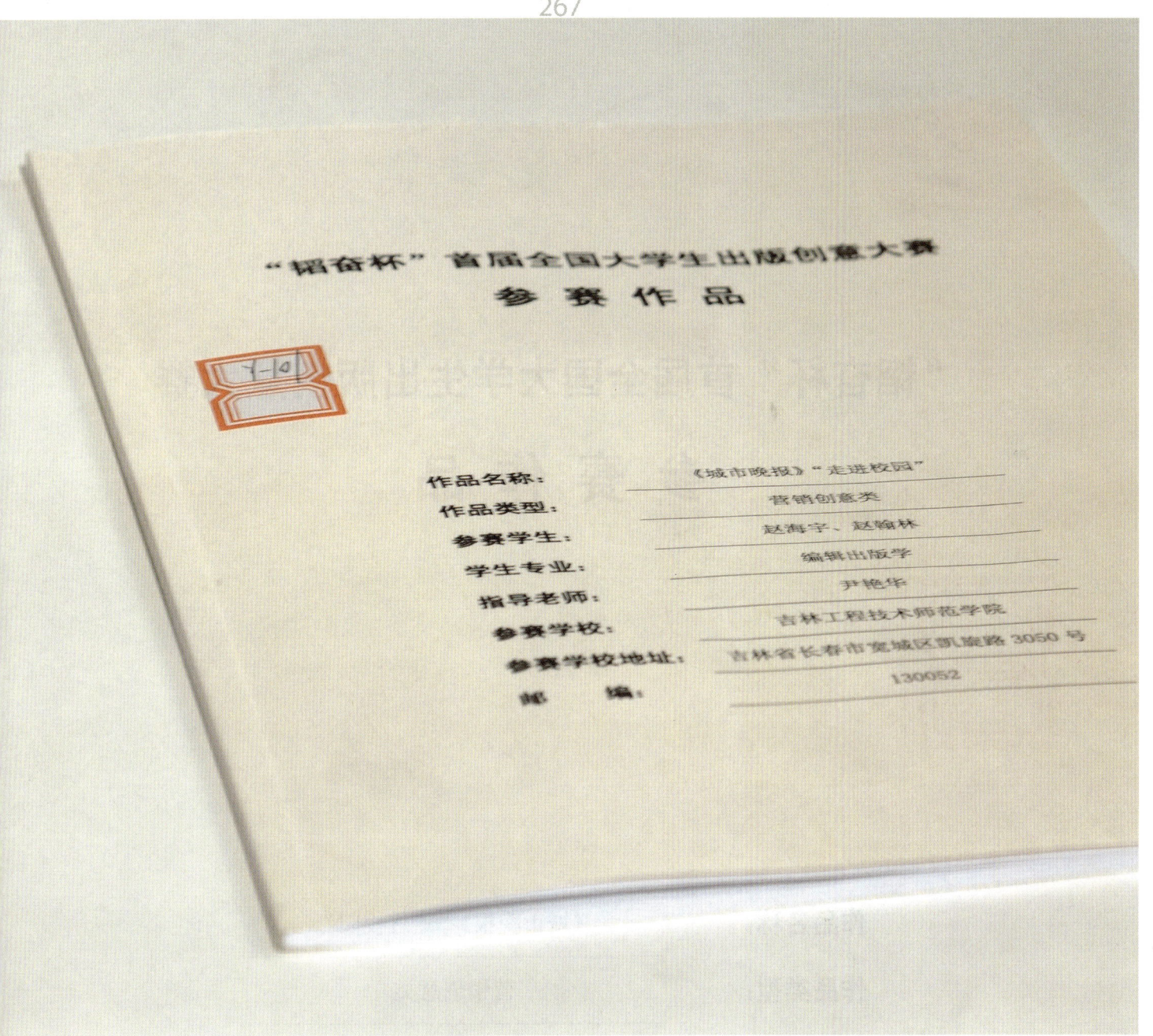

作品创意

如今，面对繁荣的市场经济，传媒业亦如其他行业一样，深刻体会到如果再对市场采取漠然的态度，终将会被市场所抛弃。因此，传媒界一些有识之士由过去的"努力办好报刊"的理念迅速转变为"努力经营好报刊"的理念。

具体来说，目前传媒界在重视新闻选题策划的同时，亦开始重视媒体的市场营销策划，逐步推动"选题策划"和"营销策划"两个车轮，努力开拓传媒市场。作者以此为创意，运用多种手段对《城市晚报》进行行销推广，从而达到"提高《城市晚报》的知名度和影响力、打造《城市晚报》品牌形象、提高《城市晚报》媒体公信力、培养大学生关注时事关心民生的意识"的多重目的。

主要内容

《城市晚报》进校园营销策划案，其主要内容如下：

1. 营销方案概要
   (1) 营销目的
   (2) 内容提要
2. 现状分析
   (1) 宏观环境分析：政治环境、经济环境、社会环境、技术环境
   (2) 微观环境分析：竞争对手、读者、发行中介、分析结果
3. 设定营销目标
   (1) 确定目标市场
   (2) 市场定位
4. 确定营销组合策略方案
   (1) 产品策略
   (2) 价格策略
   (3) 营销策略
   (4) 促销策略：人员推销、广告策略、公共关系策略、销售促进策略

"韬奋杯"首届全国大学生出版创意大赛
参 赛 作 品

作品名称：	《城市晚报》"走进校园"
作品类型：	营销创意类
参赛学生：	赵海宇、赵翰林
学生专业：	编辑出版学
指导老师：	尹艳华
参赛学校：	吉林工程技术师范学院
参赛学校地址：	吉林省长春市宽城区凯旋路 3050 号
邮　　编：	130052

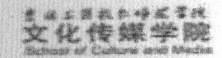

三、设定营销目标

（一）确定目标市场

由于策划方案是《城市晚报》走进校园，主体已经确定，目标市场，那就是长春三十九所高校的在校大学生，将这个群体作为我们的目标市场，或许有一定的未知风险，但无论从宏观还是微观环境来分析，他们都符合我们策划主体的要求。所以通过目标市场直接定位我们的读者群体。

（二）市场定位

正确的做法应该是，在充分研究现有市场瓜分状况的前提下，以读者的阅读需求和阅读选择的差异性为出发点，根据不同读者群的特殊需求与偏好，把那些具有经营价值和开发意义的细分化的阅读市场定位为自己的目标市场，集中力量实行专业化、密集化的营销。由此，市场定位和市场细分尤为重要。由于报纸不是只针对这个群体。所以报纸的市场定位不能全为他们这个群体设计，当然，在已经细分的市场的前提下，有针对性的策划活动，专门为之开辟的专版，有足够的吸引力，让这个群体驻足。

四、确定营销组合策略方案

（一）产品策略

产品是指能够提供给市场，被人们使用和消费，并能满足人们某种需求的任何东西，包括有形的物品、无形的服务、组织、观念或它们的组合。

《城市晚报》的产品整体概念　城市晚报有的加书名号了，有的没加

按照以菲利普科特勒为首的北美学者的观点，产品整体概念有五个。即：

1. 核心产品：新闻和信息
2. 形式产品：纸媒《城市晚报》
3. 期望产品：征订随报赠品
4. 延伸产品：报箱和送报上门服务
5. 潜在产品：城市晚报电子报、城市晚报网

城市晚报是冲动品

按照消费品的分类，城市晚报属于便利品。便利品又分常用品、冲动品和救急品。根据我们上一阶段的调查，一个非新闻专业的大学生基本没有购买报纸，尤其是都市报的习惯。所以，城市晚报不是常用品，而是冲动品，是顾客没有计划或搜寻而即兴购买的产品。

城市晚报产品组合

产品组合，也称"产品的各色品种集合(product assortment)"，是指一个企业在一定时期内生产经营的各种不同产品的全部产品、产品项目的组合。

城市晚报产品组合为城市晚报、城市晚报网、城市晚报数字报、城市晚报手机报……

（二）价格策略

产品定价的上限通常取决于市场需求，下限取决于该产品的成本、费用。在上限与下限

三等奖

作品名称：《大话西游宝典》
　　　　　　营销策划书
参赛学生：刘贵平　王瑶　张晶
所在院校：昆明理工大学
指导教师：毕秋敏

创新点

1. 在原有书稿的基础上增加新内容，利用二维码技术，将影视作品与文学作品结合，相关章节配有相应影视内容的二维码。

2. 充分利用网络平台进行营销活动。将微营销整合化并贯穿图书预热前期到后期的每一个环节中，减少宣传费用；通过收集线上宣传的反馈，从而有利于下一个宣传活动的开展。

3. 结合社会热点新闻话题开展营销活动。根据调研，预计《大话西游》的新闻话题将会持续较长时间，适时地将本书营销策划与社会热点话题结合，将更加有利于图书的销售。

大话西游宝典

张立宪 著

现代出版社

生亦何哀
死亦何苦
你是否明白了舍生取义

12月21日 正式发售

主要内容

策划：关于该书的出版做了一系列的分析，包括读者分析、市场分析、同类型出版物分析等，充分论证了该书出版的可能性。

营销方案：分为预热阶段、预售阶段、初始销售阶段、热销阶段、图书滞销阶段、热点话题营销阶段六个部分，通过借势宣传，利用传统媒体与新媒体来展开线上线下的互动活动，并充分利用"微营销"，使更多的人可以及时参与到整个营销活动中，结合周星驰的下一部电影《美人鱼》，使关于本书内容话题的热度得以持续，从而延长该书的生命周期。

作品创意

电影《大话西游》的重映引起了巨大反响，于是参赛学生借此机会针对2000年出版的《大话西游宝典》一书进行了修订发行的营销策划。值得注意的是，"大话西游重新上映"的话题在新浪微博的点击量达848.3万，与之相关的话题讨论也十分热烈。《大话西游》作为周星驰喜剧片的代表作之一，拥有大量的粉丝和影迷。周星驰是一个充满话题性的人物，且正在筹拍新片《美人鱼》，必将带来很多话题，而每一个话题都将成为本书宣传营销的契机。

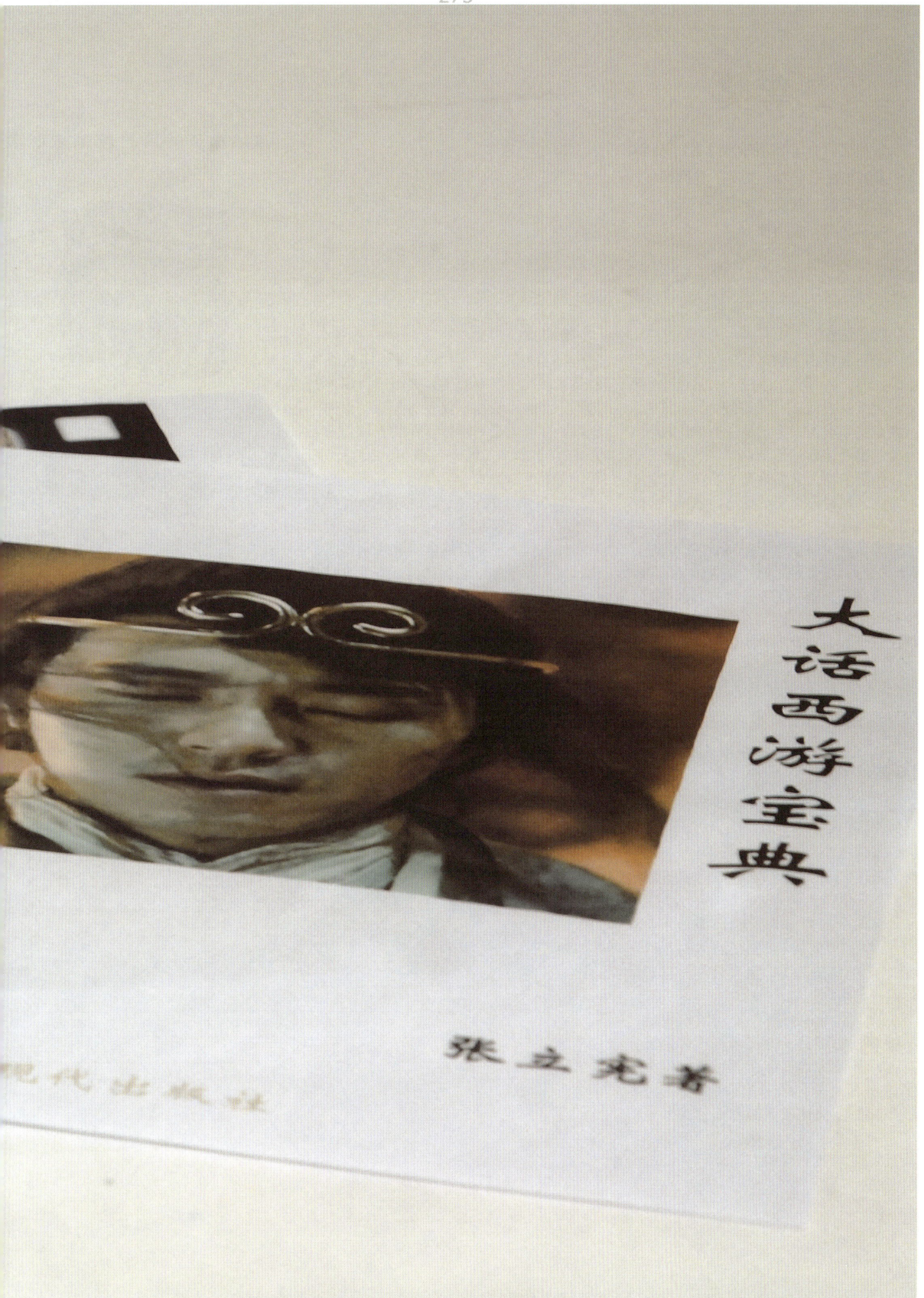

大话西游宝典

张立宪著

三等奖

作品名称：《给孩子的诗》营销策划案
参赛学生： 陈聪　刘芬　陆朦朦
所在院校： 武汉大学
指导教师： 袁小群

《给孩子的诗》营销策划案

武汉大学　信息管理学院　出版发行学

小组成员：陈聪、刘芬、陆朦朦

作品创意

素质教育观念的普及与深入和国家政策的扶持，使社会对未成年人阅读和素质教育越来越重视，少儿图书市场前景广阔。诗歌在文学类图书中市场占有率比较低，但少儿类的诗歌却备受青睐。《给孩子的诗》是著名诗人北岛最新的心血之作，书中诗人、篇目和译文的择选，体现了编者北岛一以贯之、别具一格的诗学理念与美学目光。且该书重绘了新诗版图，确立了经典标准，携带着思想、文学和文明的火种交给孩子，照亮了下一代的阅读空间。该书虽然市场前景广阔，但目前却销量平平，基于此，参赛学生决定重新对这本书进行营销策划。

创新点

1. 营销渠道：由传统媒体向新媒体发展。新媒体受众范围越来越广，影响力加大，因此本策划不仅在传统营销上进行创新，更着力于新媒体营销的尝试，重点介绍了O2O、二维码、微信、微博等四种流行的营销方式。

2. 促销手段：由单一向多元发展。一方面，此营销案不仅结合了传统方式和新媒体方式，还将网络渠道和现实渠道打通，线上线下加以结合；另一方面，"营销三重奏"的每一个版块中均涵盖多种营销手段，如微信、微博、二维码、O2O等。

3. 推广活动：线上线下相结合。

主要内容

本营销策划案共分四部分。

第一部分：对所要进行营销策划的《给孩子的诗》一书进行简要的介绍。

第二部分：分析营销环境。分别从少儿类图书和诗歌类图书整体的营销环境及同类图书的分析比较，进而确定目标读者与市场定位。

第三部分：将整个营销策划整合为从传统营销铺货发行、新媒体营销推广宣传、落地活动造势回暖的"三重奏"营销，三管齐下，打造《给孩子的诗》一书的最佳营销方案。此部分将紧紧围绕传统营销方式、新媒体营销方式和活动策划对本书的营销方案进行详细的介绍说明。

第四部分：总结。

目 录

一、图书概况 3
　2.1 基本信息 3
　2.2 内容介绍 3
二、营销环境分析 4
　2.1 整体的营销环境分析 4
　2.2 同类图书产品比较分析 5
　2.3 目标读者与市场定位分析 7
三、营销策略 9
　3.1 传统营销 9
　3.2 新媒体营销 13
　3.3 活动营销 17
四、总结 20

三等奖

作品名称：影视畅销书的立体式营销方案——以《爸爸去哪儿》为例
参赛学生：徐道星
所在院校：安徽大学
指导教师：孔正毅

作品创意

纵观不同时期的畅销书排行榜，很多都与当时具有代表性的影视作品有关，更有相当一部分直接来自影视作品改编。这其中，一部分图书借助影视作品成为了所谓的"影视畅销书"。而本策划主要内容为影视作品如何改编为图书，以及从图书营销的角度构建影视图书的营销机制。在此，以《爸爸去哪儿》的线上网络书店营销和根据安徽省调研数据背景下的线下营销作为案例，并结合《中国好声音》为人所知的"危机分成机制"，构建出影视畅销书的营销机制。

在《爸爸去哪儿》书中，湖南卫视作为内容提供商，出版商作为平台提供商，网上书店作为渠道提供商，三者之间如何危机分成，利用彼此自身的品牌优势携手打造一个图书品牌将是本策划书的一个重点。

主要内容

策划案主要由背景、市场机会与问题分析(SWOT分析)、独特的销售主张(USP定位)、危机分成机制、营销方案、费用预算、方案调整等部分构成。

1. 背景由市场分析、企业分析、产品分析、竞争分析、消费者背景分析五个部分组成。通过对市场及图书背景的分析，进而了解当今市场环境是否适于《爸爸去哪儿》图书的改编出版。

2. 市场机会与问题分析(SWOT分析)是从优势、劣势、机遇、挑战四个角度分析策划案的可行性，通过对SWOT矩阵分析，以此针对劣势与挑战作出战略安排。

3. 市场营销组合策略（4PS），分别从四个方面，即品牌定位、消费群体定位、价格定位、包装定位，给《爸爸去哪儿》图书进行一个合适的市场定位。

4. 危机分成机制，是以湖南卫视、湖南文艺出版社、当当网三分为例，根据各自需求及资源，提供分成比例数据。

5. 营销方案，即本策划书的具体行销方案。其由三个部分构成：一是危前期全覆盖宣传预热，二是中期"病毒式"营销引导持续发酵，三是后期总结话题主动加热。通过不同时期采取的不同营销策略，选用不同宣传媒体，策划出立体式整合营销。

6. 费用预算，根据图书规格计算单本书价格和毛利，并根据毛利从营销渠道、渠道商、零售商资源分配角度设置合理取向，从而达到效益和利益的最大化。

7. 方案调整，为可能出现突发情况做出提前预备方案。

创新点

1. 策划案以2013年度热播的户外真人秀节目《爸爸去哪儿》为例，分析影视作品的线下文字出版物的营销方式。

2. 首次引进危机分成机制，结合湖南卫视内容提供平台、湖南文艺出版平台、当当网网上平台特点，构建出版界的危机分成营销机制。

三等奖

作品名称：《尼泊尔很美》图书营销策划方案
参赛学生： 李凌云　孙鸽　谢梦晶
所在院校： 湖南大众传媒学院
指导教师： 董娟娟

作品创意

《尼泊尔很美》是一本关于某明星女作家以及一位人气摄影师结伴旅行的故事书，其有别于市面上的其他同类书籍。该书开创了国内纸上穷游真人秀的先河，具有良好的市场前景。本书的营销策划方案明显有别于传统的营销模式，通过制订阶段性营销方案，使每个阶段的方案环环相扣，并能够及时对突发情况采取相应措施。在营销方式上，该书侧重于新媒体营销，这样的营销方式也契合了现如今新媒体的高速发展。

Nepal is beautiful
尼泊尔很美

安纳普娜山脉　　　　　　　　　　　　　珠穆朗玛峰
　　　博卡拉　　　　博大哈大佛塔
　　　　　　猴庙　　帕斯帕提那寺
　　　　　　　　加德满都
　　　　　　　　　　纳加阔特
　　　　　　　　　　巴德岗
　　　　　　　　　　帕坦
延生遗迹公园

11月21日 全国同步上市

青春不老，踏梦远方
一场灵魂和身体的旅行 献给同样想流浪的你

文子子 & 鹿鹿安 & 戴帽子 & 绿亦歌 & 那夏 & 七微 & 夜未央
的鱼

爱格 & 湖南少年儿童出版社 联合出版

主要内容

在具体营销方案上，我们采用当下流行的新媒体进行营销，这样能在不同阶段上取得不同效果。在预热阶段，通过在网络上的铺陈宣传与建立相关官方图书信息的同时，能够很好地对图书进行造势与宣传；发展阶段，通过在新媒体上进一步巩固宣传，能够为图书上市之后，培养一定的读者群。并依照不同方案的具体实施，也能开拓一部分新的读者市场；在正式上市之后，新一轮的营销方案实施，将能促使《尼泊尔很美》在旅游类图书以及整个图书市场上占领较大的市场份额；在后续阶段依照前阶段营销方案实施成效的同时，开展线下活动，为《尼泊尔很美》图书的营销热况进行恒温。

创新点

1. 区别于以往图书的营销方式，侧重于新媒体营销。
2. 制定阶段性营销方案，使每阶段方案环环相扣，并能够及时对具体情况采取对应措施。并且注重读者的实际需求与真实感受。
3. 制订了后续跟进方案，保证图书在管销后期不那么快的被市场淹没。
4. 已创建百度百科、微博话 以及微信公众平台，从取得的数据上分析，已有良好成效。
5. 针对《尼泊尔很美》的各种读者群，制订了相应的对策。结合《尼泊尔很美》图书本身独特的风格，在线上线下的具体营销方案中，都设计了不同的营销策略。

三等奖

作品名称：《漫游记》——《集邮》杂志综合营销方案
参赛学生：刘晓阳　李毓超　王露
所在院校：西北大学
指导教师：李常青

作品创意

现今社会,随着新媒体和网络的发展,以报纸、杂志为代表的纸媒在受众接触度等方面不断下滑。杂志作为纸媒中较为特殊的一类,因其专业性、定制性等特点而拥有一定的稳定受众群体;而在现有的众多杂志中,能够以自身独特的内容与固定的品牌特色来吸引读者的杂志并不多。

《集邮》杂志是中国第一份国家级集邮杂志,1955年创办,已有59年的历史。虽然在集邮爱好者及专业领域内拥有较高知名度,但在大众领域内,知名度较小,甚至有人不知道、不了解《集邮》这本杂志。除此之外,《集邮》杂志品牌不够明确且品牌形象比较刻板,不能与读者产生共鸣。所以其急需进行营销策划,解决上述问题。

主要内容

内容结构层次上,本营销方案分为营销方案综述、营销环境分析、营销方案执行、推广效果展示、推广计划及预算五大版块。

在思路结构上,本方案遵循了"我们在哪儿""我们要去哪儿""我们怎么去"这一营销思路,五个板块呈现层层递进的关系。

运用"内容营销"和"概念营销"的营销思路,推出"漫游记"这一策划主题,目的是让杂志和受众本身建立联系,以扩大品牌知名度、提高受众接触度、扩大受众范围。

营销方案紧紧围绕"《集邮》杂志无法将其独特的卖点向受众进行有效传达"这一问题,设计了一系列营销活动,并附加推广宣传表现方案、媒介活动排期以及预算等内容。

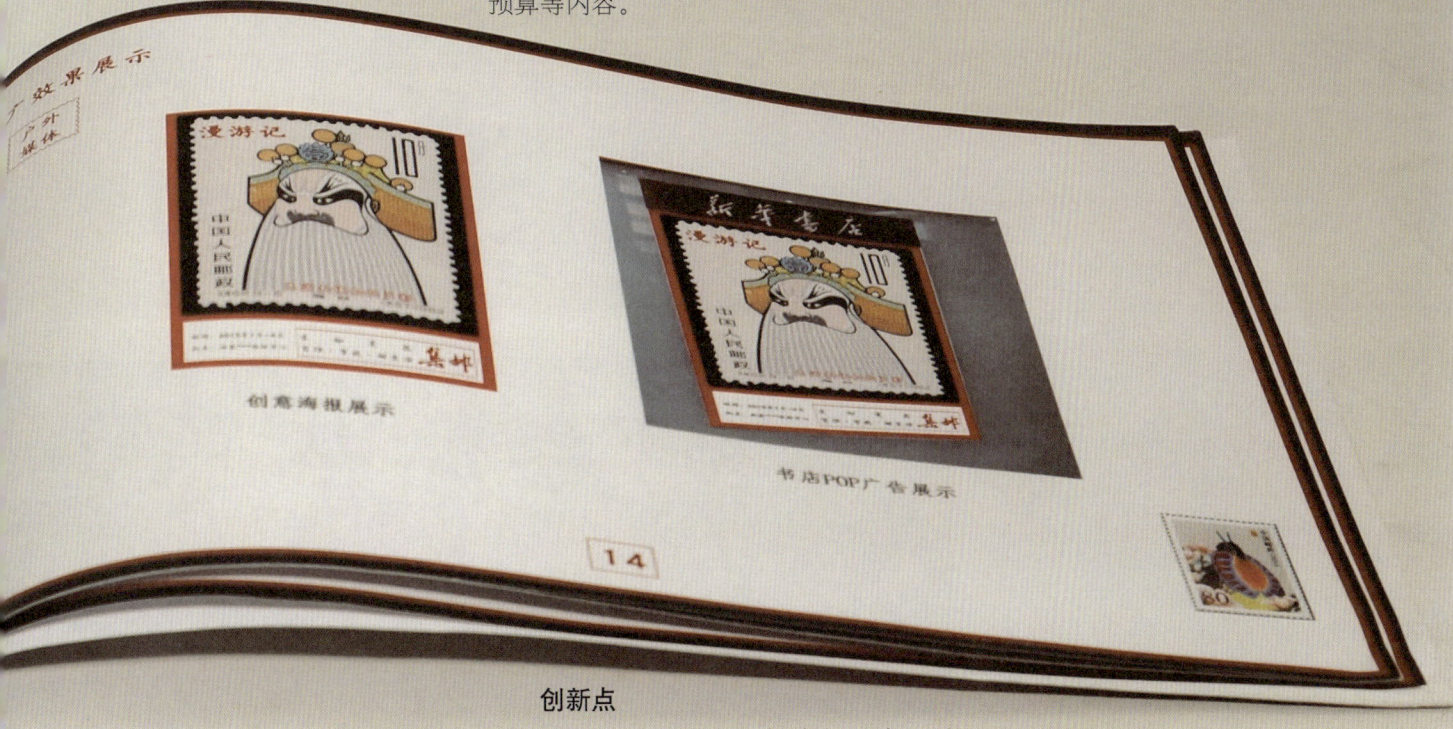

创新点

1. 锐化品牌形象,提出新理念:以现代较新颖的活动方式与《集邮》杂志宣传活动相结合,消除消费者对其的刻板印象,营造年轻形象,吸引年龄层较小的消费者;运用"概念营销"的营销理论提出"潜移生活态度"的新概念,鼓励人们享受生活、追求生活、品味生活。营造《集邮》杂志真实、乐观的精神追求和生活追求,形成《集邮》杂志品牌特征,打造健康的生活态度。

2. 多方位宣传,塑造品牌形象:通过线上线下宣传,传递核心概念,吸引消费者眼球,刺激购买,将人们的心理期盼转化成精神支持,从而形成对《集邮》杂志的情感依赖,增强消费者的归属感,形成品牌忠诚度,进而促进消费者形成持续消费。

优秀奖

作品名称："教你怎么洞察世事，如何练达人情"——《我不是教你诈》运用新媒体的营销策划
参赛学生：杨帆
所在院校：陕西师范大学
指导教师：齐蔚霞

作品创意

1. 本书市场潜力较大。《我不是教你诈》这本书的书名和内容均十分有趣，且作者刘墉具有较高知名度。其定位是一本针对社会现象所写的实用小册子，通过对世间百相的揭示，告诉你不吃亏的学问。书中蕴藏着作家刘墉多个不眠之夜的愤懑、挣扎与省思，通过深入浅出的写作风格和一些具有强烈反讽意味的小故事，引发一连串辛辣而又带思辨色彩的议题，文笔犀利，生动有趣。

2. 当今新媒体产业发展迅猛，运用互联网思维，结合新媒体手段来进行营销，或能使该书取得更好的发展。

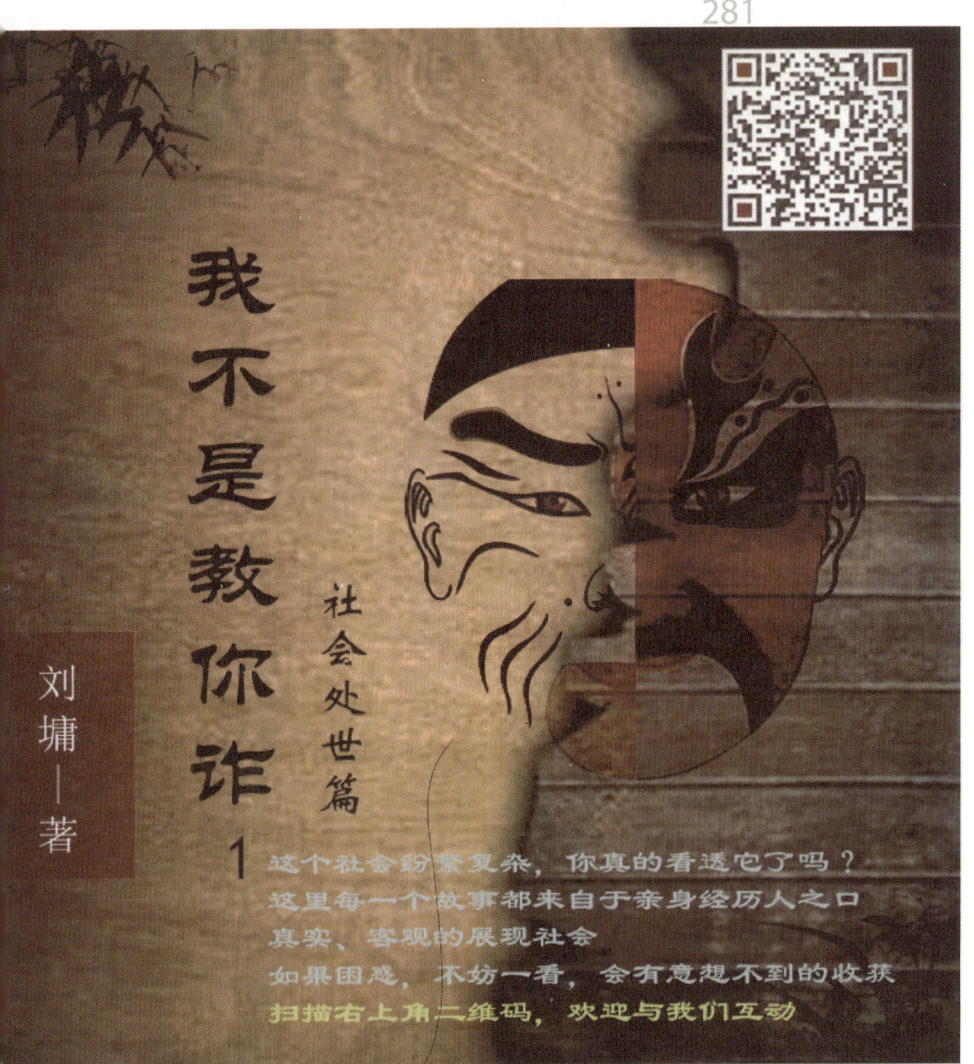

主要内容

1.《我不是教你诈》系列丛书有一整套详细的市场营销策划。其中着力通过前言、市场分析、目标市场选择、产品市场战略和营销组合策略等方面来表现主要的创意思想。

2. 制作了《我不是教你诈》系列的海报，具有趣味性和可读性。

创新点

1. 运用互联网思维，重点构建读者与出版商、作者的沟通。增大了读者的体验感。

2. 利用新媒体技术，宣传本系列丛书。

3. 促进和各大电商的合作关系，增大本系列丛书的销量。

优秀奖

CHINA

作品名称：《冒险小虎队》营销创意策划
参赛学生：刘紫欣　纪元　黄贤静
所在院校：辽宁大学
指导教师：石姝莉　张建哲

韬奋杯

图书创意营销方案

——《冒险小虎队》营销

作品创意

自 2001 年引进出版以来，《冒险小虎队》系列首创了国内带工具互动式阅读，开启了冒险侦探小说的阅读热潮，10 年间，近 40 次名列全国少儿畅销书排行榜榜首，《冒险小虎队》走过了市场的培育期、成长期，由成熟期逐渐走入衰退期，本策划利用 2015 年为《冒险小虎队》世界上首发 20 周年的机会，掀起该书二次销售狂潮，使长尾持续时间更长。

《冒险小虎队》销售虽堪称"以书取胜，市场本位"的经典之作，但随着儿童出版物的数字化转型和以读者体验为核心的阅读理念深化，本策划认识到该书与新技术、新媒体、新理念结合的层面若有所突破，会产生更加广泛的经济效益和社会效益。

此外，从长远发展来看，书中人物形象的品牌效应和内容蕴含对世界文化的包容性，使它易于进行异业结盟，打造综合性文化产业项目。

目录

一、市场概述 1

    1、产品市场现状 1

    2、市场发展阶段，市场潜能判断 2

二、客户对象分析 3

三、竞争对手分析 3

    1、现有竞争对手——少儿侦破冒险类图书 3

    2、潜在竞争对手分析——其他类型的少儿图书 3

四、自身情况分析（SWOT） 4

五、图书简介与之前营销案的分析 5

    1、简介 5

    2、本书特色 6

    3、对以往营销方法的综述 6

六、营销方案 9

    1、资金与人员分配计划 10

    2、营销策略 14

    3、分阶段营销细案 16

创新点

1. 突破先售书再树立书中人物品牌的模式，通过先开发该书的周边产品，如：玩具、桌游，形成书中人物形象的品牌效应；后期营销时借鉴《初音未来》的经验，利用故事主角形成虚拟偶像，深化人物形象的品牌。

2. 以"每个读者都是独一无二"的理念，再版的每本书都有唯一的编码，并建立读者个人档案，使每个人都是能参加冒险的"第四只小虎"。

3. 采用众筹营销（cp2c）方式为该书同名APP游戏筹集启动资金，在网络上为该书的再版销售造势，实现该书与新技术、新媒体的结合。

4. 对该书已有的西部营销战略进行深化，通过一对一捐书、每卖一本书向西部儿童捐出一分零用钱等公益营销方式，扩大该书的社会影响力，增强社会效益。

主要内容

一方面，通过对该书的产品现状、目标读者、竞争对手等方面的市场分析，该策划看到《冒险小虎队》曾取得巨大成功，而如今销售颓势一览无余。在深入剖析其市场发展阶段后，可以做出这样的市场潜能判断：该书具有从图书营销的成熟期向销售高潮转变的潜力。

另一方面，该策划对已出版的《冒险小虎队》丛书本身进行了从内容到形式再到营销策略系统总结。内容上虽然认为形象鲜明却缺乏中国元素和文化内涵；形式上看，虽有解密工具但装帧普通；营销策略上，在宣传媒体上，对书、报刊利用多，与网络媒体和新媒体互动少；从地域上看，对中、东、南地区开发较为充分，对西部地区辐射力弱。

针对儿童图书市场现状和该书自身情况，该策划制定了从品牌策略、价格策略和渠道策略等角度制订了详细方案，并以时间顺序推出适合各个阶段的营销策略，早期营销涉及先树立主角形象，再进行图书销售的逆向营销、二维码营销、众筹营销、推出异型开本珍藏版等营销方式。中期营销以《冒险小虎队》上市20周年为契机进行与电视媒体合作、制作微视频等一系列营销活动。后期主打公益营销和打造互联网时代虚拟偶像，提升该书的社会效益和品牌价值，积极开发儿童喜爱的周边产品。

该营销案具有完整的体系，利用流程图和表格等形式展示营销活动的具体实施过程，以全版权多介质的运行方式来打造"小虎队"形象品牌。

优秀奖

作品名称："微·爱"——四大名著综合营销策划书
参赛学生：于军　刘双艺
所在院校：西北大学
指导教师：赵茹

作品创意

"微·爱"是本次综合营销方案的策划主题，"微"的概念是基于新媒体环境下受众和市场的精准分析得出的，"爱"是让家长与少儿（小学阶段）爱上中国传统四大名著，故主题名曰"微·爱"，方案选择目标群人群惯于使用的媒介进行精准推广，通过多种营销方式提高受众接受程度，进而爱上中国传统四大名著。

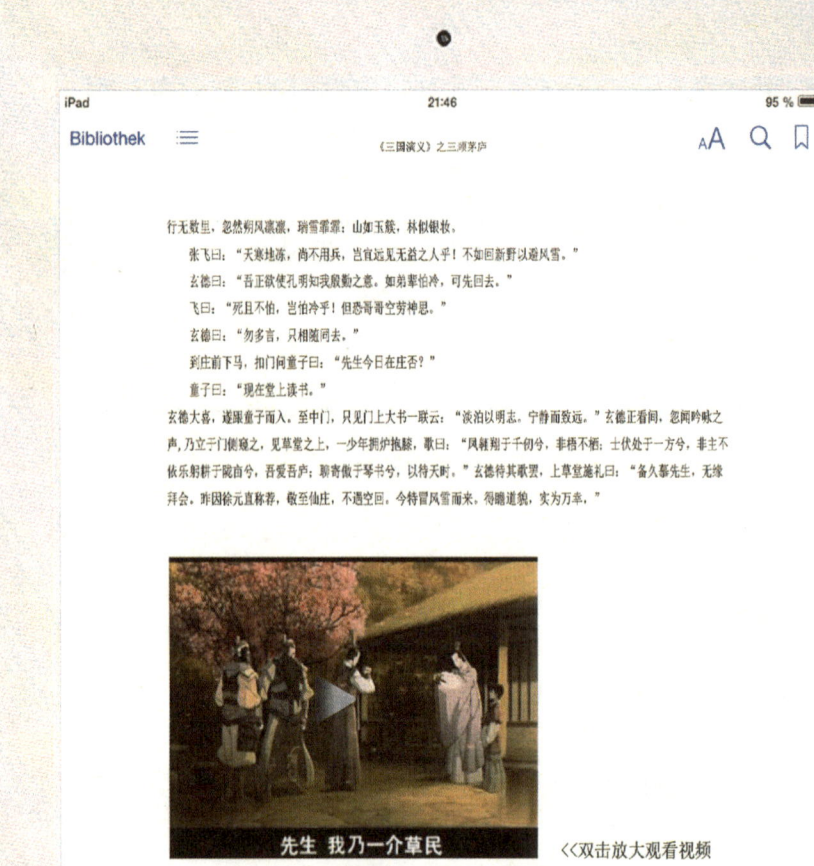

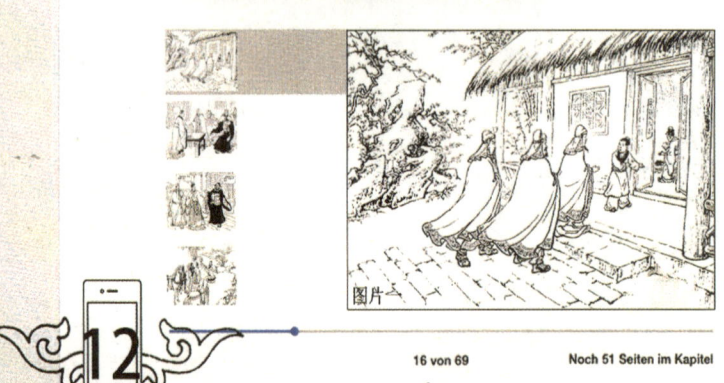

微·爱
少儿版古典《四大名著》综合营销策划书

时间：2014年11月

创新点

本方案具有多方面的创新。首先本次"微·爱"综合营销方案是在国家大力提倡学习中国优秀传统文化、国学热在中国再度兴起的背景下提出的，具有与时俱进的特点，方案价值高。

在营销活动的创意策划方面，能够充分利用互联网的优势，运用网络传播的规律，特别是网络传播的迅速与互动，在受众人群之间形成强大的影响力，同时，借鉴相关网络传播成功案例，并在此基础上进行创新，在本方案之前，关于出版物的综合营销方案充分利用网络的例子并不多，因此方案具备创新性和科学性。

同时在线下推广方面具有开创性，结合母亲节、父亲节等重要的节日，将传统节日与营销方案充分结合，营销方式独特，能够最大限度地吸引人群，扩大社会影响。

"微·爱"提倡少儿学习中国优秀传统文化，特别是中国传统四大名著，参赛者会与各大书城持续合作，形成相关的营销组合，而这也是本次营销方案的重要目的之一。

主要内容

本方案由四个部分组成，依次为前言、前期分析、营销组合和效果展示。在前言中，我们着重介绍了"微·爱"综合营销方案的时代背景，介绍了中国优秀传统文化在少儿的重要性以及目前受到的种种挑战，需要提出一份具有可行性以及创意性高的营销方案；其次，方案着重介绍了营销方案的主要实施方式，先后提出了"四大名著知多少""电子书""四大名著，读一读，猜一猜"等线上形式，利用网络传播的互动性以及传播的迅速性扩大传播效果；而在线下的活动中，参赛者充分结合节日"微·爱"永远不变，既结合了中国重要的节日——父亲节，同时又能借此推出活动，进一步扩大了营销方案的社会影响。

"微·爱"四大名著综合营销方案旨在吸引少儿阅读中国传统四大名著，进一步增强对于中国优秀传统文化的理解并且热爱它，我们希望营销方案能够与各大书城保持合作，最大限度地宣扬中国优秀传统文化，并进一步爱上中国传统四大名著。

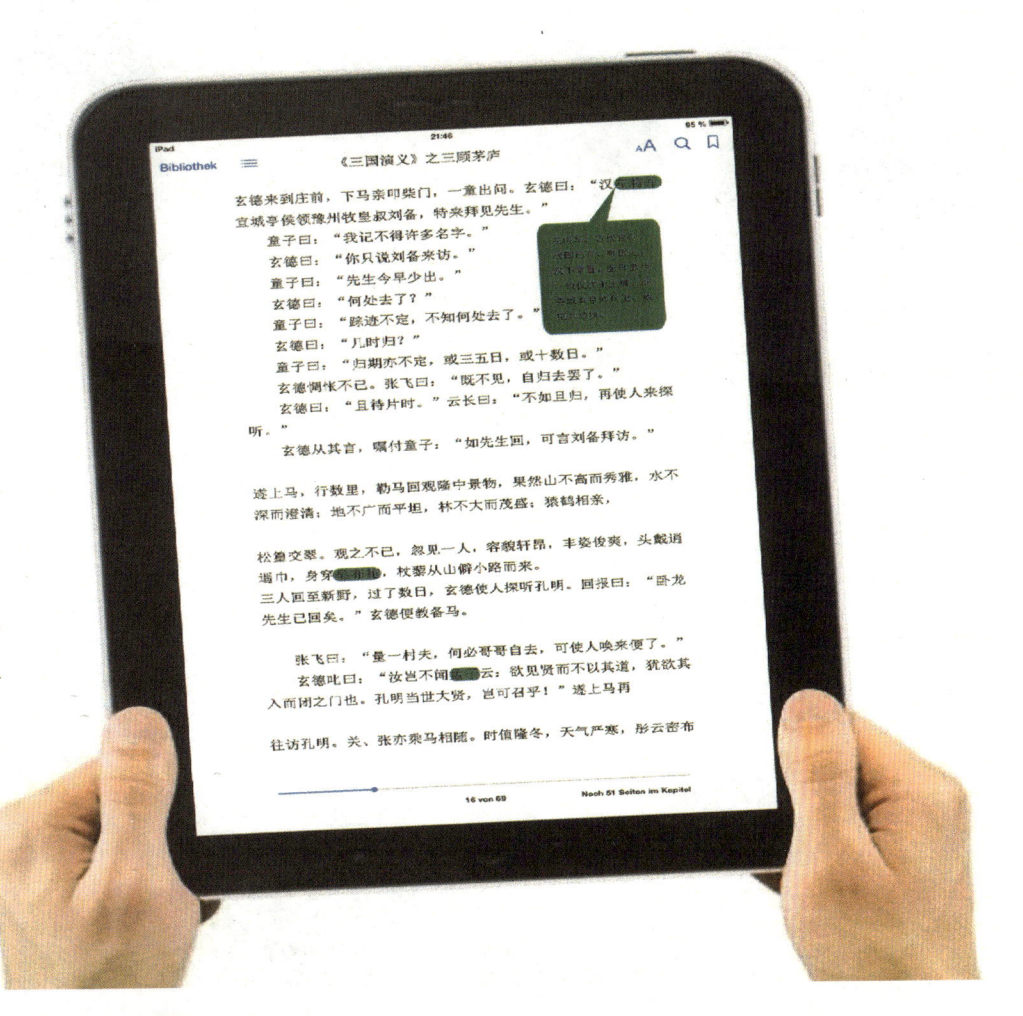

电子书效果图之一

优秀奖

作品名称：《当男孩遇见女孩》营销创意策划案
参赛学生：何姗　梁耀丹　王祯祯
所在院校：辽宁大学
指导教师：石姝莉　张建哲

作品创意

《当男孩遇见女孩》是一本在国外广受好评且获得过奖项的书籍，但在中国这本书却鲜为人知。参赛者认为它的营销方式有很大的创新空间，且该书主题属于当下社会热点问题，于是决定为其重新包装营销。

创新点

1. 创意策略一——以二维码贴纸为媒介构建数字互动书

将设计的二维码贴纸贴在书店、咖啡厅等休闲场所，读者扫描二维码即可快速了解图书的基本信息并进行试读。

2. 创意策略二——电子阅读器附带试读章节

迎合了电子阅读器日渐热销的趋势，与其合作购买附带本书试读章节，吸引读者。

3. 创意策略三——明信片、藏书片推广

明信片和藏书片是具有纪念意义并广泛传播的营销手段。

4. 创意策略四——线上、线下节选式宣传

线上创建微博、微信平台与APP合作节选式广告，线下制作小册子供读者取阅。

5. 创意策略五——读书交流会与相亲活动

举办读者交流会，利用本书的特殊属性在相亲网站举办活动以及在情人节开展节日宣传等。

《当男孩遇见女孩》就是为你而写的

美国ECPA年度图书金奖

亚马逊青年事工图书排行榜第三

绝不艰深的恋爱心理读本　　绝对经典的婚前辅导手册

第一部：你会恋爱吗

不在约会？——5	改变心意——12
珊妮的故事——8	生命中的新季节——14
神啊，为什么？——10	信心旅程——16

我爱上一个人 　　你恋爱了吗

第二部：婚前交往

分手并不意味着失败——78	前途光明——89
成长与保护——78	沟通不只是说话——91
平衡的关系——80	保守你的心——103

恋人朋友 　　沟通！沟通！

第三部：说出"我愿意"之前

最难过及最快乐的事——178	行不通的——185
为什么是十字架呢？——179	焕然一新——189
伟大的拯救——181	十字架——192

当过去又来扣门时 　　你们准备好了吗

本书的目的不是要告诉你如何恋爱交友。我并不希望你读完这本书后，满脑子想的都是"婚前交往"或"约会"，而是期待你对神的更火热。也就是说，你会对神更加有信心，更热切的为荣耀神而活。在婚恋方面我算不上专家。如果你还单身，那我也不过是在婚姻这条路上比你先行几步。但是，我要回头鼓励你：神的道路真的最美好。他的时间表最完美。等待神是绝对有价值的。在你预备走入婚姻的过程中，荣耀他并遵行他的原则将带给你极大的喜乐与满足。

等待上好的伴侣

当两人沉醉爱河时，似乎很不喜欢看到以上所提的问题。读这些问题就像是被一名严厉的"恋爱警察"盘查一样无趣。虽然这些问题似乎颇煞风景，但是它们确实是很重要。

希望你明白：仔细思考这些问题及其他相关议题是在像对方展现基督爱，闭着眼睛踏入婚姻不是爱。适度的检视可以坚固一段健康的关系。

新世界出版社
北京市西城区百万庄大街24号
frank@nwp.com.cn

主要内容

参赛者对当下的图书市场做了详尽的分析和调查，分析了新媒体阅读及片段式阅读的市场趋势，并针对这两要点创新出了一套独特的综合营销方案。方案中有专门针对本书属性的营销策略，如与相亲网站合作、情人节造势等；也有除本书外广泛应用于其他书籍的原创营销策略，如二维码贴纸、阅读器合作试读和微信微博平台等。同时，综合营销方案具有很强的可行性和推广性。此外，参赛者还对整体营销方案做了成本预算，本方案是建立在节省成本的最佳策略基础上设计的，因此具有很高的实施可行性。

宣传单样品

《当男孩遇见女孩》
——读者交流会

读者交流会

2014年12月6日 周六
下午 2:00

沈阳市和平区中山路
70号新华购书中心

如果你遇见一个他（她），你渴望——

以《圣经》为原则且以神为中心

从"技术层面"了解恋爱

为你们的交往设定明确方向

深入了解彼此却不越轨

明白男女的角色和定位

寻找群体的关爱和支持

面对过往破碎的性关系

为将来做出正确的决定

优秀奖

作品名称：《海边的卡夫卡》营销策划
参赛学生： 李华一　周启文　孙化瑞
所在院校： 西安欧亚学院
指导教师： 闫月英　高昱

作品创意

《海边的卡夫卡》是村上春树的代表作之一，其故事内容扑朔迷离，情节设置引人入胜，作品有较大的创新价值。

该书第一版发行于2003年，但销量只有十几万册，与《挪威的森林》破千万的销量相比，实为惨淡。究其原因是前者图书卖点提炼不准确，针对读者群不明确等营销问题造成的。由此，参赛者对《海边的卡夫卡》进行了全新的营销策划，突出了其特点并结合读者定位、辅以新媒体工具等，目标是将其打造成超级畅销书。

主要内容

营销策划主要包含视频产品、封面和海报产品、图书签售会等内容。

1. 图书营销微电影宣传片：根据书中内容情节拍摄微电影宣传片，突出作品的魔幻现实主义色彩。
2. 图书宣传海报：在封面的基础上，将图书立体化，海报背景与图书内容紧密相连，又不喧宾夺主。
3. 图书封面设计：着重突出海边少年的迷茫与作品的魔幻色彩。
4. 图书签售会：邀请作家村上春树前往国内进行访谈、讲座和签售等一系列活动促进宣传与销售。

创新点

1. 对新媒体工具的充分利用：由于本书读者定位是以青少年为核心，由此大量采用新媒体进行营销，即充分利用优酷、微信、人人网、微博、豆瓣、亚马逊、当当等平台进行宣传。
2. 微视频的制作：本书通过微视频、微电影的制作，结合书籍内容，引起读者购买欲望，促进销售。
3. 线上线下相结合的全方位营销：一方面充分利用新媒体优势，一方面通过作者的签售活动，达到线上与线下的互动与结合，实现全面营销战略。

优秀奖

作品名称："扬州晚报"APP 平台建设——《扬州晚报》转型营销方案
参赛学生：王茜
所在院校：陕西师范大学
指导教师：齐蔚霞

主要内容

本策划案主要针对当下的媒介环境，对"扬州晚报"APP 应用提出了设计创意和推广方案。如通过便捷的互动平台、新锐的评论视角、真诚的客户服务、高端化的阅读体验、新闻的民生倾向和两种系统支持等抓住用户的心；通过召开"扬州晚报"APP 上线新闻发布会暨产品推介会，树立品牌形象，争夺市场占有率，关联服务绑定的方式一方面打响"扬州晚报"APP 品牌，另一方面获得更多用户，将《扬州晚报》以全新的面貌呈现在市民眼前。

作品创意

媒介融合时代，传统媒体受到了新媒体技术的冲击，纸质报刊也备受电子读物的挤压，《扬州晚报》这一扬州市民曾经热衷的读物也不能幸免。参赛者欲通过"扬州晚报"这一专属 APP 扩大晚报影响力，守住城市晚报的读者阵地。APP 特设热门话题讨论、官员访谈、客户服务等版块，以增加用户黏着性，扩大社会影响力。

创新点

1. 相比于传统纸媒，APP 增强了互动性，也通过奖励机制鼓励互动。

2. 基于《扬州晚报》一直以来所秉承的"舆论载体，为民鼓呼"的初衷，增设官民互动版块。

3. 借助当下电信、移动、联通公司推出的客服 APP 的服务理念，将客户服务作为一个特设版块加入到 APP 中，在实体报纸与 APP 之间架起桥梁，服务用户，服务广大读者。

4. 高端化的阅读体验，增强了用户的阅读舒适度。

优秀奖

作品名称:"乡愁云南"主题图书《江边记》推荐视频
参赛学生:李靖宇 汤进 王艳
所在院校:昆明理工大学
指导教师:蒋蓓

创新点

1. 采用了"推荐视频"这一生动、直观的影像表达方式，组织声、画、字等切合于所推荐出版物特征的素材，予以受众深刻印象。

2. 此"推荐视频"的编创逻辑与构思特色在于，一方面把《江边记》里的文字"念"到视频的受众眼睛里，直接呈现其文学价值；另一方面，设计普通读者饮茶的行为，将"品茗"与"阅读"这两种闲适、回味的行为相互呼应，寓意了《江边记》清新隽永的文字风格，呼吁了读者于闹市中返璞归真，从而促进图书销售。

作品创意

近年来，"怀旧""乡愁""云南"等关键词是颇受读者青睐的图书主题或元素。较之于同类题材出版物，2013年"高黎贡文学奖"的获奖作品《江边记》既囊括了前述种种元素，又有很高的文学价值，值得推广。在众多推广手段中，参赛者结合试听传播形式接受率较高的时代特征，选择了"推荐视频"这种新颖的方式来宣传《江边记》，力求融合声、画、字等手段真实反映该书相关信息，生动、直观地加以传播，以提升该书的宣传效果。

主要内容

1. 画面对《江边记》进行了关键性的评价。旁白为"它是第四届高黎贡文学奖的获奖作品。它被誉为文字版的《游春图》，它是厚厚一叠诚恳的'致女儿书'。它以貌似随手写来的笔墨，精心'抄录'记忆中的澜沧江边往事"。

2. 画面描绘一幅在书桌上，冲泡开的绿茶在玻璃杯内雾气氤氲的情景，象征着《江边记》令人宁静、回味的阅读效果。旁白为"著名诗人于坚恳切推荐，就像一张张泛黄的黑白照片，《江边记》，美好、善良、温暖、动人"。

3. 画面营造出《江边记》种种特写。旁白为"人世越走越远，路也越走越窄。被删减了的是性情，是宁静。"

4. 翻动书页，叠映质感斑驳的乡村孩童嬉戏画面映入眼帘，凸显了《江边记》一书对昔日乡村生活的书写。旁白为"每一处故乡都在沦陷，儿时的炊烟，早已飘散在了膨胀的欲望和消费里"。

5. 叠画城市里林立的高楼大厦，以此对照出《江边记》让人舒服的阅读感受。旁白为"推开窗户，繁华都属于别人的城；翻开《江边记》，字里行间，才是你我的'国'。"

6. 在字幕"事关故乡，事关生命，事关纪念，事关诗意"这一单元中，右下角叠加"云南制造"印章，标示该书地域特色。旁白为"历经是十余年创作、修改完成，词语喧嚣而空洞的年代里，作家张稼文，携来一部朴素如同黄金的《江边记》。"

优秀奖

作品名称：《吃货辞典》营销策划
参赛学生：咸秀荣　赵丽华　戴佳琳
所在院校：武汉大学
指导教师：许洁

《吃货辞典》营销策划

作品创意

随着生活水平的提高，人们已经不再停留在吃饱的阶段，而是更多在乎吃背后的文化、民俗甚至历史。爱吃不如会吃，会吃不如懂吃，真正的吃货不必猎奇，是要懂得家常中的真味。"舌尖上的中国"播出后引起了美食风暴，而《吃货宝典》则刚好符合受众的需求，在品味美食的同时感受文化的魅力。因此，参赛者以此为切入点，对其进行营销。

创新点

1. 利用时下的营销趋势——微营销。微营销是现代一种低成本、高性价比的营销手段，其主要表现在微博、微信等平台。与传统营销相比，微营销主张通过"虚拟"与"现实"的互动，建立一个涉及研发、产品、渠道、市场、品牌传播、促销和客户关系等更"轻"、更高效的营销全链条，整合各类营销资源，达到了以小博大、以轻博重的营销效果。

2. 借助微博营销等新媒体方式进行宣传。

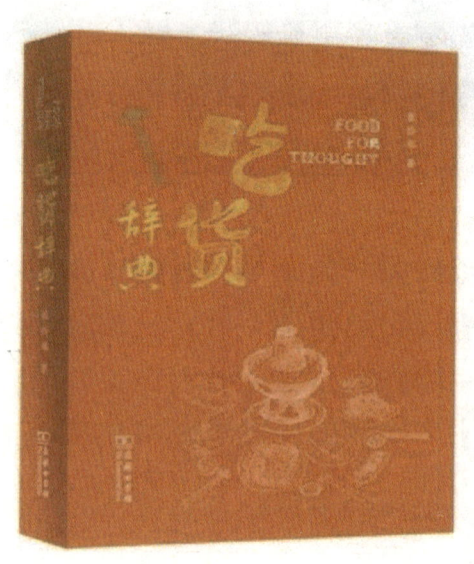

学校：武汉大学
学院：信息管理学院
专业：数字出版

小组成员：咸秀柔　戴佳琳　赵丽华

主要内容

1. 微博营销（话题、信息实时推送、意见领袖推荐）；
2. 相关的整合营销（与美食、旅游等相关图书捆绑销售）；
3. 微信营销（关键词搜索＋吃货漂流瓶功能）；
4. 电商平台（各大电商联系，进行搜索引擎优化等，更有电子版拆分销售功能）。

优秀奖

作品名称：关于彼得·海斯勒"中国三部曲"双十一期间高校的线上营销推广方案
参赛学生：尚柄臣　杨雨
所在院校：四川大学
指导教师：白冰

作品创意

参赛者希望借助高校范围内广受热捧关注的"双十一"购物节的氛围，利用网络线上操作，为彼得·海勒斯"中国三部曲"系列丛书做营销推广活动，以达到推广好书，促进阅读，引发大学生对于好书的关注和讨论其中相关现象的热潮。

创新点

在"双十一"这样几近疯狂的网络电商购物狂欢中，利用网媒推广纸媒这样的活动策划来对彼得·海勒斯的"中国三部曲"系列图书进行推广，具有新的意义。不得不说，大部分中老年人在阅读方式的改变下，会感慨网络对旧媒体的入侵，感叹报纸、图书和杂志等纸媒的低迷，愤恨年轻一代对传统媒介的抛弃。参赛者却认为，如果有一天纸媒彻底的销声匿迹，不是纸媒的错，而是运营管理者的过失、人的无能。

在许多传统媒体向新媒体过渡不成功的现实下，参赛者见证了"双十一"这个从无到有的网络时代激化物，它验证了人的强大作用力，并且参赛者坚信，即使这次策划最终得到的结果只是小范围的，仅限于校园内的，也是一种尝试、一种胜利。

主要内容

1. 营销策划对象：《行路中国》《江城》《奇石》成套装订
2. 作者：彼得·海勒斯
3. 营销方案简述：

参赛者分别在11月9日和11月10日两天于四川大学内推出两组策划图文，同时制造乐微博话题 # 就是要脱单 # 来吸引关注；另外，利用微信推广之图文并茂的公益版块——好书推荐，进行对系列图书的软文营销。预期的效果是11月11日当天在四川大学校内乃至成都地区的高校学生中引起大量关注和转发。

优秀奖

作品名称： "布克文化体验中心"策划书
参赛学生： 彭谦 张婷 杜荣琴
所在院校： 湖南大众传媒学院
指导教师： 唐乘花

作品创意

近年来实体书店经营陷入困境，不少实体书店纷纷倒闭，这虽然在一定程度上弥补了书籍滞销带来的资金缺口，但并没有从根本上解决实体书店面临的种种问题。相对来说，多元化经营是实体书店的一条发展新思路，在当下来看，书店应发展出与书籍服务相关业务的经营，积极拓展书店功能。

多元化经营正是布克文化体验中心的核心发展思路。该公司发展了相关业务的经营，拓展了书店功能。特色化是布克文化体验中心的发展方向，同时书店发展也在将视角转向基层和社区。如今很多书店都设在商业中心区、高档写字楼等租金很高的地方，这无形中挤压了本来就很微薄的利润。反观布克文化体验中心，其发展是从品牌入手，都是通过将产品形象迅速树立，才形成了特有的商业文化。

值得注意的是，布克文化体验中心即将树立全国首家文化体验中心的品牌，打造全国最优秀的"体验"，将"买书、看书，就去布克"的核心理念通过文化传播进行展示，并将其最优秀的一面：最高端的享受、最舒适的环境、最完美的服务、最平民的消费展示给读者面前。此外，该公司也将从一线城市扩展到二三线城市，让文化体验深入人心，形成品牌，普及全国。

创新点

布克文化体验中心并不局限于传统书店以卖书为盈利点的模式，它是传统书店改革后的产物。该公司以"体验"为主打造业务，即若干个主题体验馆：梦回、艺文空间、森呼吸、听妈妈的话、E时代、画廊、感官世界等。其中感官世界又为体验馆的主要收入来源，其影像形式的图书体验推崇的是一种以体验为主的全新阅读方式。布克文化体验中心的体验厅打破了传统书店以往沉闷、规格化的固有模式，为人们提供了一个多维度、广视角的文化体验平台，营造出一方弥漫人文气息的快乐天地。在注重精致优雅的阅读空间规划下，为读者营造出全新的阅读空间与阅读心情，以此致力于成为每一位读者流连忘返的书香世界。除体验最重要的图书销售外，网络书店不仅卖书还兼做广告，这也是一个创新点。

主要内容

布克文化体验中心不仅有实体书店，还包括了网络书店，这不仅是其特色，更是一种盈利的方式。在传统实体书店方面，改革后的卖场以文化体验为核心价值，经营范围主要有图书、新式电子产品、电子阅览、主题隔间、图书签售、画展、电影放映等文化产品销售和网络销售相结合，以网络营销的盈利为主，形成品牌效应。采用了"3C 模式"和"供销模式"降低成本，赢取最高利润。

在网络书店的设计上，不仅有丰富的图书信息，更有文化广告、商业广告。针对如今严峻的市场环境，采取了坚持特色，打造核心竞争力，主页延伸，服务多元，转换思路，拓展空间等应对措施和应对风险措施。为了更好地适应发展需要，该公司还制订了一系列的宣传推广方法，并且制订有详细的分阶段推广计划、资金预算、融资方法等。

优秀奖

作品名称：《异界之魔剑》图书营销策划方案
参赛学生：章火明　邓夏青　吴晴
所在院校：江西新闻出版职业技术学院
指导教师：刘敏　郝景江　高澜
　　　　　　王萍　杨燕

《异界之魔剑》图书营销策划方案

策划人：章火明　邓夏青　吴晴
指导教师：刘敏　郝景江　高澜　王萍　杨燕

作品创意

1. 从社会效益分析，社会不断进步，人们的思想觉悟也在不断进步，为了加深人类的思想觉悟，文化把人类对知识的追求和情感结合了起来。《异界之魔剑》图书的出版，不仅提供给那些希望了解人性、倡导正气的人解读，也能加深人们对人性的理解，对于推进人们尤其青少年的思想有着积极的作用。

2. 从经济效益分析，《异界之魔剑》图书与中国文化及中国读者的精神世界相契合，图书的创作满足了人们对人性的探知欲。但市场上以人性或反映正义的优秀作品却为数不多，本书能够起到很好的补充作用。

3. 此书是参赛者酝酿多年的原创作品，并在长江中文网、网易云阅读等网络原创平台连载，在读者中产生了较好的反响。而其姊妹篇《御剑天下》已于2014年6月由中国华侨出版社出版，首印8000册。

创新点

1. 此书以虚拟的空间存在，虽说是虚拟的世界，但人物构造符合人性特点。

2. 此书以人性为切入点，展现了人物的本性，倡导正义之气，旨在弘扬正气，且符合市场要求。

3. 此书具有一定的启蒙教育作用。

主要内容

《异界之魔剑》是一部玄幻小说，作者以恢弘奇特的文思，为广大读者演绎了一个跌宕离奇、扶正压邪、倡导正义的曲折故事。

"韬奋杯"
首届
全国大学生
出版创意大赛

大赛巡礼

■ 韬奋杯首届全国大学生出版创意大赛招贴海报

韬奋杯
首届全国大学生出版创意大赛

"韬奋杯"全国大学生出版创意网站 www.chubanchuangyi.com　　韬奋基金会网站 www.taofenfund.org

奖　项：
1. 图书创意奖：
策划新选题，编创新内容或创设概念书、电子书；
2. 报刊创意奖：
策划报刊选题，创设新内容或数字报刊；
3. 视觉创意奖：
从视觉艺术的角度表现出版物的气质与内容；
4. 营销创意奖：
为某一出版物策划独特创意、影响大、效果佳的营销方案。

参赛作品提交方式及时间
2014年11月1日至2014年11月10日，各参赛院校组织机构按照参赛要求汇总参赛作品，提交给大赛组委会。

个人参赛者应关注大赛网站信息，在规定时间内将作品电子版发至大赛指定的邮箱，作品实物以挂号信的形式邮寄至指定地址。参赛作品的信封正面须标注"全国大学生出版创意大赛"字样，并注明拟申报的奖项。

邮　　箱：CBCYDS2014@126.com
收件单位："韬奋杯"全国大学生出版创意大赛组委会
地　　址：北京市大兴区北京印刷学院康庄校区（邮编：102600）

▲ 大赛报名网站主页

▼ 大赛报名表

▲ 大赛新闻发布会现场

▼ 《传媒》杂志的报道

"韬奋杯"首届全国大学生出版创意大赛新闻发布会在京召开

本刊讯（记者 高方）7月11日上午，"韬奋杯"首届全国大学生出版创意大赛新闻发布会在北京召开。本次大赛由全国高等学校出版专业教学指导委员会、韬奋基金会联合主办，北京印刷学院承办，共有来自全国各地的50多家涉及相关专业的高校参与。全国高等学校出版专业教学指导委员会副主任、北京印刷学院副校长王关义，韬奋基金会副理事长兼秘书长王晓平、副秘书长黄国荣，中国民主法制出版社社长肖启明，高等教育出版社社长苏雨恒，科学普及出版社社长苏青，清华大学出版社总编辑吴培华，以及部分师生代表参加了新闻发布会。

本次大赛共设置四大奖项，参赛作品涵盖全媒体，分别是图书创意奖、报刊创意奖、视觉创意奖、营销创意奖，每个奖项均单独设置评委，评审采用公开、匿名、第三方的方式，终审将由来自业界的行业精英、专家组成。大赛获奖作品将由专家进行点评，并推荐给众多的出版机构进行自由选择，在双方自愿的基础上最终完成出版流程，直接面向广大读者。

大赛作品提交时间为2014年11月1日至10日，获奖名单将于2015年1月公布。

| 中国民主法制出版社社长 肖启明 | 科学普及出版社社长 苏青 |
| 清华大学出版社总编辑 吴培华 | 高等教育出版社社长 苏雨恒 |

▼ 大赛新闻发布会会后集体合影

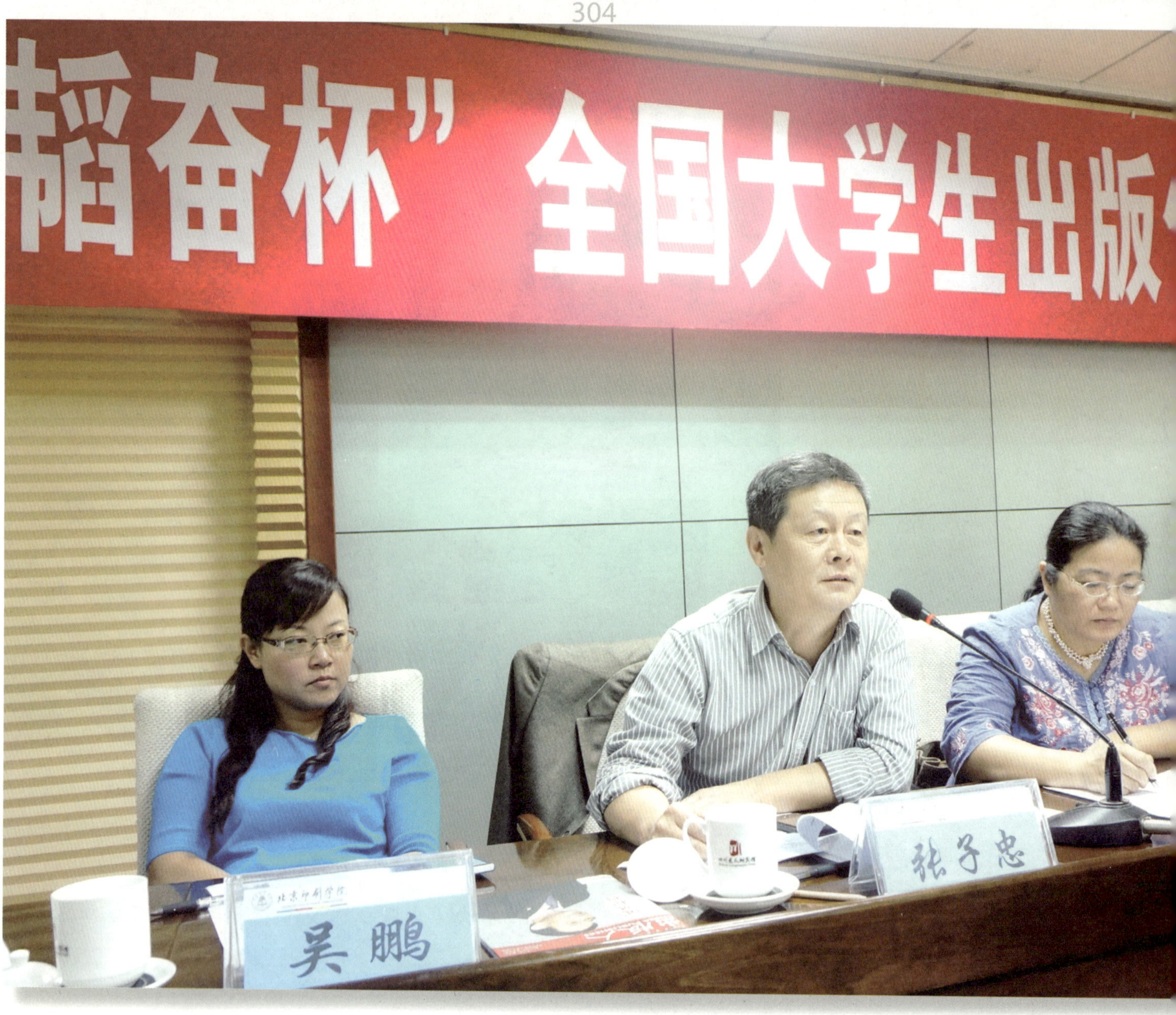
奋杯” 全国大学生出版
吴鹏
张子忠

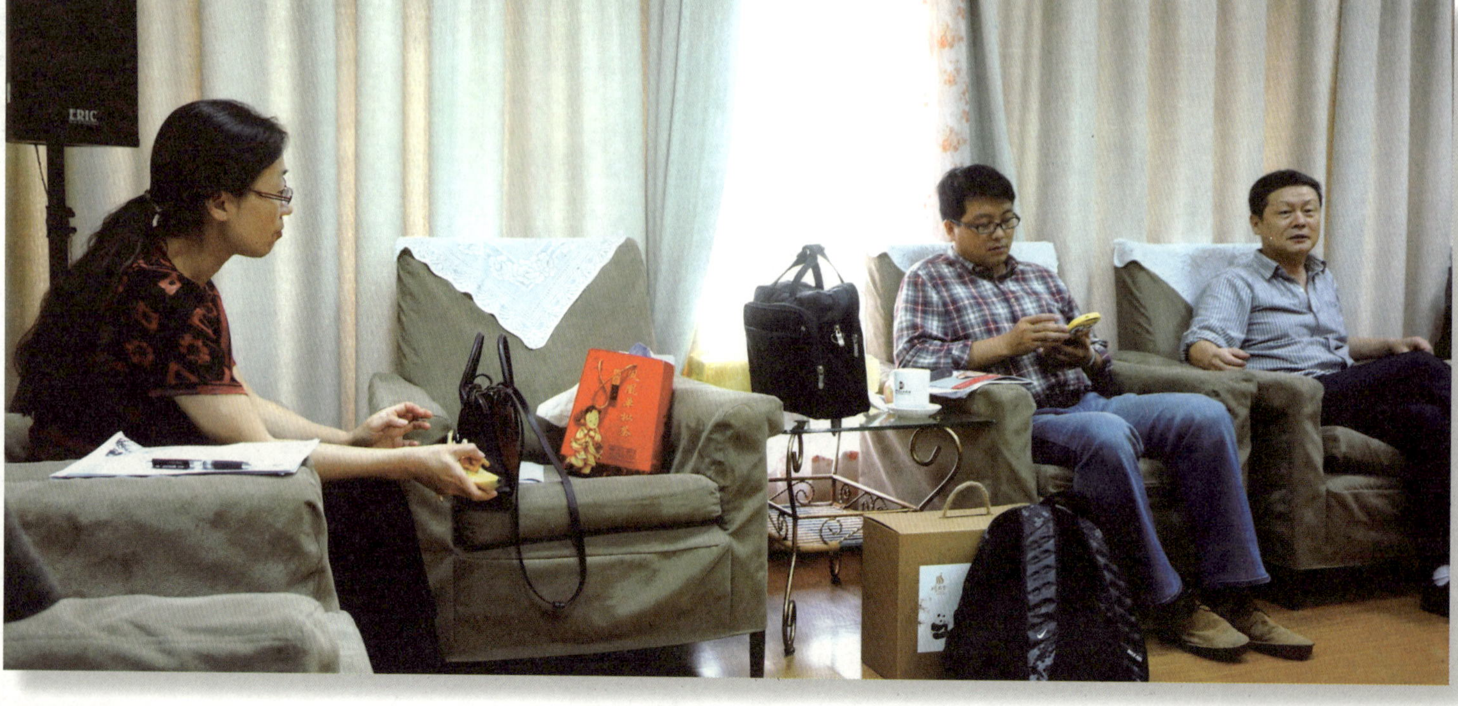

■ 2014年9月21日，大赛工作会议在北京召开，参会代表对大赛工作进行深入讨论。

"韬奋杯"全国大学生出版创意大赛工作会议

■ 工作会讨论现场

■ 业内媒体报道和宣传

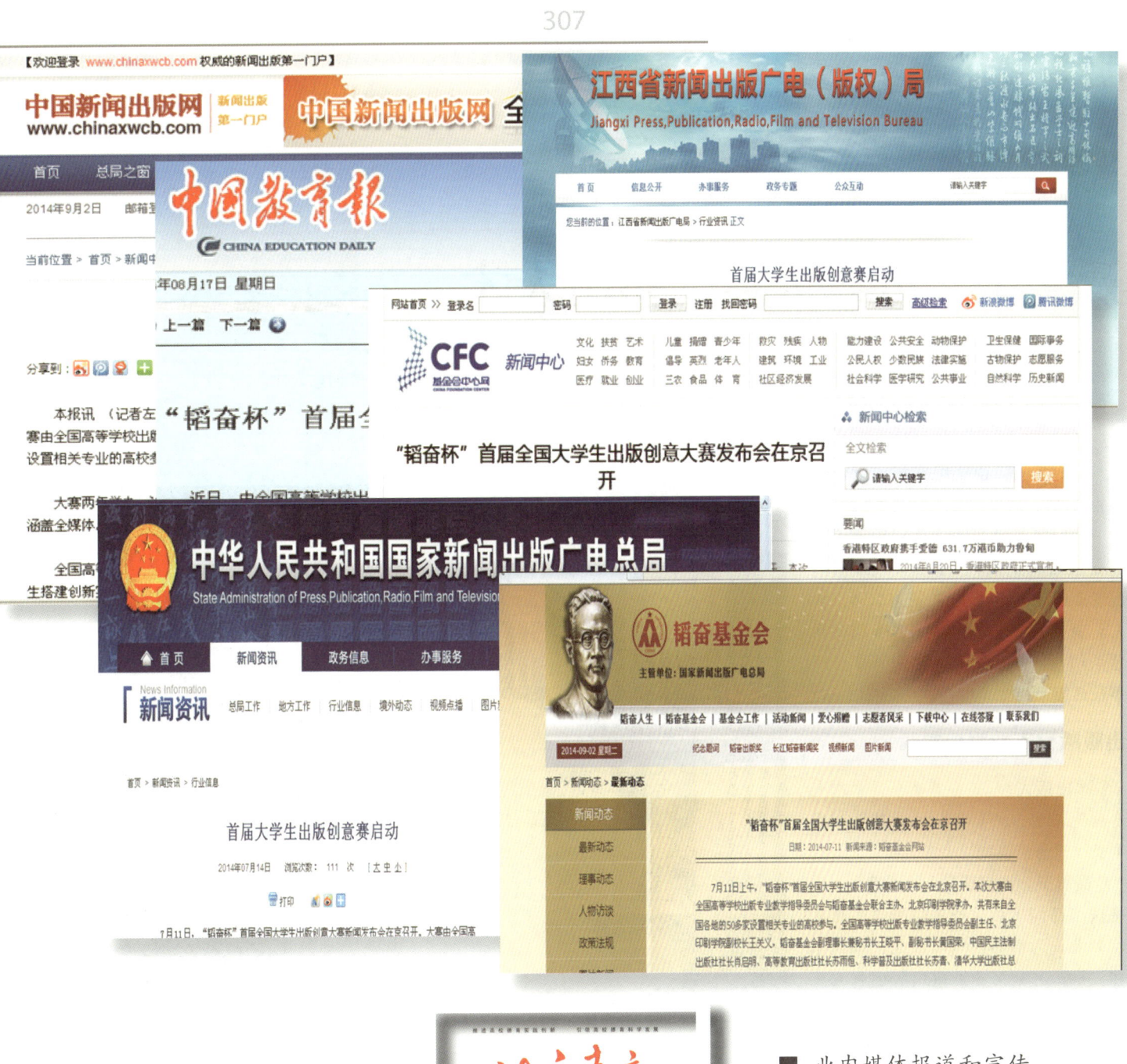

Market Watch 市场 · 大赛

聂震宁：办好大赛，多出人才

记者 | 杨贵山

> 创意大赛最关键的还是出人才，多出会做好书、有理论修养和实践经验的创意人才。

7月11日，由全国高校出版学教学指导委员会和韬奋基金会共同举办的"韬奋杯"全国大学生出版创意大赛在京启动，引发了各个高校编辑出版专业师生的广泛关注。日前，《出版人》就创意大赛和人才培养等相关问题采访了著名出版家、韬奋基金会理事长聂震宁先生。

出版教育不能脱离实践

《出版人》：韬奋基金会是本次大赛的冠名者、赞助方，作为基金会理事长，请您谈谈支持大赛的初衷。

聂震宁：韬奋基金会的宗旨之一就是扶植新闻出版院校的优秀学生和重点专业，为培养新闻出版业领军人才和高端人才服务。此次出版创意大赛倡导"在做出版中学出版"的理念，贴近出版行业实际，大赛本身就是一种很好的人才培养方式。

当然，要说同意支持大赛的初衷，根本上还是考虑到对于文化发展的战略意义。首先，做出版，就要做好产品，做好书。出版业是文化复兴、文化发展的主要承担者。而好的产品是最直接的表现。从新闻出版业人才需求情况来看，目前我们的专业教育尚不能很好地服务出版业。通过组织专业竞赛，可以让学生对书有直接、真实的感受，这样有助于培养更多的实用型人才。

《出版人》：在大赛启动仪式上，有专家提出大赛是把出版人才培养的环节前移了，您怎么看待这个问题？

聂震宁：过去，新闻出版领域没有足够的、系统的学院教育，更多的是靠"传、帮、带"式的实践培养人才。人才培养多以出版单位自我培养为主。现在，不少院校开设了编辑出版相关专业，为更好地培养人才创造了条件，但出版教育不能脱离实践。强调实践并不是轻视理论，理论给学习者以底蕴和境界，实践给学习者以技能，两者缺一不可。

出版行业人才的培养有独特的规律，出版创意人才的培养，不能只在"纸上谈兵"，一些专业院校编辑出版学专业多年来坚守"在做出版中学出版"的理念符合出版人才培养规律，举办大赛也是总结和提升这种教育、教学经验的机会，是在实际操作中培养学生的创新意识和实践能力。

《出版人》：您认为大学生出版创意大赛的意义在哪里？

聂震宁：举办大赛是要引起全国出版专业院校及学生对出版实践的重视，引起行业对创意人才培养的重视。大赛最关键的还是出人才，多出会做好书、有理论修养和实践经验的创意人才。大赛的奖项也是这样设计的，从出版产品创意开始，到内容的选择和优化，再到

聂震宁

■ 聂震宁先生就大赛接受《出版人》杂志专访，刊载于该杂志2014年9月刊。

产品形式的设计，以及产品营销，要通过实践学会把知识落到实处。

本次大赛的设立，对参赛者而言，其意义体现在以下几个方面：第一，为学生搭建了一个创新实践、自我展示的平台，这对于他们的成长是非常有益的。第二，大赛邀请诸多业界精英担任评委，他们对学生的作品进行点评、指导，可以使学生们在学校期间就能直接与行业对接，积累出版实践经验，培养专业素养，培育职业精神，提高职业适应性。第三，经历过大赛锻炼的学生，相对容易获得用人单位的认可，为个人就业和职业发展创造了非常好的条件。

对我们的出版企业来说，其意义也可以从几个方面来体现。第一是发现人才，引进人才，壮大人才队伍；第二是发现作品，发现需求。出版企业可以透过参赛作品发现亮点，得到启示，筛选一些有潜质的选题进行提炼、开发、再造，可以透过参赛作品了解和分析年轻人的阅读偏好，理解他们对出版物的审美需求。

《出版人》：您认为当前出版相关专业的大学生应当具备哪些素质？

聂震宁：第一是思想素质。大学生要具备正确的出版工作价值观。出版这个职业的价值在于社会思想文化传播的效应，既要为人类社会文化、精神生活作出贡献，又要善于经营，以产生应有的经济效益。大学生要树立正确的文化观和实践观。

第二，要培养对出版行业的感情。在正确的价值观指引下，学生们要逐步对即将进入的行业加深了解，从产生兴趣到产生感情，再至热爱这个行业，乐在其中，甘于清贫。

第三，要有较高的文化修养。凡是优秀出版人，其事业成就所能达到的高度，往往有赖于或受制于他的文化素养。

第四，要有专业素质、专业能力，包括动手能力、实践能力，运营能力。

《出版人》：您既是韬奋基金会理事长，也是全国高校出版学教学指导委员会副主任委员，是中国出版集团前总裁，请您结合多重身份谈谈对大赛和参赛者的希望。

聂震宁：希望大赛本着公平公正，公开透明的原则，唯才是举，唯创意是举；希望大赛多出人才，多出作品，使相关专业高校更重视教育与专业的结合，理论与实践的结合，对专业高校编辑出版高等教育产生积极的影响；希望大赛给出版业吹来一股创新的新风，得到广大出版人的关心、关注；希望通过三至五年的努力把大学生出版创意大赛做成人才培养的平台，出版创意的平台，做成品牌；希望有更多的院校组织学生参加大赛。希望学生们有创意思维，确实从实践出发，从专业出发，从对自己心目中理想出版人的认知出发，完成好大赛作品。

让公益平台发挥更大作用

《出版人》：韬奋基金会在中国出版界的地位举足轻重，作为新掌门，您有什么发展思路和举措？

聂震宁：韬奋基金会1987年成立，27年来为中国新闻出版业作出了独特的贡献，在行业里有很好的口碑。

过去机构设在上海，由于地域原因，加上阶段性工作任务的局限，基金会对行业活动的参与不那么直接，全国辐射能力有限。2011年12月，我接任理事长之后，我们理事会形成共识，一是作为我国新闻出版业唯一的公益性基金会应充分发挥其在行业中的作用，同时又要坚持传统，发挥传统，进一步做好已经开展的工作，如韬奋先生思想研究、文化遗产研究以及韬奋精神的宣传弘扬，这是基金会立身之本。

我们已经组织修订《韬奋全集》。每年在11月5日韬奋诞辰纪念日举办全行业高端人才研讨会，今年要在江西韬奋先生的故乡举办，我们要把韬奋精神与当下新闻出版业面临的问题打通，以现代出版业积累的经验、理念和思想，看当下存在的问题，力求得到更新、更全面的认识；二是要做好高端人才的培养和表彰，过去基金会做了很多工作，形成了品牌，努力使韬奋奖成为新闻出版业人才最高成就奖。今后，我们还要立足于高端人才的培养，通过组织资金，创造机会，使出版高端人才得到更多的发展机会；三是，对高等院校编辑出版重点专业及优秀学生提供支持，比如，我们和全国高校出版学教学指导委员会共同举办大学生出版创意大赛，我们还在支持北京印刷学院的韬奋班建设，创新、探索编辑出版学专业人才培养新模式；四是，为全民阅读活动做出独特贡献，韬奋先生是竭诚为读者服务的，因此，我们建立了推动全民阅读图书捐赠工程平台，连续三年通过全国书博会向边远地区和少数民族地区组织推送图书超过3000万元；五是使基金会成为全行业的公益性平台。目前，基金会已经从研究型发展为兼及研究与服务的多层次的公益性平台，全面覆盖行业，服务行业。实际上，公益性也是出版业的核心价值所在。近期，我们的三项重点工作是研究、宣传韬奋精神及文化遗产，加大人才培养力度，通过组织全民阅读，做好行业对社会的公益活动。我们会努力做事，经营好基金会，使这个公益性平台发挥更大的作用。■

▲ 大赛评审委员集体合影

▲ 大赛评审会后师生合影留念

■ 大赛评审现场

评审工作现场

■ 大赛评审会于2014年12月13日—14日在北京德宝饭店举行。大赛自2014年5月份启动以来，得到包括清华大学、北京大学、台湾世新大学在内的全国66所高校师生的积极响应。

■ 12月13日，由出版业界专家和专业院校代表组成的复评组，经过充分讨论，对院校初评的作品按25%的比例提交终评。12月14日，由业内有较高威望、经验丰富的出版家组成的终评组，对这些作品进行评议。经过小组评议，向大会推荐，最终通过大会不记名投票表决，分别选出图书创意奖、报刊创意奖、视觉创意奖和营销创意奖的一等奖各1名，二等奖各3名，三等奖各5名。

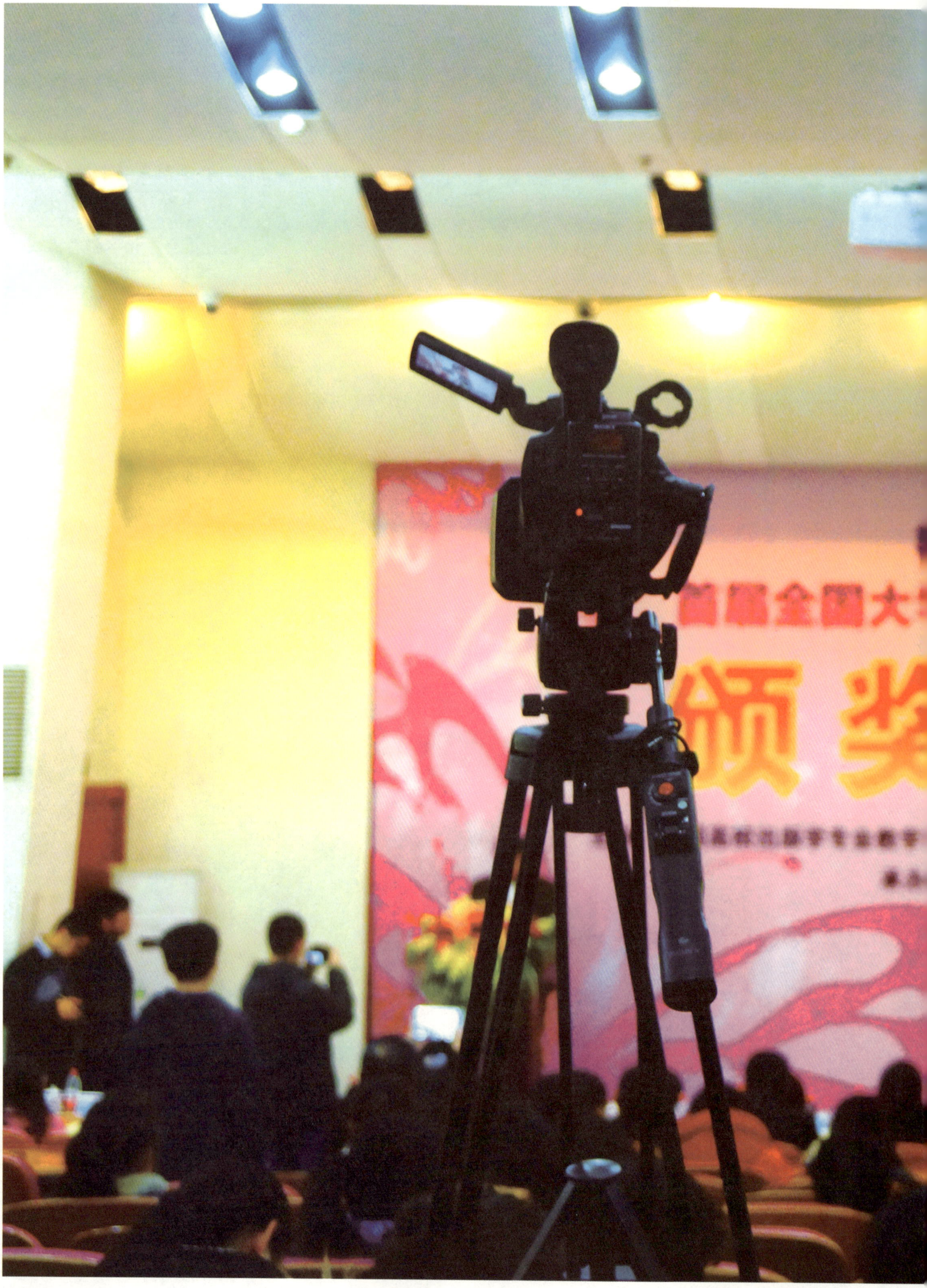

■ 2014年12月26日,"韬奋杯"首届全国大学生出版创意大赛颁奖典礼在北京印刷学院报告厅隆重举行。

▲ 韬奋基金理事长聂震宁代表大赛的主办方对获奖同学表示热烈祝贺，并号召广大同学积极参加第二届比赛。

▶ 国家新闻出版广电总局人事司王彤巡视员代表总局致辞

▶ 北京印刷学院副校长王关义代表承办方和全国高校出版学专业教学指导委员会成员单位致辞

◀ 大赛组委会秘书长、北京印刷学院编辑出版学专业负责人朱宇老师向大会汇报了大赛的组织、评审情况。

▲ 聂震宁先生与大赛获奖同学合影

▶ 台湾世新大学获奖同学合影留念

▲ 大赛一等奖获奖者合影留念

◀ 浙江传媒学院、安徽新闻出版职业技术学院、北京吉利学院、吉林华桥外国语学院、北京印刷学院等五所院校获得大赛优秀组织奖。

▶ 获奖学生上台领奖

▼ 颁奖典礼全家福

韬奋基金会

韬奋基金会作为全国性社会团体，是我国新闻出版界唯一的公益性基金会。业务主管单位是国家新闻出版广电总局。

韬奋基金会是在胡愈之、夏衍、叶圣陶、陆定一、巴金等新闻出版界、文化教育界人士的倡议下，于1986年9月在上海成立。2011年12月韬奋基金会第四届理事会迁京换届。

长期以来，基金会以立足行业、服务社会，为新闻出版事业的繁荣发展和培养人才为宗旨，积极开展了一系列有影响的公益活动。组织设立了全国性、在新闻出版界有较大影响的韬奋新闻奖和韬奋出版奖，牵头开展了"新中国60年百名杰出出版人物评选活动"，成功举办了四届"韬奋杯"全国出版社青年编校大赛、三届韬奋出版人才高端论坛、两届出版界图书馆界全民阅读年会，2014年又成功举办了邹韬奋年度外国小说奖、"韬奋杯"全国大学生出版创意大赛等重要活动。

韬奋基金会将团结业内外一切热心公益的志士仁人，努力在新闻出版业人才队伍建设和行业公益活动中发挥好平台和桥梁作用，为继

■ 2014年12月26日—31日，大赛获奖作品展在北京印刷学院图书馆阳光展厅举办。

▲ 聂震宁先生与颁奖嘉宾一起参观获奖作品展览

▼ 获奖电子作品吸引了参赛学生驻足观看

▲ 报刊创意三等奖《C2Y青年商业观察》获奖者山东工商学院徐鑫、李仪同学与指导教师张子中教授合影留念。

▼ 图书创意组一等奖"《大城小志》丛书"获奖者武汉大学李珊珊、陈欢、黄燕琳同学与指导教师黄先蓉教授（右二）合影。

▲ 大赛获奖作品

■ 获奖师生参观大赛获奖作品展览

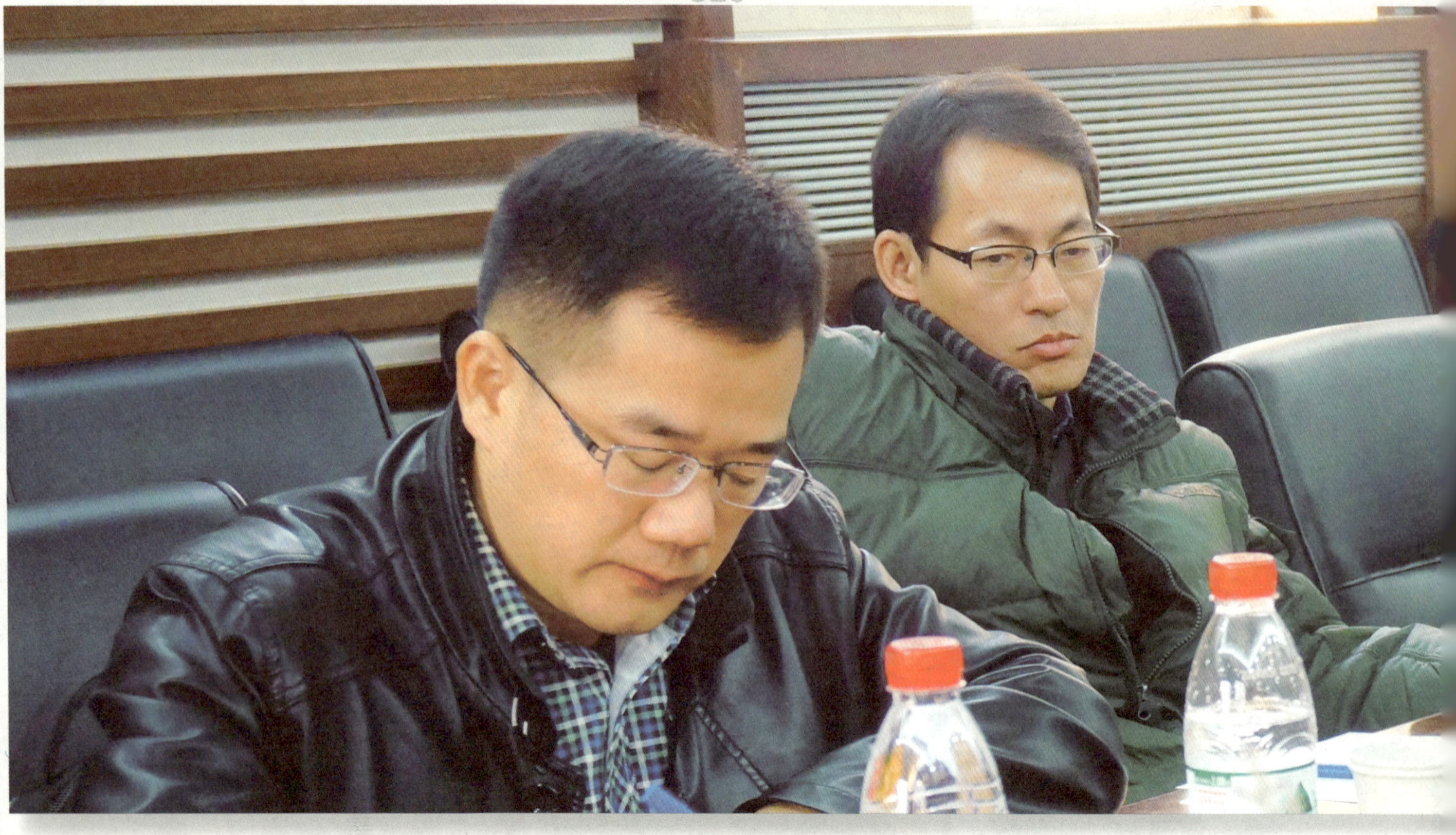

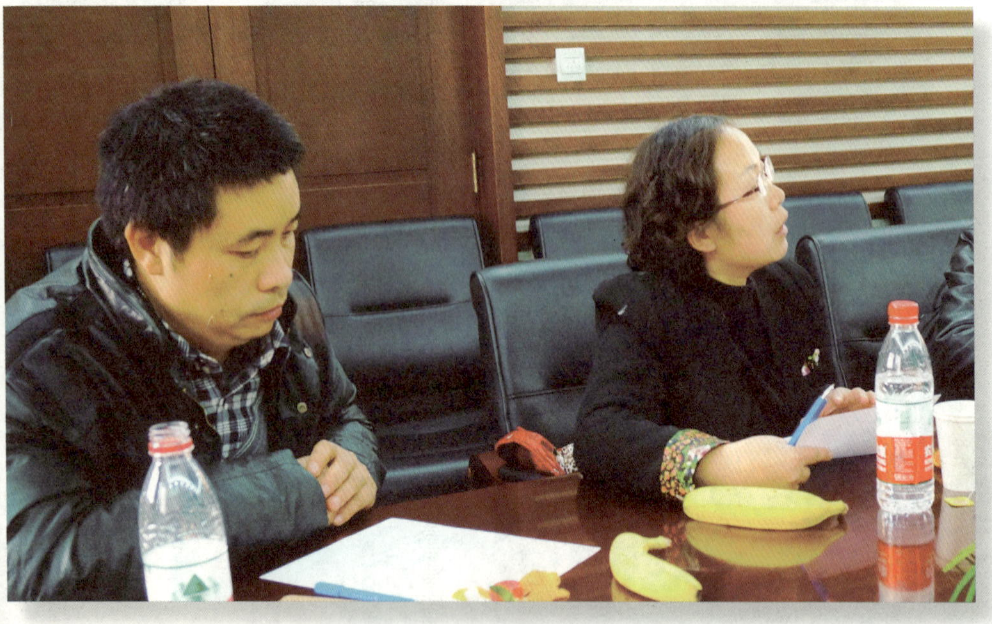

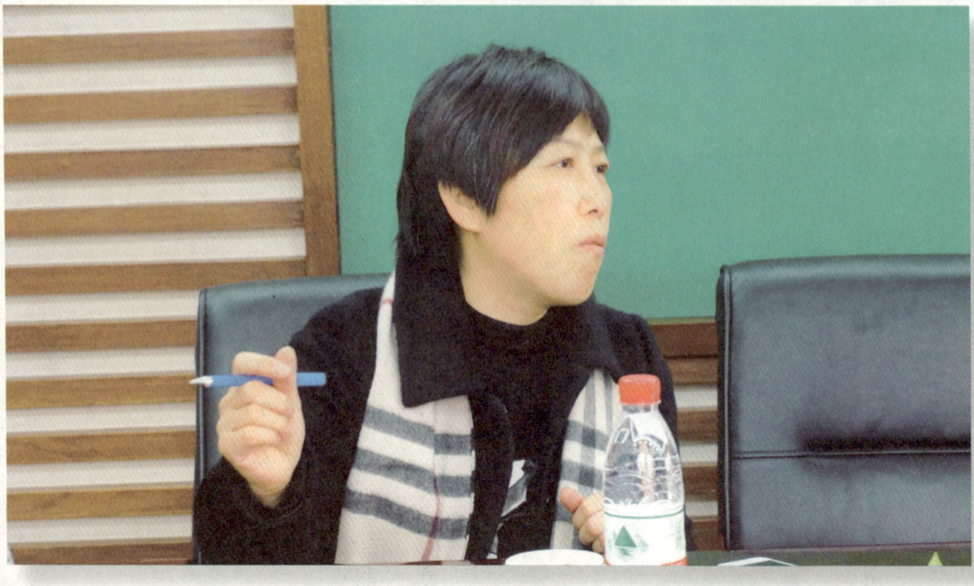

■ 2014年12月26日下午,大赛部分评审委员和参赛院校教师代表举行大赛工作总结会。

后　记

朱　宇

　　看到大赛获奖作品集书稿的 PDF 文件是今年 5 月的事情，虽然还是初稿，虽然之后还在不断修改完善，但毕竟大赛获奖作品集的编辑出版才意味着首届大赛圆满落幕。

　　大赛的初衷是为了配合全国各院校新闻出版专业的教育改革，推动卓越创意人才的培养，为大学生搭建创新实践、自我展示的平台，提升编辑出版等相关专业在全国范围内的社会影响力。首届大赛，包括清华大学、武汉大学、北京印刷学院及台湾世新大学的 60 余所院校组织参赛作品千余件，在出版学界、业界产生了广泛、积极的影响。从大赛的参与院校、师生参与度及大赛作品的质量看，实现甚至超过了首届大赛的预期。

　　本作品集收录了"韬奋杯"首届全国大学生出版创意大赛"中的图书创意奖、报刊创意奖、视觉创意奖和营销创意奖中，分获一、二、三等奖及少量获得优秀奖的作品。获奖作品只是参赛作品数量的百分之一，可谓含金量高。虽然大学生的作品还显得稚嫩，不够规范，过于注重作品形式的设计感，有些忽略作品内容的思想性，但不可否认的是，多数大学生以精心创作的作品诠释了自己对编辑出版学专业的理解。大学生的创造热情令人感动，作品中显示出来的创造潜力值得尊重。在首届大赛的组织过程中，不少院校的领导和专业教师高度负责的态度以及敬业精神也令人感佩。

　　首届大赛获奖作品集的编纂是在北京出版产业与文化研究基地王彦祥老师的主持下进行的，并得到研究基地的出版资助。以团队的负责人形式共同合作完成科研活动和专业实践，是我们的教育传统，这次也不例外。本作品集是以在校研究生为主的团队积极工作的结果，先后参与这项工作的师生有十余人，相应地也展现了他们的专业学习成果，努力进取的创新精神。

特别感谢韬奋基金会理事长、北京印刷学院新闻出版学院院长聂震宁先生，不仅全程参与了首届大赛的重要活动，还拨冗为这本获奖作品集撰写"序言"，体现了一位当代出版大家、出版教育家的胸怀，对于大学生创意活动的热忱支持。也特别感谢北京吉利学院的吴凤鸣老师，作为北京印刷学院的毕业生，他展现了一位学长的风范，也起到了传帮带的积极作用。他从2015年1月开始，全面负责大赛获奖作品集的出版工作，设计出具体翔实的出版方案，带领在校研究生对获奖作品进行整理拍摄，并对全书的装帧设计、工程文件把关，可谓出力最多、贡献最大。北京印刷学院出版专业硕士研究生焦亚楠、徐洁、张灵芝、李东、任典、于祝新、孔凡红、赵士渊等人，在老师指导下积极投入，从项目策划、实施到获奖作品整理拍摄，从文字编辑到排版设计等，也付出了辛勤的劳动，对作品集的顺利出版贡献了自己的力量。还要感谢北京印刷学院设计艺术学院提供良好的场地和设备，使获奖作品的拍摄工作得以顺利完成。

大赛获奖作品集出版之时，第二届"韬奋杯"全国大学生出版创意大赛的第一次工作会已经召开，意味着第二届大赛即将启动。相信本作品集在展示大学生出版创意成果及编辑出版学教学研究成果的同时，也能为第二届大赛提供镜鉴，为参赛者提供宝贵的经验。如果大赛获奖作品集还能为编辑出版教育者带来互联网＋时代人才培养的思考，推动出版专业教育改革，那又是一个特别的收获，也是我们的期待。

2015年6月5日

"韬奋杯"
首届
全国大学生
出版创意大赛